"十二五"职业教育国家规划教材
经全国职业教育教材审定委员会审定

TIELU DAXING QINGSHAI SHEBEI JI YUNYONG DI ER BAN

铁路大型清筛设备及运用

第 2 版

主　　编 ◎ 张永革
副主编 ◎ 史林恒　吴新佳　毛胜辉
主　　审 ◎ 宋卫华　宁广庆

人民交通出版社股份有限公司
北　京

内 容 提 要

本书是高职高专交通运输与制造类专业规划教材之一。全书共分为九个单元,全面、系统地介绍了目前在铁路线路大修施工作业中广泛使用的铁路大型清筛设备(QS-650型全断面道砟清筛机)的构造、工作原理及其运用,主要包括动力传动与走行系统、车体结构、工作装置、液压与气动系统、电气系统、制动系统以及运行与作业、检查与维护等内容。

本书适于高职高专及各类成人教育铁道机械化维修技术、工程机械运用技术等专业学生选作教材使用,也可供相关工程技术人员学习参考。

图书在版编目(CIP)数据

铁路大型清筛设备及运用/张永革主编. —2版. —北京：人民交通出版社股份有限公司,2016.8
高职高专交通运输与制造类专业规划教材
ISBN 978-7-114-13003-8

I.①铁… II.①张… III.①大型设备—道砟清筛机—高等职业教育—教材 IV.①U216.63

中国版本图书馆CIP数据核字(2016)第100015号

书　　名：	铁路大型清筛设备及运用(第2版)
著　作　者：	张永革
责任编辑：	杜　琛
出版发行：	人民交通出版社股份有限公司
地　　址：	(100011)北京市朝阳区安定门外外馆斜街3号
网　　址：	http://www.ccpcl.com.cn
销售电话：	(010)59757973
总　经　销：	人民交通出版社股份有限公司发行部
经　　销：	各地新华书店
印　　刷：	北京虎彩文化传播有限公司
开　　本：	787×1092　1/16
印　　张：	14.5
字　　数：	343千
版　　次：	2013年1月　第1版 2016年8月　第2版
印　　次：	2024年2月　第2版　第3次印刷
书　　号：	ISBN 978-7-114-13003-8
定　　价：	39.00元

(有印刷、装订质量问题的图书由本公司负责调换)

前　言

本教材第一版于 2013 年 1 月出版后,得到众多院校的认可并选用。2013 年 8 月,据教育部《关于"十二五"职业教育国家规划教材选题立项的函》[教职成司函(2013)184号],该教材获得"十二五"职业教育国家规划教材选题立项。

编者基于以下两点原因,对第一版进行了全面修订,形成了第二版:

1. 铁路行业发展带来的内容更新——我国铁路的跨越式发展,特别是高速铁路的发展,需要越来越多的大型养路机械和其他大型机电设备。铁路大型清筛设备是原铁道部近些年从国外引进的先进设备,经过逐步消化吸收,已实现国产化,而且设备本身也在不断地更新完善,因此需要在教材中补充许多新知识、新技术和新标准。

2. 教育教学改革带来的编写方式更新——近年来,各高职高专院校均在进行教学改革,课程标准已经调整,需要将教学改革思想融入到教材中,在教材的编写思路和形式上进行一定的调整。

第二版的主要修订内容如下:

1. 统一了与铁路大型清筛设备相关的专业术语。

2. 按照先理论后实践、先易后难、循序渐进、层层深入的方法编排、补充、调整教材内容,使其更符合职业教育特色。

3. 增加了铁路大型清筛设备的发展概况。

4. 增加了铁路大型清筛设备新出现车型的图片和文字说明。

5. 增加了铁路大型清筛设备清筛设备施工作业流程图及说明,使单元八有关铁路大型清筛设备运行与作业的内容更加完善。

6. 补充附录Ⅴ　QS-650 型清筛机配电箱分布示意图,方便学生现场快速查找。

7. 按铁路行业最新标准对车型内容和检修新技术内容进行更新。

8. 多媒体资源库已建设完成,便于教学使用。

本版教材建议铁道机械化维修技术专业 72 学时,其他专业 48 学时。为便于教学,此书配备课件及教学视频,读者可扫描右侧二维码下载使用(如有问题可联系 E-mail:lina@ccpress.com.cn 电话:010-85285817)。同时也可以登录智慧职教(MOOC)学院搜索"铁路大型清筛设备及运用"进行在线学习。

教学资源

本书由郑州铁路职业技术学院张永革任主编,郑州铁路局郑州工务机械段史林恒,郑州铁路职业技术学院吴新佳、毛胜辉共同任副主编。具体编写分工如下:单元一由郑州铁路局郑州工务机械段史林恒编写,单元二由郑州铁路职业技术学院吴新佳、冯娜娜编写,单元三、单元四由包头铁道职业技术学院张旸、郑州铁路职业技术学院岳丽敏编写,单元五、单元六由张永革编写,单元七由郑州铁路职业技术学院毛胜辉、刘燕明编写,单元八由郑州铁路职业技术学院吕蒙、刘海娥编写,单元九由广州大型养路机械运用检修段王祖成编写。本教材由郑州铁路局郑州工务机械段宋卫华、郑州铁路职业技术学院宁广庆担任主审。

编　者

2024 年 1 月

目 录

单元一　铁路清筛设备总述 …… 1
　学习项目一　铁路清筛设备的用途和类型 …… 2
　学习项目二　QS-650型清筛机的组成、工作原理和主要功能 …… 4
　学习项目三　QS-650型清筛机的技术性能参数 …… 7
　练习题 …… 8

单元二　动力传动与走行系统 …… 9
　学习项目一　动力传动系统 …… 10
　学习项目二　走行系统 …… 15
　学习项目三　转向架 …… 20
　练习题 …… 25

单元三　车体结构 …… 27
　学习项目一　车架 …… 28
　学习项目二　车钩缓冲装置 …… 30
　学习项目三　司机室 …… 32
　学习项目四　空调装置及取暖设备 …… 35
　练习题 …… 40

单元四　工作装置 …… 41
　学习项目一　挖掘装置 …… 42
　学习项目二　筛分装置 …… 47
　学习项目三　道砟回填分配输送装置 …… 52

　学习项目四　污土输送装置 …… 60
　学习项目五　起拨道装置 …… 64
　学习项目六　起重设备 …… 69
　学习项目七　辅助装置 …… 71
　练习题 …… 75

单元五　液压系统与气动系统 …… 77
　学习项目一　液压系统的组成 …… 78
　学习项目二　走行驱动液压系统 …… 79
　学习项目三　挖掘链控制液压系统 …… 85
　学习项目四　振动筛及道砟分配输送液压系统 …… 89
　学习项目五　其他装置液压控制系统 …… 94
　学习项目六　液压润滑系统 …… 98
　学习项目七　气动系统 …… 99
　练习题 …… 101

单元六　电气系统 …… 103
　学习项目一　电气系统概述 …… 104
　学习项目二　电源 …… 107
　学习项目三　柴油发动机起动与监控电路 …… 108
　学习项目四　气压制动控制电路 …… 115
　学习项目五　液压作业控制电路 …… 121
　学习项目六　照明系统 …… 131
　学习项目七　辅助电路 …… 134
　练习题 …… 137

单元七 制动系统 ········ 139
  学习项目一 制动系统的组成与
          技术性能 ········ 140
  学习项目二 风源系统 ········ 142
  学习项目三 主要部件的结构与
          作用 ············ 146
  学习项目四 制动机的综合作用 ··· 164
  练习题 ····················· 166

单元八 运行与作业 ········ 169
  学习项目一 柴油发动机的起动 ··· 170
  学习项目二 区间运行 ········ 174
  学习项目三 清筛施工作业 ···· 177
  学习项目四 工作装置操作与
          调整 ············ 184
  学习项目五 QS-650型清筛机岗位
          作业标准 ········ 188
  练习题 ····················· 198

单元九 检查与维护 ········ 199
  学习项目一 检查与维护的基本
          要求和方法 ······ 200

  学习项目二 柴油发动机的
          维护 ············ 204
  学习项目三 QS-650型清筛机的
          日常维护 ········ 208
  学习项目四 QS-650型清筛机的
          定期维护 ········ 210
  学习项目五 针对性检查维护 ···· 212
  练习题 ····················· 213

附录 ························ 215
  附录Ⅰ 清筛及换砟施工作业
       流程图 ············ 216
  附录Ⅱ 清筛机的行车安全 ···· 217
  附录Ⅲ 清筛机的作业安全 ···· 219
  附录Ⅳ QS-650型清筛机操作台
       面板图形符号说明 ···· 222
  附录Ⅴ QS-650型清筛机配电箱
       分布示意图 ········ 222

参考文献 ···················· 223

单元一

铁路清筛设备总述

【知识目标】

1. 掌握铁路清筛设备的用途和类型。
2. 了解和掌握 QS-650 型清筛机的组成和工作原理。
3. 掌握 QS-650 型清筛机的主要功能。
4. 熟记 QS-650 型清筛机的主要技术性能参数。

【能力目标】

1. 具有随时了解铁路清筛设备的发展情况和发展趋势的习惯和能力。
2. 能够充分发挥和利用道砟清筛机的主要作用和各项功能。
3. 能够准确判断道砟清筛机所属类型、特点、使用范围及作业工况。
4. 能够准确指认 QS-650 型清筛机的各个系统,正确分析 QS-650 型清筛机的工作原理。
5. 能够根据 QS-650 型清筛机的作业条件、作业性能合理安排清筛机作业。

铁道线路在运营过程中，会出现变形、磨耗、破损、腐蚀、脏污及老化问题，因此要定期对其进行养护、维修，以使其处于正常、可靠的工作状态。整洁的道床经过一个时期的使用后，由于刮风、下雨等自然条件的作用，以及列车粉尘货物撒落、旅客抛掷垃圾等原因，都会使道床被污染。脏污的道床使铁道线路的弹性及排水性能降低，造成线路病害。对碎石道床而言，当其不洁度（按质量计）超过 30% 时，应该进行清筛。道床清筛是线路大、中修任务中一项工作量大、劳动强度高的作业项目，目前我国铁路已越来越多地采用先进的大型清筛设备来完成此工作。

学习项目一　铁路清筛设备的用途和类型

一、铁路清筛设备的用途及发展概况

铁路清筛机设备是用来清筛道床中道砟的作业机械，它将脏污的道砟从轨枕下挖出，进行筛分后，将标准、清洁的道砟回填至道床，筛出的污土和废砟抛到线路外。

早在 1948 年，瑞士马蒂萨公司（Matisa）就研制出了第一台道砟清筛机。随着各国厂家不断研究改进，目前清筛机在世界上已经进入比较成熟的发展阶段。国外清筛机的主要生产厂家有奥地利普拉塞-陶依尔公司（Plasser & Theurer）、瑞士马蒂萨公司、美国哈斯克公司（Harsco）、劳瑞姆公司（Loram）等。其中，奥地利普拉塞-陶依尔公司的产品遍布全球各地，在世界清筛机市场中的占有率极高。

图 1-1　小型道砟清筛机

我国铁路工务部门也非常重视铁路清筛设备的发展。在新中国成立后的几十年里，先后研制出多种清筛设备，如各种单边小型枕底清筛机、双边小型枕底清筛机、小型边坡清筛机以及各种型号的中型清筛机等。这些清筛机的生产和应用，对提高道砟清筛质量和作业效率，减轻工人作业的劳动强度起到了积极的作用，并推动了我国养路机械化的发展。小型道砟清筛机，如图 1-1 所示。

20 世纪 80 年代，改革开放促进了我国国民经济的高速发展，也推动了铁路科学技术的跨越式进步。为了保证铁路高速、安全的运营，彻底改变我国养路机械化的落后面貌，当时的铁道部在铁路工务系统引进了奥地利普拉塞-陶依尔公司的先进技术，从 1996 年开始制造具有世界先进水平的 RM80 大型清筛机，这是我国铁路养路机械发展的一个标志阶段。目前，清筛机等铁路大型养路机械已经实现国产化，并以昆明、襄樊机械厂为基地批量生产，大规模装备到全国各铁路局、铁道工程局以及地方铁路等企业。

二、铁路清筛设备的类型

按不同的作业条件、机械功能、挖掘机构形式和设备的生产率，铁路清筛设备可分为如下类型。

1. 按作业条件

1) 封锁线路作业式清筛机

封锁线路作业式清筛机作业时需要中断运输，即"开天窗"。根据清筛机作业时是否在轨道上行进，可以将其划分为以下两种形式。

(1)大揭盖式清筛机。大揭盖式清筛机作业是在拆除轨排后的道床上进行的，如国产TDS-1型大揭盖式道砟清筛机。

(2)轨行式清筛机。轨行式清筛机作业时不需拆除轨排，清筛是在轨道上运行的过程中完成的。例如：奥地利的普拉塞-陶依尔公司RM76、RM80型全断面道砟清筛机，国产QS-650、QS-550、QS-300型清筛机。

2)不封锁线路作业式清筛机

不封锁线路作业式清筛机是利用列车运行间隔时间进行清筛作业的，这类清筛机主要是国产小型枕底单(双)边清筛机。

2.按机械功能

1)全断面清筛机

全断面清筛机能在不拆解道床上部钢轨与轨枕的情况下，一次性对道床全部断面上的道砟进行清筛，如RM76、RM80、QS-650、QS-550、QS-300型清筛机等。

2)边坡清筛机

边坡清筛机是专门用于道床两边边坡部分道砟清筛的大型养路机械，能够有效整治线路路肩和边坡等区域的翻浆冒泥病害，增加道床透水性，延长大修周期，减轻劳动强度。如BS-550型边坡清筛机和美国哈斯克公司C93型道床边坡清筛机。BS-1200型边坡清筛机是目前国内最先进的大型边坡清筛设备，如图1-2所示。该机动力强劲、性能优良，可对线路道床两侧边坡0~1500mm范围进行清筛，挖掘深度为轨面下850mm，最大作业能力达1200m³/h。

图1-2　BS-1200型边坡清筛机

3)道岔清筛机

道岔清筛机主要于道岔区清筛作业，无论在左开道岔或右开道岔清筛时本机总是在直线上行驶，从而在渡线道岔上清筛时不侵入邻线限界。该设备具有伸缩式底梁和挖掘链储存机构，在道岔清筛作时中无须拆接底梁和挖掘链，极大地缩短了辅助作业时间，减轻了劳动强度，提高了作业效率，如CQS-550道岔清筛机。

3.按挖掘机构形式

1)耙链式清筛机

利用高速旋转的耙式挖掘链来挖掘输送道砟，如QS-650、QS-550、QS-300型清筛机等。

2)犁铲式清筛机

用铲砟机构将轨枕下的脏污道砟铲起，并通过输送带将道砟送到振动筛上，如国产TDS-1型大揭盖式道砟清筛机。

3)斗轮式清筛机

斗轮式清筛机挖掘机构由一系列挖斗组成，借助挖斗的循环回转来挖掘道砟，如BS-1200型边坡清筛机。

4.按设备的生产率

(1)大型清筛机，生产率大于500m³/h。

(2) 中型清筛机，生产率为 300～500m³/h。

(3) 小型清筛机，生产率小于 300m³/h。

QS-450 型中型清筛机，如图 1-3 所示。

图 1-3　QS-450 型中型清筛机

QS-650 型全断面道砟清筛机（简称 QS-650 型清筛机）是我国引进奥地利普拉塞-陶依尔公司 RM80 型全断面道砟清筛机制造技术，进行国产化后生产的铁路养路设备，它属于大型的、轨行式、耙链式、全断面道砟清筛机，是铁道线路大修的主要设备，如图 1-4 所示。

图 1-4　QS-650 型全断面道砟清筛机

QS-650 型清筛机是我国现阶段应用范围比较广泛的车型，装备有测量、监控和记录装置。这不仅提高了清筛机作业的自动化程度，而且记录的数据能够监控作业深度、宽度和清洁度，有助于保证作业质量。该机可在不拆除轨排的条件下，通过挖掘链将轨排下的道砟挖出；振动筛对道砟进行筛分；污土由输送带抛到其前方线路的两侧或物料运输车内；清洁道砟可直接回填到道心内，也可由回填输送带回填到挖掘链后方钢轨两侧的道床内。在翻浆冒泥路段，该机可对道床道砟进行全抛作业。

学习项目二　QS-650 型清筛机的组成、工作原理和主要功能

▶▶ 一、QS-650 型清筛机的组成

QS-650 型清筛机主要由动力传动系统、走行系统、车体、工作装置、液压和气动系统、电气系统、制动系统以及操纵控制系统等组成，如图 1-5 所示。

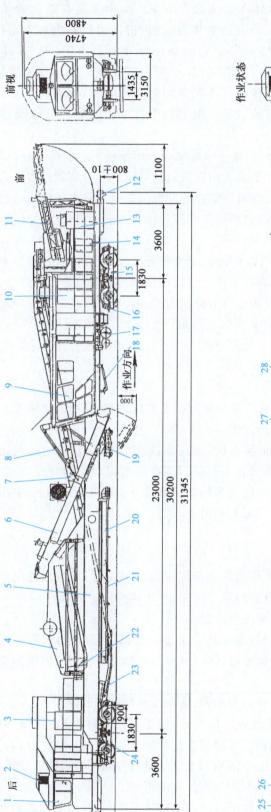
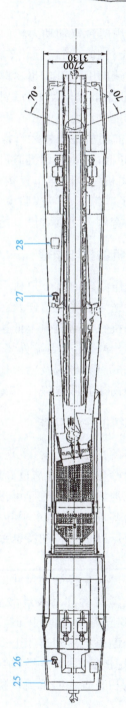

图1-5 QS-650型清筛机结构示意图

1-后司机室；2-空调装置；3-后机房；4-筛分装置；5-车架；6-挖掘装置；7-主污土输送带；8-液压元件；9-前司机室；10-前机房；11-回转污土输送带；12-车钩；13-油箱；14-工具箱；15-转向架；16-车轴齿轮箱；17-气动元件；18-举升器；19-起拨道装置；20-道砟回填装置；21-后拨道输送带；22-道砟导向装置；23-道砟清扫装置；24-制动装置；25-后司机座位；26-后双音报警喇叭；27-前双音报警喇叭；28-前司机座位

QS-650型清筛机采用前方弃土式总体布置的设计方案。车架安装在两台带动力驱动的转向架上。车架平台上两端设有前、后司机室和前、后机房。司机室内装有用行驶、作业操纵的各种控制仪表、元件等。机房内安装着由柴油发动机、主离合器、弹性联轴器、万向传动轴、分动齿轮箱等组成的动力传动系统。车架中部设有道床挖掘装置、道砟筛分装置、道砟分配回填装置及污土输送装置。车架下则装有举升器、起拨道装置、左右道砟回填输送带、后拨道装置和道砟清扫装置等。气、液、电控制系统的管道与线路布置在车架的主梁上。

QS-650型清筛机采用两台双轴动力转向架。清筛机走行由液压马达驱动,通过操纵控制可实现清筛作业低速走行和区间运行。车辆采用空气制动系统。动力装置选用两台德国道依茨(DEUTZ)公司制造的BF12L513C型风冷柴油发动机。前发动机为作业或运行提供动力,还为所有输送带、液压缸提供动力;后发动机除同样为作业或运行提供动力外,还为驱动挖掘链、振动筛等机构提供动力。

QS-650型清筛机的前司机室内的运行操作司机座位布置在走行方向的左侧;作业司机座位面对挖掘装置水平导槽,作业时司机通过窗户可监控挖掘、清筛、回填等作业的全过程。后司机室内的运行操作司机座位同样布置在走行方向的左侧;操作人员通过后机房走道可到工作平台上观察控制道砟筛分、导流、回填等作业。司机室密封、隔声,司机前、侧方有带刮水器的大玻璃窗,视野宽阔。司机室设有冷暖空调,保证司机操作环境舒适安全。

二、QS-650型清筛机的工作原理

QS-650型清筛机工作原理的核心是利用挖掘装置挖掘道床道砟,利用振动筛分装置来筛分道砟,利用输送带输送装置输送道砟及污土。

清筛机作业时,清筛机在线路轨道上低速行驶,通过穿过轨排下部、呈五边形封闭的耙式挖掘链将道砟挖起并经导槽提升到筛分装置上。脏污道砟通过振动筛筛分后,符合粒径标准、清洁的道砟,经道砟溜槽、导板及回填输送带回填到线路上。碎砟及污土经主污土输送带、回转污土输送带抛向线路限界以外或卸载到污土车上。

三、QS-650型清筛机的主要功能

(1)通过穿入轨排下的挖掘链运动,实现道床全断面上道砟的挖掘,将脏污的道砟从轨枕底下挖出,经筛分装置筛分后,将清洁道砟回填至道床,污土抛至规定区域。

(2)对线路翻浆冒泥地段的污染道砟可进行全抛作业。

(3)在标准挖掘链的基础上,采用水平导槽加长节来加宽挖掘宽度,使得清筛机既适用于标准线路,又可清筛道床断面较宽的特殊线路区段。QS-650型清筛机的最大挖掘宽度可达5030mm。

(4)筛分装置采用多层可更换筛网尺寸的振动筛,适用于多种粒径的道砟。

(5)清筛机设有起拨道装置和后拨道装置。作业时,起拨道装置对钢轨进行起道和拨道,可以减少挖掘阻力、避开障碍物;后拨道装置则将拨过的轨道放回原位或指定位置。

(6)道砟分配装置分配直接落到道床上或落到回填输送带后再撒落到道床上的道砟量,把清洁的道砟输送到挖掘链后,均匀地撒布到两钢轨外侧的道床上。

(7)平砟器及道砟清扫装置将回填到轨枕上或下的道砟推刮平整,并清除回填时落到钢轨、轨枕上的道砟。

学习项目三　QS-650型清筛机的技术性能参数

QS-650型清筛机的主要技术性能参数如下。

1. 作业条件

(1) 道床类型:碎石道床。
(2) 线路最大坡度:3.3‰。
(3) 最小作业曲线半径:250m。
(4) 最小运行曲线半径:180m。

2. 作业性能

(1) 整机作业效率:650m³/h。
(2) 挖掘宽度:4030~5030mm。
(3) 挖掘深度:由轨顶向下1000mm。
(4) 挖掘装置形式:五边封闭型耙链式。
(5) 挖掘装置驱动功率:277kW。
(6) 筛分装置振幅:9.5(双)mm。
(7) 筛分装置振动频率:19(12)Hz。
(8) 筛分装置驱动功率:43kW。
(9) 筛网有效面积:25m²。
(10) 筛网层数:3层。
(11) 筛孔尺寸:
①上:85mm×85mm。
②中:55mm×55mm。
③下:30mm×30mm。
(12) 最大筛分能力:650m³/h。

3. 整机性能

(1) 转向架心盘距:23000mm。
(2) 转向架轴距:1830mm。
(3) 轮径:900mm。
(4) 车钩中心高距轨面:880mm±10mm。
(5) 轨距:1435mm。
(6) 柴油发动机型号:BF12L513C。
(7) 柴油发动机功率:2×348kW。
(8) 传动形式:全液压传动。
(9) 作业速度:0~1000m/h。
(10) 最高自行速度:80km/h。
(11) 最大联挂速度:100km/h。
(12) 制动方式:空气制动及手制动。

(13)单机紧急制动距离:80km/h速度下不大于400m。
(14)外形尺寸:长为31345mm,宽为3150mm,高为4740mm。
(15)整机质量:88t。

练 习 题

1. 铁路清筛设备的主要用途是什么?
2. QS-650型清筛机由哪些部分组成?
3. QS-650型清筛机的主要功能有哪些?
4. 试述QS-650型清筛机的主要技术性能参数。

单元二

动力传动与走行系统

【知识目标】

1. 掌握 QS-650 型清筛机动力传动及走行系统的结构组成和工作原理。

2. 了解 QS-650 型清筛机动力传动和走行动力的传递路线。

3. 熟练掌握分动齿轮箱、车轴齿轮箱的传动路线。

4. 了解转向架的结构与组成及主要部件。

5. 掌握 QS-650 型清筛机基础制动的构造及作用原理。

【能力目标】

1. 能够准确指认 QS-650 型清筛机动力传动及走行系统的各主要组成部件。

2. 能够对 QS-650 型清筛机动力传动及走行系统进行日常检查维护。

3. 能够检查、调整主离合器摩擦片间隙,并会更换离合器摩擦片。

4. 能够正确拆装、清洗万向传动轴。

5. 能够制定分动齿轮箱、车轴齿轮箱的拆装工艺。

6. 能够正确拆装分动齿轮箱液压泵、车轴齿轮箱液压马达;熟悉液压动力原件与机械装置间的衔接方式并注意安装时可能出现的问题。

QS-650型清筛机采用柴油发动机驱动的液压传动系统。其动力传动系统的工作原理是：柴油发动机通过主离合器、弹性联轴器、万向传动轴、分动齿轮箱驱动若干个液压泵。液压泵产生的高压油经液压分配块及各种控制阀，通过管路输送到液压执行元件，即液压马达或液压缸。液压执行元件驱动机器的走行及相应的工作装置，完成清筛机的运行、挖掘、筛分、起拨道、输送道砟和排除污土等作业。

学习项目一　动力传动系统

QS-650型清筛机有两套动力传动系统，分别安装在前、后机械动力间内。前机械动力间的动力用于驱动清筛机的走行、液压缸和输送带等装置；后机械动力间的动力除驱动走行外，还驱动挖掘链和振动筛等其他装置。

▶▶ 一、组成

QS-650型清筛机的动力传动系统，如图2-1所示。它由柴油发动机1、主离合器2、弹性联轴器3、万向传动轴4和分动齿轮箱5等组成。它的功用是驱动各液压泵，使液压油产生高压来传递动力，实现机械能向液压能的转变过程。

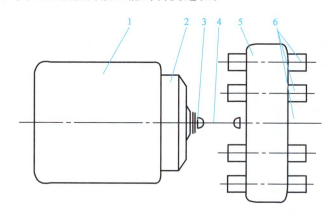

图2-1　动力传动系统
1-柴油发动机；2-主离合器；3-弹性联轴器；4-万向传动轴；5-分动齿轮箱；6-液压泵

▶▶ 二、柴油发动机

QS-650型清筛机选用的是两台德国道依茨（DEUTZ）公司制造的BF12L513C型风冷柴油发动机。BF12L513C型风冷柴油发动机采用V形、12缸、增压、中冷式车用高速四冲程，额定功率为348kW，额定转速为2300r/min。该机功率范围广、适应性强，在高温、严寒和干旱等恶劣气候条件下，也能满足使用要求；具有质量轻、外形尺寸紧凑、噪声小、故障率低、可靠性高、检修方便等特点，可以满足QS-650型清筛机的整车动力要求。

BF12L513C型风冷柴油发动机的基本构造包括：固定部件——机体；运动部件——曲柄连杆机构；辅助装置——配气机构及进排气系统；燃料供给系统；润滑系统；冷却系统；起动系统等。

（1）机体：包括曲轴箱、汽缸体、汽缸盖、附件托架、飞轮壳、前托架、油底壳。

主要作用：支撑运动部件以及辅助装置。

(2)曲柄连杆机构：主要包括活塞组、连杆组、曲轴组。

主要作用：把活塞的往复直线运动转变成曲轴的旋转运动，对外输出动力，并带动柴油发动机本身的辅助装置工作。

(3)配气机构和进排气系统：主要包括进气门、排气门、气门摇臂、挺杆、挺柱、进气歧管、滤清器、排气歧管、消声器等。

主要作用：按一定的要求导入新鲜空气，排除废气。

(4)燃料供给系统：包括柴油输油泵、柴油滤清器、高压油泵和调速器、喷油嘴等。

主要作用：按时、定量、定压向燃烧室喷射燃料。

(5)润滑系统：包括机油压油泵、机油滤清器、机油冷却器、主油道、限压阀等。

主要作用：保证柴油发动机各摩擦表面的润滑、冷却零件等。

(6)冷却系统：包括风扇、风扇变速器、液力耦合器等。

主要作用：保持柴油发动机在一定的温度下工作。

(7)起动系统：包括齿圈、起动电动机等。

主要作用：起动柴油发动机。

▶▶ 三、主离合器

1. 主离合器的作用

主离合器是传动系统中的重要部件之一，传动系统通过它与发动机连接。主离合器的主要作用如下：

(1)把发动机与传动系统柔和地接合起来，使机械平顺地起步。

(2)迅速、彻底地将发动机的动力与传动系统分离开。

(3)防止传动系统和柴油发动机零件超载。

2. 主离合器的工作原理和主要机构

QS-650型清筛机采用的是GB2/380KR型干式、双片摩擦离合器，它是利用在两个被施加压紧力的摩擦圆盘间产生摩擦力来传递力矩的。摩擦式离合器由三个基本部分组成，如图2-2所示。

(1)产生摩擦力的机构。该机构使离合器实现接合，它由摩擦元件和压紧元件组成。

摩擦元件中，飞轮1、中间压盘4和压盘5为主动摩擦件，两片从动摩擦片3为从动摩擦件。中间压盘4、压盘5通过固定在离合器罩2上的传动销8，由飞轮1带动旋转。同时，也允许它们相对飞轮1做轴向移动。从动摩擦片3的两面铆接有用石棉等材料烧结的环形摩擦衬片，中间用花键毂与离合器轴11相连接。因此，从动摩擦片3可以在离合器轴11上做轴向

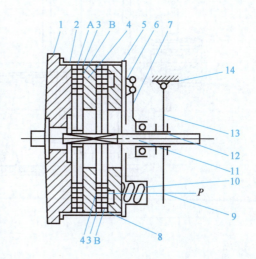

图2-2 常闭式双片摩擦离合器

1-飞轮；2-离合器罩；3-从动摩擦片；4-中间压盘；5-压盘；6-拉杆；7-分离杠杆；8-传动销；9-操纵力 P；10-压紧弹簧；11-离合器轴；12-分离轴承；13-操纵杠杆；14-支座；A、B-摩擦面

移动。

压紧元件由压紧弹簧10和压盘5组成。压紧弹簧10通常用数个螺旋弹簧压在压盘5上,压盘5能使多个弹簧所产生的压力均匀地压到摩擦面上。

离合器有了摩擦元件和压紧元件便能接合。因为压紧弹簧10的压力通过压盘5将从动摩擦片3、中间压盘4紧紧压在飞轮1和压盘5之间。这样,由于它们之间A、B摩擦面的摩擦作用,可以将柴油发动机的动力从飞轮1传到离合器轴11上。

（2）分离机构。该机构用于使离合器实现分离,它由拉杆6、分离杠杆7、分离轴承12和操纵杠杆13等组成。

当司机在操纵杠杆13端部施加操纵力P时,操纵杠杆13使分离轴承12左移并压向分离杠杆7。分离杠杆另一端向右拉动拉杆6,将压盘5同时右拉,进一步压缩压紧弹簧10。由于飞轮1、从动摩擦片3、中间压盘4和压盘5之间的压紧力已经解除,因此摩擦传动无法实现。这时,离合器就由接合状态转换为分离状态。

（3）保证正常工作的辅助机构。该机构包括分离杠杆的反压弹簧、轴承的润滑装置、离合器的通风散热装置、操纵杠杆复位装置及操纵的助力装置等。

离合器工作一定时间后,由于摩擦元件的磨损和各机构的失效,会出现接合或分离不彻底等故障,因此必须进行调整和修理。

3. GB2/380KR型主离合器

GB2/380KR型主离合器如图2-3所示,是常接合、干式、双片、弹簧圆周布置、气助液动操纵式离合器,具有传递转矩大、径向尺寸小及接合平顺等优点。它由主动部分、从动部分及分离机构等组成。

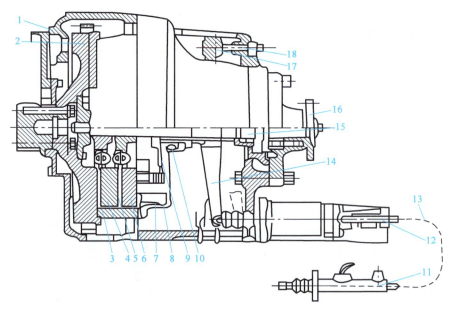

图2-3　GB2/380型主离合器

1-离合器外壳；2-飞轮；3、5-从动摩擦片；4-中间压盘；6-压盘；7-压紧弹簧；8-离合器罩；9-止推盘；10-分离轴承；11-操纵液压缸；12-工作液压缸；13-油管；14-拨叉杆；15-输出轴；16-输出轴凸缘；17-拨叉支座；18-调整螺母

1）主动部分

离合器主动部分包括飞轮2、中间压盘4、压盘6和离合器罩8等。中间压盘4和压盘6

利用其外缘均布凸耳嵌入飞轮相应的切槽来传递转矩。沿圆周均匀分布的两组环形压紧弹簧 7 将主、从部件压紧。离合器罩 8 用螺钉固定在飞轮上。

为保证主动盘和从动摩擦盘之间能够彻底分离,在中间压盘 4 和飞轮 2 之间装有分离弹簧。同时,为防止从动摩擦盘 3、5 在分离时被中间压盘 4 和压盘 6 夹住,在离合器罩 8 上装有均匀布置的限位调整螺钉,以限制中间压盘的行程。

2) 从动部分

从动摩擦盘 3、5 夹在飞轮 2、中间压盘 4 和压盘 6 之间。从动摩擦盘的主体是由环形薄钢片和从动盘毂铆接而成,故其转动惯量较小。从动盘钢片的两面铆有由石棉、铜纤维等材料制成的摩擦衬片。从动盘毂内有花键孔,它靠花键与输出轴 15 连接,发动机的转矩由输出轴凸缘 16 输出。从动摩擦盘上装有扭转减振器,以衰减传动系统传来的扭转振动。

3) 分离机构

分离机构用来控制离合器的分离与接合,它由分离杠杆、分离杠杆支座、止推盘 9 和分离轴承 10 等零部件组成。分离轴承 10 靠支撑在离合器壳体支座 17 上的拨叉杆 14 推动。

当发动机起动或传动系统需要切断动力时,踩下离合器踏板,通过气压助力使操纵液压缸 11 压油给工作液压缸 12,从而推动工作液压缸 12 的推杆,顶动拨叉杆 14,使分离轴承 10 左移并带动止推盘 9。止推盘 9 左移,使分离杠杆进一步压缩压紧弹簧 7,主、被动部分分开,离合器呈分离状态。

当离合器踏板不动时,这种离合器由于压紧弹簧 7 始终将主、从动部分压紧,离合器处于经常的接合状态,因此称为常接合式或常闭式离合器。

4. 气助液动机构

气助液动机构即气压助力的液压操纵机构的简称。为减轻司机劳动强度,清筛机上主离合器采用了气助液动机构,其结构示意如图 2-4 所示。该机构由主离合器踏板 2、传动杆系 3、助力汽缸 1、储油罐 4、操纵液压缸 5、工作液压缸 8、压力开关 6 和油管 7 等组成。

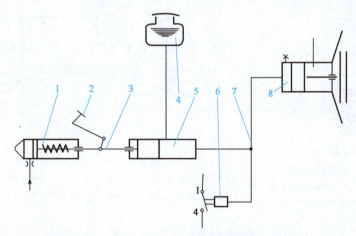

图 2-4 气压助力液压操纵机构

1-助力汽缸;2-主离合器踏板;3-传动杆系;4-储油罐;5-操纵液压缸;6-压力开关;7-油管;8-工作液压缸

主离合器气压助力液压操纵机构有两种工作状况:

(1) 气动系统压力小于 500kPa 时起动发动机,助力汽缸 1 不产生助动力。这时,无论在前司机室还是后司机室起动发动机,都必须用力踏下主离合器踏板 2,使操纵液压缸 5 的液压油压向工作液压缸 8,以足够的压力推动离合器的拨叉杆,使离合器分离。

(2)气动系统气压在500kPa以上时起动发动机,这时只要按操作规程转动发动机起动开关,则压缩空气会自动进入助力汽缸1中,推动其活塞向右运动,与活塞连接的传动杆系3随之运动,并推动操纵液压缸5的液压油压向工作液压缸8,使主离合器分离。

四、弹性联轴器

为了减轻柴油发动机振动对分动箱齿轮传动的冲击载荷,在主离合器输出端与万向传动轴连接处,安装有高弹性的弹性联轴器,如图2-5所示。

弹性联轴器主要由弹性橡胶元件、万向轴连接凸缘等组成。弹性橡胶元件具有吸振作用,用以吸收部分柴油发动机的扭转振动,因此,对其品质要求较高,不仅要求表面光滑平整、内部组织严密,不许有杂质、气泡、裂纹、老化及龟裂等缺陷,而且物理和力学性能必须符合有关规定。

五、万向传动轴

在清筛机动力传动系统的弹性联轴器与分动齿轮箱间,装有万向传动轴。柴油发动机的输出动力通过万向传动轴传递给分动齿轮箱。

机械在运转过程中,由于柴油发动机动力输出轴与分动齿轮箱动力输入轴的轴线难以始终保持在一条直线上,以及考虑制造、安装误差和工作过程中车架变形而引起两轴线的偏移,所以,两者之间的连接必须采用万向传动轴。

QS-650型清筛机采用的万向传动轴如图2-6所示,由万向节和传动轴组成。万向节可以保证在轴间交角变化时可靠地传递动力,其结构简单并具有较高的传动效率。传动轴的长度能随其两端与之连接的部件间相对位置的变化而变化。

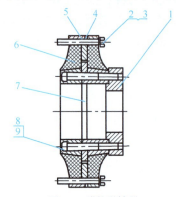

图 2-5 弹性联轴器
1-万向轴连接凸缘;2-螺栓;3-弹簧垫圈;
4-限位外圈;5-垫圈;6-弹性元件总成;
7-限位内圈;8-螺栓;9-弹簧垫圈

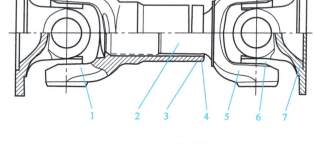

图 2-6 万向传动轴
1-万向节滑动叉;2-花键接头轴;3-油封;4-油封盖;5、7-万向节叉;
6-十字轴

QS-650型清筛机采用的万向传动轴,可传递的最大转矩为13500N·m,伸缩量为110mm。

六、分动齿轮箱

1.分动齿轮箱的功用

分动齿轮箱是将原动机或输入轴的动力分配给多个驱动装置的传动箱。QS-650型清筛机有两台发动机,也就有两台分动齿轮箱,分别驱动8~9台液压泵,以满足走行、挖掘、筛分、起拨道、输送道砟等装置动力驱动的要求。

2. 分动齿轮箱的构造

QS-650型清筛机分动齿轮箱的构造如图2-7所示,它由一根输入轴、两根中间轴、两根输出轴组成。在输入轴的后端,中间轴、输出轴的两端,均可驱动液压泵输出动力,所以,该分动齿轮箱可安装9台液压泵。液压泵靠油泵凸缘与箱体连接,动力靠花键传递,各轴的转速则是根据与其相连接的液压泵所要求的输入转速来确定。

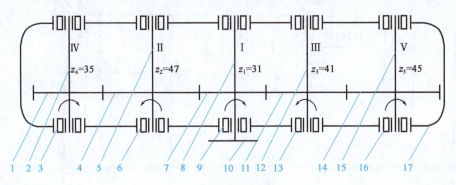

图2-7 分动齿轮箱

1、4、7、11、14-直齿圆柱齿轮;2、5、8、12、15-轴;3、6、9、13、16-轴承;10-输入轴凸缘;17-箱体

分动齿轮箱内各轴均采用滚柱轴承支撑在箱体17上。液压泵靠油泵凸缘与箱体17连接,动力靠花键传递。为防止润滑油泄漏,在液压泵凸缘上装有密封装置。

分动齿轮箱内的齿轮与轴承通过强制和飞溅方式润滑,因此,在日常维护中,应注意检查分动齿轮箱内油面高度,缺油时应及时补足。

3. 分动齿轮箱动力传动路线

根据发动机输出轴转动方向,输入分动齿轮箱轴Ⅰ的转动方向为顺时针,其动力传动路线如下:

输入轴Ⅰ(顺时针) $\begin{cases} \xrightarrow{\text{通过}z_2/z_1\text{相啮合}} \text{中间轴Ⅱ(逆时针)} \xrightarrow{\text{通过}z_4/z_2\text{相啮合}} \text{输出轴Ⅳ(顺时针)} \\ \xrightarrow{\text{通过}z_3/z_1\text{相啮合}} \text{中间轴Ⅲ(逆时针)} \xrightarrow{\text{通过}z_5/z_3\text{相啮合}} \text{输出轴Ⅴ(顺时针)} \end{cases}$

学习项目二 走 行 系 统

QS-650型清筛机的走行系统由走行液压泵、液压马达、车轴齿轮箱和转向架等组成,由于采用的是液压全轴驱动(即每个轮对轴都设有动力驱动),故走行传动系统的动力传动路线为:走行液压泵→液压马达→车轴齿轮箱→轮对,可以实现作业走行0~1km/h、区间运行0~80km/h范围内的无级调速。

一、车轴齿轮箱的功用

车轴齿轮箱的功用是改变液压马达输出的转矩和转速,以适应清筛机作业走行、区间运行及当清筛机与列车联挂运行等不同工况条件下,对机械牵引力和运行速度的要求。

二、QS-650型清筛机车轴齿轮箱的结构

QS-650型清筛机车轴齿轮箱,由变速机构和操纵机构两部分组成,其构造如图2-8所示。

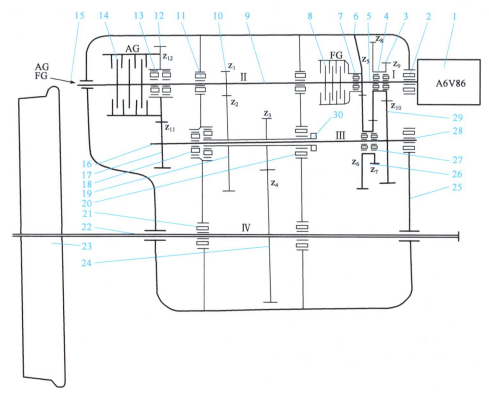

图2-8 QS-650型清筛机车轴齿轮箱

1-液压马达;2-输入轴轴承;3-输入轴双联齿轮(z_8、z_9);4-输入轴双联齿轮轴承;5-输入轴(Ⅰ);6-输入轴主动齿轮(z_5);7-离合器轴端轴承;8-FG离合器;9-离合器轴(Ⅱ);10-离合器轴齿轮(z_1);11-离合器轴轴承;12-AG离合器齿轮(z_{12});13-AG离合器齿轮轴承;14-AG离合器;15-AG、FG控制油路;16-中间轴(Ⅲ);17-中间轴小齿轮(z_{11});18-中间轴轴承;19-中间轴双联齿轮(z_2、z_3);20-中间轴双联齿轮支撑轴承;21-车轴轴承;22-车轴(Ⅳ);23-车轮(对);24-车轴齿轮(z_4);25-车轴齿轮箱箱体;26-中间轴传动双联齿轮(z_6、z_7);27-中间轴传动双联齿轮轴承;28-中间轴端轴承;29-中间轴大齿轮(z_{10});30-润滑凸轮油泵

1. 输入轴Ⅰ总成

输入轴Ⅰ总成由输入轴5、输入轴双联齿轮3、输入轴双联齿轮轴承4和输入轴轴承2等组成。

输入轴Ⅰ右端有花键孔,A6V86型走行液压马达的输出轴端安装在内。输入轴Ⅰ上装有靠一对轴承4支撑的双联齿轮3。因此,双联齿轮3可以在轴Ⅰ上自由转动。输入轴Ⅰ左端是花键轴,它连接着输入轴主动齿轮6并使其与轴一起运动。

输入轴主动齿轮6在设计上与FG多片式离合器主动毂焊接在一起。齿轮6和FG多片式离合器的主动盘能一起运动,即只要液压马达1转动,轴Ⅰ、齿轮6和FG多片式离合器主动毂内的主动摩擦片都同时转动。另外,齿轮6与中间轴传动双联齿轮26的z_6齿轮相啮合,只要齿轮6转动,中间轴传动双联齿轮26就一起转动。

输入轴Ⅰ右端靠输入轴轴承2支撑在箱体上,左端则通过FG多片式离合器的主动毂、

靠离合器轴端轴承支撑在离合器Ⅱ轴的右端。

2. 离合器轴Ⅱ总成

离合器轴Ⅱ总成由离合器轴Ⅱ9、离合器轴齿轮10、AG离合器齿轮12、FG换挡离合器总成8、AG换挡离合器总成14、AG离合器齿轮轴承13和离合器轴轴承11等组成。

离合器轴Ⅱ的内部加工有轴向和径向与AG、FG换挡离合器控制油路相通的油道。轴左端与AG、FG控制油路15的旋转配油腔相连接。控制AG、FG的液压油，通过旋转配油腔、轴Ⅱ上的油道进入AG或FG换挡离合器的液压活塞缸内。

离合器轴齿轮10与轴是一体的，走行动力由它传出。AG离合器齿轮12，通过一对轴承13支撑在离合器轴Ⅱ上。齿轮12与AG离合器主动毂焊接在一起，它们和AG主动摩擦片都可在轴Ⅱ上自由转动。

离合器轴Ⅱ通过轴承11支撑在车轴齿轮箱箱体内。由于该轴支点多，轴上安装的部件也多，因此，轴的加工和安装精度要求都很高。

3. 换挡离合器

QS-650型清筛机的车轴齿轮箱换挡时，采用两个液压操纵的多片式摩擦离合器，该种离合器也称动力换挡离合器，其中AG离合器接合换低速挡，FG离合器接合换高速挡。图2-9所示为AG换挡离合器。

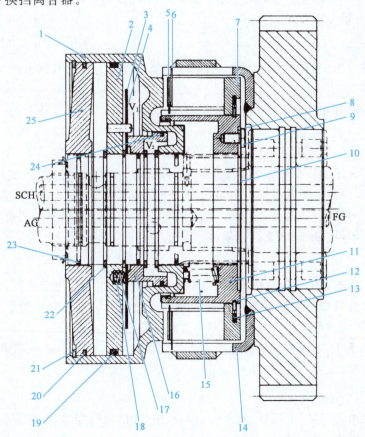

图2-9　AG换挡离合器

1、25-活塞缸体；2-大活塞；3-衬垫；4-阀；5-被动摩擦片；6-主动摩擦片；7-压板；8-垫圈；9-螺栓；10-钢片；11-从动毂；12、13、21、22-卡环；14-齿轮及主动毂；15、17、18-弹簧；16-小活塞；19-O形密封圈；20、23、24-密封环

离合器主动毂和齿轮焊接在一起,主动毂内靠花键与8片主动摩擦片6相连接。从动毂11上有内花键孔和外花键套,前者与离合器轴Ⅱ连接,后者与9片被动摩擦片5连接。上述部分组成AG换挡离合器的传动部分。活塞缸体1、25,大活塞2,小活塞16,阀4,弹簧和密封等元件组成AG换挡离合器的压紧部分。

AG换挡离合器的工作原理如下:当司机接通AG换挡离合器操纵阀的油路时,液压油经旋转配油腔进入离合器轴ⅡAG的油道,并通过轴Ⅱ上横向油道进入小活塞16右腔室V_1中。液压油推动活塞缸体1、25右移,迅速将换挡离合器主、被动摩擦片压在一起,离合器实现接合。同时,通过小活塞上的节流孔将阀4打开,液压油进入大活塞右腔V_2中,使活塞缸体产生更大的压力,将换挡离合器的主、被动摩擦片压紧,从而传递大的转矩。大活塞2左腔的液压油经SCH管道排出。

FG换挡离合器与AG换挡离合器在构造和工作原理上基本相同,由于它传递的转矩小些,故摩擦片、活塞缸体的直径也小些。

这种换挡离合器采用大、小两个活塞。小活塞V_1室体积较小,当液压油进入时,可迅速消除主、被动摩擦片间的间隙,使离合器接合迅速。大活塞V_2室体积大,活塞作用面积大,压紧力就大。另外,液压油从V_1室进入V_2室时经过节流阀,这样进入大活塞V_2室的油压逐渐上升,则离合器的压紧力逐渐增加,从而保证了离合器接合过程的平顺。当离合器需要分离时,由于AG停止供油,因此在压力弹簧15的作用下,活塞缸体迅速恢复到原始位置,从而实现离合器分离。

4. 中间轴Ⅲ总成

中间轴Ⅲ总成由中间轴16、中间轴小齿轮17、大齿轮29、传动双联齿轮26、双联齿轮19和轴承18、28等组成。

中间轴Ⅲ两端都加工有花键,它们分别与小齿轮17、大齿轮29连接,所以轴Ⅲ与齿轮17、29一起转动。

中间轴Ⅲ上套装着两对双联齿轮。右边双联齿轮26,靠一对轴承27支撑在中间轴Ⅲ上。它将动力传递给套装在输入轴Ⅰ上的双联齿轮3。左边双联齿轮总成Ⅰ9与中间轴Ⅲ靠间隙配合连接,而它的两端又用一对轴承20支撑在箱体上。因此,轴Ⅲ与双联齿轮19的运动互不干涉。另外,双联齿轮19的右端装有润滑油泵凸轮30以驱动润滑油泵。

中间轴Ⅲ靠轴承18与28支撑在箱体上。

5. 车轴Ⅳ总成

车轴Ⅳ总成由车轴22、车轴齿轮24、车轴轴承21及密封端盖等组成。

车轴Ⅳ中部安装着与该轴过盈配合的车轴齿轮24,两端安装着车轮。动力由齿轮24输入,经车轴分别传递到两个车轮上,以驱动清筛机走行。

车轴Ⅳ靠轴承21支撑在车轴齿轮箱中部的箱体上。车轴与箱体外部两端都装有带密封的端盖以防止漏泄。

6. 箱体

车轴齿轮箱由上箱体、下箱体、轴承盖、齿轮、轴、加油通气器、放油螺塞等组成。由于车轴齿轮箱传递转矩大、结构复杂,因此,整个箱体又分为左、中、右三个箱室,中间并排两行加强支撑座对各轴起着主要的支撑作用,它通过轴承盖单独与下箱体连接。

车轴齿轮箱下箱体靠近车轴端伸出一块连接臂板,依靠连接杠杆弹性地支撑在转向架的摇枕横梁上。因此,当车轮轮对相对转向架运动时,连接杠杆曲臂摆动,车轴齿轮箱可绕车轴摆动,保证了走行动力的正常传递。

箱体上设有加油通气器,用以加注润滑油、吸排箱体气体。在箱体上还设有观察孔、液位显示器等。由于车轴齿轮箱内装有润滑油泵,因此该箱内轴、轴承、齿轮,均靠强制润滑。

三、车轴齿轮箱动力传动路线

车轴齿轮箱在结构上必须满足清筛机区间运行、作业走行和列车联挂运行三种工况对动力传动的要求。AG 和 FG 两个换挡离合器必须采用连锁,不能相互干涉,即当 AG 换挡离合器接合时,FG 换挡离合器必须处于分离状态,而当 FG 换挡离合器接合时,AG 换挡离合器必须处于分离状态。

1. 高速挡区间运行工况

当司机操纵液压控制阀使 FG 换挡离合器处于接合状态时,AG 换挡离合器必须处在分离状态。高速挡动力传动路线为:

液压马达 1→输入轴Ⅰ→输入轴主动齿轮 6→FG 换挡离合器 8 $\xrightarrow{\text{FG 接合}}$ 离合器轴Ⅱ→离合轴齿轮 10 $\xrightarrow[\text{相啮合}]{\text{通过} z_1/z_2}$ 中间轴双联齿轮 19 $\xrightarrow[\text{相啮合}]{\text{通过} z_3/z_4}$ 车轴齿轮 24→车轴Ⅳ→车轮 23(清筛机实现高速在区间内的运行)

由于输入轴主动齿轮 6 与中间轴传动双联齿轮 26 上的齿轮 z_6 相啮合,所以输入轴双联齿轮 3、中间轴大齿轮 29、中间轴Ⅲ、中间轴小齿轮 17 和 AG 换挡离合器齿轮 12 都转动。AG 换挡离合器 14 的主动毂与齿轮 12 焊接在一起,则 AG 换挡离合器的主动毂带动主动摩擦片在离合器轴Ⅱ上空转。

2. 低速挡作业走行工况

清筛机进行清筛作业时,司机操纵液压阀使 AG 换挡离合器处于接合状态,FG 换挡离合必须处在分离状态。作业挡动力传动路线为:

液压马达 1→输入轴Ⅰ→输入轴主动齿轮 6 $\xrightarrow[\text{相啮合}]{\text{通过} z_5/z_6}$ 中间轴传动双联齿轮 26 $\xrightarrow[\text{相啮合}]{\text{通过} z_7/z_8}$ 输入轴双联齿轮 3 $\xrightarrow[\text{相啮合}]{\text{通过} z_9/z_{10}}$ 中间轴大齿轮 29→中间轴Ⅲ→中间轴小齿轮 17 $\xrightarrow[\text{相啮合}]{\text{通过} z_{11}/z_{12}}$ AG 离合器齿轮 12→AG 换挡离合器 14→离合器轴Ⅱ→离合器齿轮 10 $\xrightarrow[\text{相啮合}]{\text{通过} z_1/z_2}$ 中间轴双联齿轮 19 $\xrightarrow[\text{相啮合}]{\text{通过} z_3/z_4}$ 车轴齿轮 24→车轴Ⅳ→车轮 23(清筛车实现作业走行)

由于输入轴齿轮 6 与 FG 换挡离合器主动毂焊接在一起。因此,FG 换挡离合器主动毂、主动摩擦片在离合器轴Ⅱ上空转。

3. 空挡联挂运行工况

换挡手柄置于空挡时,AG 换挡离合器和 FG 换挡离合器均分离,此时,输入轴Ⅰ、齿轮 6、离合器轴Ⅱ上的齿轮 12 和中间轴Ⅲ均不转动。所以,空挡时,车轴齿轮箱中的动力传动路线为:

车轮 23→车轴Ⅳ→车轴齿轮 24 $\xrightarrow[\text{相啮合}]{\text{通过} z_4/z_3}$ 中间轴双联齿轮 19 $\xrightarrow[\text{相啮合}]{\text{通过} z_2/z_1}$ 离合器轴Ⅱ齿轮 10→离合器轴Ⅱ $\begin{cases} \text{AG 离合器从动毂、被动摩擦片} \\ \text{FG 离合器从动毂、被动摩擦片} \end{cases}$ （空转）

中间轴双联齿轮 19 转动,则润滑油泵凸轮 30 工作,从而保证了清筛机在联挂运行时,车轴齿轮箱内各部位的润滑。

QS-650 型清筛机的两个转向架四个轮对车轴均为主动轴。因此,通过液压操纵控制可实现两轴或四轴驱动的工况。

学习项目三　转　向　架

▶▶ 一、转向架的作用

转向架是将两个或两个以上的轮对,按规定的轴距,用侧架或构架连成一体,并装有减振弹簧的独立结构。它通过与车架连接,以承载和传递动力。车辆通过曲线时,转向架与车架之间能产生相对转动,使车辆能顺利通过曲线,减少运行阻力,并由各轮对传给钢轨。在转向架上装有基础制动装置,可进行减速制动、紧急制动和驻车制动。因此转向架具有承载传载、走行转向、缓冲减振、走行制动的作用。

▶▶ 二、转向架的组成

QS-650 型清筛机转向架结构。QS-650 型清筛机的转向架为双轴动力转向架,由侧梁、摇枕、弹簧减振装置,轮对轴箱装置,基础制动装置,心盘总成与旁承、车轴齿轮箱等部分组成,其构造如图 2-10 所示。

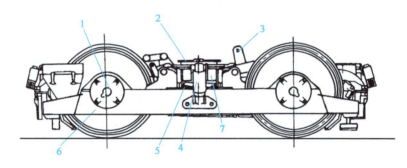

图 2-10　转向架
1-轮对轴箱装置;2-心盘总成;3-基础制动装置;4-液压减振器;5-枕簧;6-侧架;7-摇枕

QS-650 型清筛机转向架具有如下特点:

(1)转向架的构架由两个侧架 6 和一个摇枕 7 组成,侧架和摇枕均采用钢板焊接的箱形结构。两侧架梁用两根高强度材料制成的连接杆连成一体;两侧梁中部安放枕簧,其上支撑枕梁;枕簧为圆柱弹簧,四个一组。摇枕的导框套在侧梁的导柱上,以使枕梁与侧梁相连,从而组成转向架的构造。

(2)转向架的侧架梁与摇枕之间设有液压减振器 4 和枕簧 5,它们可较好地缓和和吸收轴箱所受到的振动、冲击,起缓冲减振作用,提高清筛机运行平稳性。

(3)转向架每根车轴上均设有车轴齿轮箱,起传递走行动力和减速的作用。

QS-650型清筛机转向架的轮径为900mm,固定轴距为1830mm,心盘距为23000mm,容许通过的最小曲线半径为180m,轴质量22t。

三、轮对与轴箱

轮对的作用是引导清筛机沿钢轨运行,并传递和承受清筛机与轨道间的相互作用力。轮对由一根车轴和两个车轮按规定的尺寸和压力,采用过盈配合压装而成,由于车轴中部安装有车轴齿轮箱,并通过轴承支撑在车轴上,故组装轮对时应先压装车轴齿轮和装入轴承、轴承盖等零部件。拆轮对时,应先沿车轮上注油孔注入高压油,减少车轮与车轴之间的摩擦阻力,然后进行拆卸。

1. 车轴

车轴按其两端轴箱中的轴承形式不同,可分为滑动轴承车轴和滚动轴承车轴。由于清筛机的车轴主要承受交变载荷,故采用滚动轴承车轴。

由于车轴主要承受交变载荷,容易产生疲劳裂纹,因此车轴应具有良好的韧性、较高的抗拉强度和疲劳极限。车轴一般用中碳平炉或电炉钢锭,经锻造、正火、回火和机加工等工序制成,它是转向架中很重要的承载零件,其化学成分和热处理后的力学性能均应符合有关规定。

2. 车轮

车轮也是转向架中的重要零件,它承受冲击、挤压和摩擦,容易发生疲劳和磨损,因此车轮应具有良好的冲击韧性、耐磨性和较高的强度。车轮一般用中碳平炉钢锭经冲孔、碾压成型、压弯辐板和热处理等工序制成,其化学成分和热处理后的力学性能均应符合有关规定。

3. 轴箱

清筛机转向架上设有滚动轴承轴箱,安装在车轴轴端。轴箱由轴箱体、滚动轴承、轴箱盖、挡圈、密封装置等零部件组成。轴箱结构如图2-11所示,轴箱中的滚动轴承为双列向心球面滚子轴承,它承载力大,能自动调心,其内圈的内表面为圆锥面,支撑在张紧套上,调节张紧套与轴承的楔紧程度就可调整轴承的径向和轴向间隙。

轴箱组装时,必须按有关规定严格进行,保证轴承有合适的径向间隙和轴向间隙。轴箱内润滑油脂的充注量以其内空间容积的2/3为宜。

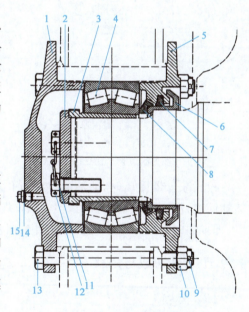

图2-11 轴箱
1-前轴箱盖;2-轴端盖;3-张紧套;4-滚动轴承;5-后轴箱盖;6-迷宫轴环;7-密封圈;8-挡圈;9-开口销;10-螺母;11-防松铁丝;12、13-螺栓;14-垫圈;15-注油塞

四、液压减振器

液压减振器是一种良好的减振装置。它能有效地消耗振动能量,衰减振动幅度,而且振

动速度越高,振幅越大,减振效果越显著。在 QS-650 型清筛机转向架上,液压减振器位于侧梁中部与枕梁之间,它与枕簧共同起缓冲减振作用,可以较好地缓和并吸收轮对及轴箱所受到的振动、冲击,从而提高清筛机的运行平稳性。液压减振器安装位置,如图 2-12 所示。

当车架振动时,带动液压减振器的活塞在缸筒内上下运动,迫使缸筒内的油液通过活塞上的节流孔上下流动,产生节流阻力,实现减振作用。同时,油液通过缸筒底部的补排油孔进行补油和排油。

油压减振器的工作原理,如图 2-13 所示。

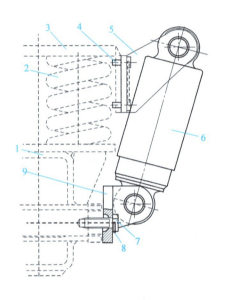

图 2-12 液压减振器安装示意图
1-侧梁;2-枕簧;3-摇枕;4、7-螺栓;5-上支座;
6-液压减振器;8-防松铁丝;9-下支座

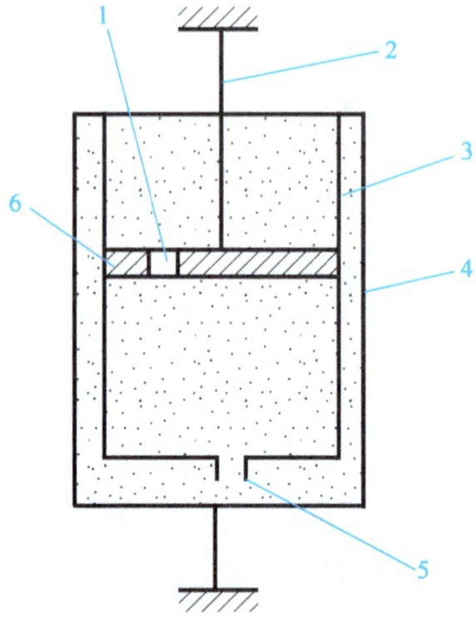

图 2-13 液压减振器工作原理图
1-节流孔;2-活塞杆;3-缸筒;4-储油筒;
5-补排油孔;6-活塞

液压减振器受压时,油液通过节流孔从缸筒下部流向上部,多余油液通过补排油孔排入储油筒内;液压减振器受拉时,油液流向与受压时正好相反。补排油孔在结构上还有一个特点,即排油时孔变小,起节流作用,补油时孔变大,防止缸筒内出现真空。

▶▶ 五、心盘总成与旁承

1.心盘总成

心盘总成是转向架承载和传递走行动力的关键部件,它由中心销、上心盘、下心盘、平键等组成,其构造及安装如图 2-14 所示。

上心盘通过螺栓与车架相连,而下心盘通过螺栓与转向架摇枕相连,两者可相对转动,使车架与转向架相对回转,从而使清筛机顺利通过曲线轨道。

由于上心盘支撑在下心盘的环槽内,故该心盘总成可承受径向力和轴向力,即通过它既可使车架承受的重力传给转向架,又可使转向架驱动轮产生的牵引力由心盘传给车架。

中心销用平键卡住,它能防止上心盘与下心盘相互分离,保证车架与转向架连接可靠。心盘采用稀油润滑,润滑油管接在下心盘上,由前后司机室内的润滑油杯供油。

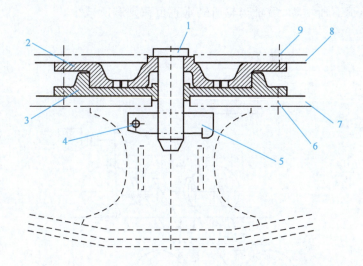

图 2-14　心盘总成的构造及安装
1-中心销;2-上心盘;3-下心盘;4-开口销;5-平键;6、9-螺栓连接;7-摇枕;8-车架

2. 旁承

旁承是清筛机转向架的辅助承载部件,它能有效地防止车架的过分倾斜和偏摆振动。当清筛机通过曲线时,由于离心力的作用,车体产生倾斜,使外侧的上下旁承接触并承担一定的垂直载荷,并通过上下旁承的相对滑移,使清筛机顺利通过曲线。

每台转向架设有两个旁承,分布在左右两侧。旁承由上旁承和下旁承组成。上旁承是用铸铁制成的槽形结构,安装在车架大梁下面;下旁承用 45 钢板制成,用螺栓连接在转向架枕梁上。上下旁承的间隙调整量为 0～0.2mm。旁承采用平面摩擦式,组装前上旁承槽内充有 2 号锂基润滑油脂,通过槽底的小孔润滑上下旁承摩擦面。

六、基础制动装置

QS-650 型清筛机制动装置包括空气制动和手制动两大部分,从制动缸活塞杆至闸瓦所包含零件属于基础制动部分,都要通过基础制动装置把制动力作用到车轮上,达到制动目的。基础制动装置是利用杠杆原理,将制动缸产生的推力(或手轮制动时拉链的拉力),经过各杠杆和拉杆的作用,扩大适当倍数后,再传到各闸瓦上,使闸瓦抱紧车轮,进行制动。

1. 基础制动装置的构造

QS-650 型清筛机基础制动装置为独立单闸瓦式,前后转向架各有一套独立且结构形式相同的制动装置。每套装置设有四块闸瓦,装设在转向架上的四个轮子内侧。基础制动装置由传动杠杆、上拉杆、下拉杆、移动杠杆、固定杠杆、制动梁及闸瓦等零件组成,如图 2-15 所示。

移动杠杆和固定杠杆分别有两根,它们各自铰接一根与车轴平行的制动梁,每根制动梁两端装有闸瓦托,闸瓦托用插销装有闸瓦。在移动杠杆与固定杠杆之间连接两根拉杆,以传递运动和动力。

该制动装置的特点是结构简单,检查和维修方便。但由于每个车轮仅一侧有闸瓦,故制动时作用在车轮上的压力和摩擦力不像双侧制动时能相互抵制,因而对同一转向架而言,前轴轮所受垂直负荷有所增加,后轴车轮所受垂直负荷则有所减少。

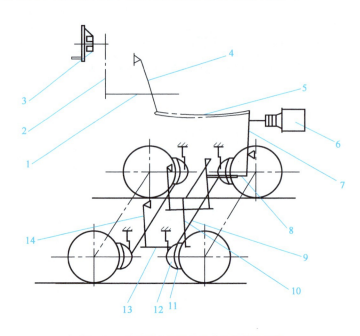

图 2-15 基础制动装置的组成及操纵示意图

1-丝杆螺母传动;2-链传动;3-制动手轮;4-传动杆;5-拉链;6-制动缸;7-传动杠杆;8-上拉杆;9-制动梁;10-移动杠杆;11-闸瓦;12-闸瓦托;13-下拉杆;14-固定杠杆

2. 基础制动装置的作用原理

如图 2-16 所示,当进行空气制动时,制动缸活塞推杆伸出,推杆带动传动杠杆摆动使移动杠杆向右移动,并带动与其相连的制动梁右移,因而使制动梁两端的闸瓦首先压住车轮。

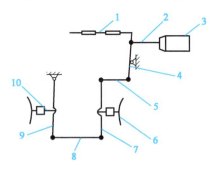

图 2-16 基础制动装置作用原理

1-手制动拉链;2-活塞推杆;3-制动缸;4-传动杠杆;5-上拉杆;6-制动闸瓦;7-移动杠杆;8-下拉杆;9-固定杠杆;10-制动梁

然后移动杠杆以其与制动梁铰接的铰点为中心摆动,推动下拉杆带动固定杠杆下端左移,使固定杠杆相连的制动梁左移,因而使制动梁两端的闸瓦压住车轮,最后四个闸瓦紧压车轮,产生制动作用。

当制动缓解时,制动缸在其缓解弹簧的作用下复位,排出缸内的压缩空气,因而制动装置失去了外力,与此同时,闸瓦在移动杠杆、固定杠杆、下拉杆及本身的重力和复位弹簧作用下,自动离开车轮,呈缓解状态。

当进行手制动时,参见图 2-15,转动手轮,通过链传动引起丝杆转动,丝杆转动引起螺母移动并带动传动杆摆动,传动杆通过拉链拉动传动杠杆,此时与空气制动一样,同样使转向架产生制动作用。反转手轮时,可使制动装置呈缓解状态。

练 习 题

1. BF12L513C 型道依茨风冷柴油发动机机型代号和含义(按德国道依茨公司规定)是什么?
2. QS-650 型清筛机动力传递系统由哪些部件组成?动力是如何传递的?
3. 主离合器的主要作用是什么?
4. QS-650 型清筛机的主离合器操纵机构由哪些部分组成?
5. GB2/380KR 型主离合器主要由哪些部分组成?
6. QS-650 型清筛机的万向传动轴有什么功用?由哪些部分组成?
7. QS-650 型清筛机分动齿轮箱有什么功用?它在构造上有什么特点?动力如何传递?
8. QS-650 型清筛机的车轴齿轮箱有哪些功用?
9. QS-650 型清筛机车轴齿轮箱中的"AG"、"FG"多片式离合器的作用原理是什么?怎样操纵?
10. 写出 QS-650 型清筛机的车轴齿轮箱在与列车联挂运行、区间运行和作业走行时的动力传递路线。
11. 转向架起什么作用?由哪几部分组成?
12. 说明液压减振器的工作原理。
13. 转向架心盘总成起什么作用?旁承又起什么作用?
14. 车轴轴箱由哪些零部件组成?各起什么作用?
15. 基础制动装置的工作原理是怎样的?清筛机的基础制动装置与其他车辆相比,有何特点?

单元三

车体结构

【知识目标】

1. 了解 QS-650 型清筛机的车架材料及组成。
2. 掌握车钩及车钩缓冲装置的组成、作用及工作原理。
3. 熟悉前后司机室的布局、司机位的布置及铁路机车行车安全装置。
4. 熟练掌握空调装置及取暖设备的结构、工作原理。
5. 了解司机位操作要点,熟悉其使用要求及相关条例。

【能力目标】

1. 能够准确指认组成车架的五种车架梁,分析各梁的作用、技术要求及受力特点,并能按照车架设计要求提供材料单。
2. 能够正确维护 MT-3 型车钩缓冲装置,了解其作用组成及受力特点,分析当车钩缓冲装置受到冲击或卸载时其各组成部件是如何工作的。
3. 正确分析 6G 型车钩与 13 号车钩的不同点,熟练进行车钩三态间的互换操作。
4. 能够撑司机室的布局、各操作位的布置及各操作位的职责。
5. 能够正确使用铁路机车行车安全装备。
6. 能够正确使用、维护空调装置和取暖设备。

QS-650型清筛机的车体结构包括车架、车钩缓冲装置、司机室等。车架端部装有中心式车钩缓冲装置，在车架前、后平台上布置有司机室。前司机室由运行司机操作位和作业司机操作位组成，后司机室只有运行司机操作位。与前后司机室相邻，布置着安装动力传动装置的机械动力间，并用隔热、隔声、密封门与司机室隔开。前后司机室内设有通风、空调、取暖装置和通信指挥等设备，保证操作人员有一个安全、舒适、良好的工作环境。

本单元介绍车体结构组成部分的构造、作用及工作原理。

学习项目一　车　　架

QS-650型清筛机车架由厚度为5~25mm的标准型钢和板材组焊而成，它的作用是：承受整机自重和纵、横向的作用力，并且是安装司机室、柴油发动机、传动装置、工作装置、液压系统、气动系统、电气系统和操纵、控制机构的基础。车架位于两台双轴动力转向架上，两台转向架的中心距，设计要求为23000mm。

车架由前、后对称的主梁、横梁、连接副梁、支架、前后端梁等结构件焊接组成。主梁由相互靠近的两根前左、右工字主梁和相距较宽的后左、右工字主梁，用连接梁组焊起来，两对称主梁间还焊有横梁，使车架构成一个主要承受力的框架钢结构。其结构如图3-1所示。

▶▶▶ 一、主梁

主梁是车架承受载荷及各向作用力的主体梁。清筛机挖掘链要穿过枕底，因此主梁由相互靠近的两根前左、右工字主梁17和相距较宽的后左、右工字主梁9、10，用连接梁13组焊起来。两对称主梁间还焊有横梁，使车架构成一个主要承受力的框架结构。

车架可承受2000kN的纵向力，满足清筛机编组运行的要求。车架在载荷作用下，不应发生永久性变形。制造时，车架中部预拱度为$120_{\ 0}^{+10}$mm。

▶▶▶ 二、横梁

横梁由钢板焊接，横截面通常为箱形结构，前、后横梁底面位于前、后转向架座板20和5上，其中部设有转向架中心轴座孔，两端焊有与旁承接触的耐磨钢板。

▶▶▶ 三、副梁

副梁有纵向与横向两种，焊接在前、后主梁之间。它们的作用除加强车架整体的强度与刚度外，也是安装柴油发动机、传动装置和工作装置的基础。

▶▶▶ 四、支架

支架主要是支撑清筛机的工作装置，其中有：车架中部挖掘链槽支架11；链槽调整液压缸和起重装置安装立柱架14；车架前部主污土输送带支架27、中间隔板28、回转污土输送带转柱30、转柱筋板22；车架后部的回填输送带支架6等。

车架前部两根工字前主梁17相距较近，因而在主梁两侧焊接有三对小支架18，使前端加宽，它用作支撑前司机室、机械动力间和司机室的底板。

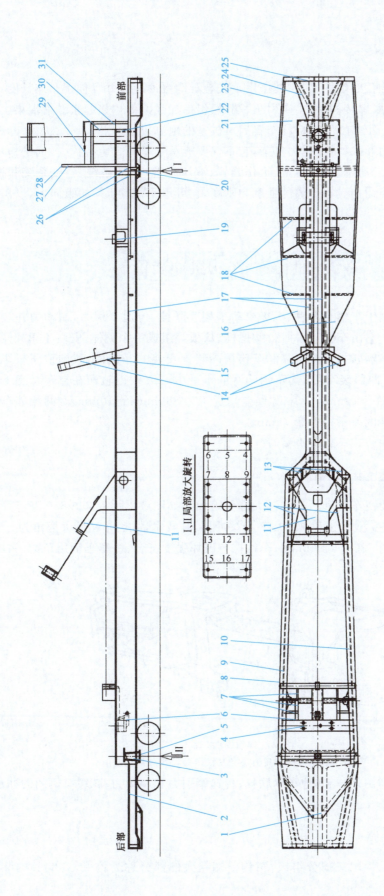

图3-1 QS-650型清筛机车架结构

1-后端梁；2-后台板；3-后横梁；4-后主传动箱座板；5-后转向架座板；6-回填输送带支架；7-小梁；8-转动轴承座架；9-后右工字主梁；10-后左工字主梁；11-链槽支架；12-斜腹板；13-连接板；14-立柱架；15-角筋板；16-纵室底板；17-前左、右工字主梁；18-小支架；19-前主传动箱座板；20-前转向架座板；21-左、22-转柱筋座板；23-左、右前端筋侧梁；24-翼板；25-前横梁；26-前横梁腹板；27-主传污土输送带支架；28-中间隔板；29-盖板；30-回转污土输送带转柱；31-前壁板

五、前、后端梁

前、后端梁焊接在前、后端主梁外,其作用是安装车钩缓冲装置并延伸了车体长度。

前、后端梁也是金属焊接构件,由牵引梁、端梁、斜撑加强梁等焊接起来。前端梁上面铺有前台板21,后端梁上面铺有后台板2(布置后司机室的地方)。

清筛机的车架结构形式特殊,受力复杂,它不仅要能承受整机自重和纵、横向的作用力,而且还是安装司机室、发动机、传动装置、工作装置、液压系统、气动系统、电气系统和操纵、控制机构的基础。车架结构具有足够的强度和刚度,它可承受2000kN的纵向力,以满足清筛机编组运行的要求

学习项目二 车钩缓冲装置

车钩缓冲装置是用于车辆与车辆、机车或动车相互联挂,传递牵引力,制动力并缓和纵向冲击力的车辆部件。它由车钩、缓冲器、钩尾框、从板等组成一个整体,安装于车架两端的牵引梁内。为了保证车辆联挂安全可靠和车钩缓冲装置安装的互换性,我国铁路机车车辆有关规程规定:车钩缓冲器装车后,其车钩钩舌的水平中心线距钢轨面在空车状态下的高度:客车为880mm(允许+10mm,-5mm误差),货车为880mm(±10mm)。两相邻车辆的车钩水平中心线最大高度差不得大于75mm。

车架的两端装有中心式车钩缓冲装置。

一、车钩缓冲装置的组成和作用

车钩缓冲装置主要由车钩和缓冲器两大部分组成。如图3-2所示,QS-650型清筛机的车钩缓冲装置采用了6G型车钩和MT-2/3型缓冲器,其技术性能:车钩最大摆角为±160°;车钩中心线距轨面高为880mm±10mm;车钩拉伸破坏强度符合《机车车辆用车钩、钩尾框》(TB/T 456—2008)规定。

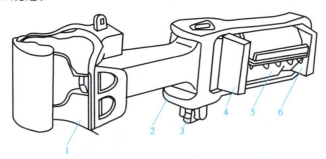

图3-2 车钩缓冲装置
1-车钩;2-钩尾框;3-钩尾销;4-前从板;5-缓冲器;6-后从板

车钩缓冲装置的作用是:与其他车辆联挂;传递牵引力和制动力;减缓车辆间的冲击力、惯性力等。

二、车钩

车钩由钩头、钩身、钩尾三部分组成,车钩前端粗大的部分称为钩头,在钩头内装有钩

舌、钩舌销、锁提销、钩舌推铁和钩锁铁等零件。车钩后部称为钩尾,在钩尾上开有垂直扁锁孔,以便与钩尾框连接。

为实现挂钩或摘钩,使车辆连接或分离,车钩具有以下三种位置(又称车钩三态),如图 3-3 所示。

(1)开锁位置——钩锁铁被提起,钩舌只要受到拉力可以向外转开的位置。

(2)全开位置——钩舌已经完全向外转开的位置。

(3)闭锁位置——车钩的钩舌被钩锁铁挡住不能向外转开的位置,称之为锁闭位置。两个车辆连接在一起时车钩就处在这种位置。

摘钩时,只要其中一个车钩处在开锁位置,就可以把两辆车分开。挂钩时,只要是其中一个车钩处于全开位置,就可以把两个车辆联挂在一起。

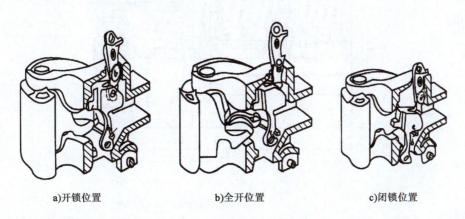

a)开锁位置　　　　　　b)全开位置　　　　　　c)闭锁位置

图 3-3　车钩三态作用位置图

▶▶ 三、缓冲器

缓冲器用来缓和列车在运行中由于机车牵引力的变化或在起动、制动及调车作业时车辆相互碰撞而引起的纵向冲击和振动。缓冲器有耗散车辆之间冲击和振动的功能,从而减轻对车体结构和装载货物的破坏作用。缓冲器的工作原理是借助于压缩弹性元件来缓和冲击作用力,同时在弹性元件变形过程中利用摩擦和阻尼吸收冲击能量。根据缓冲器的结构特征和工作原理,一般缓冲器可分为:摩擦式缓冲器、橡胶式缓冲器和液压缓冲器等。摩擦缓冲器由前、后两部分组成,前部为螺旋弹簧(客车用)或环弹簧(货车用),后部为内、外环弹簧,彼此以锥面相配合,两部分之间有弹簧座板分隔。螺旋弹簧用来缓和冲击作用力,环弹簧两滑动斜面间的摩擦力起到吸收能量的作用。当缓冲器受力压缩时,使各环相互挤压,这时外环弹簧中就储存了大部分的冲击能量;同时各内外环簧的斜面之间因相互摩擦而将一部分冲击能变成热能。当外力除去后,各环簧之间又产生摩擦,将所储存能量的一部分再一次转变为摩擦热能而消散,因而起到了缓冲和减振的作用。MT-3 型缓冲器的结构,如图 3-4 所示。

考虑到铁路大型养路机械上装备了许多测量和精密控制元件,为保证其在机组联挂作业及运行中的低冲击力时的缓冲能力,自 2004 年开始在铁路大型养路机械上使用阻抗力较低的 KC15 型客运列车用弹性胶泥缓冲器和 MT-2/3 型缓冲器。KC15 型缓冲器和 MT-2/3 型缓冲器性能参数,如表 3-1 所示。

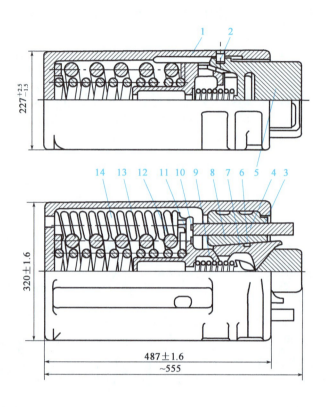

图 3-4 MT-3 型缓冲器结构

1-箱体；2-销子；3-外固定板；4-动板；5-中心楔块；6-铜条；7-楔块；8-固定斜板；9-复位弹簧；10-弹簧座；11-角弹簧座；12-外圆弹簧；13-内圆弹簧；14-角弹簧

KC15 型、MT-2 型和 MT-3 型缓冲器性能参数　　　　　　表 3-1

项 目	单 位	缓冲器型号		
		KC15 型	MT-2 型	MT-3 型
初压力	kN	20	90～150	70～120
阻抗力	kN	≤800	≤2200	≤2000
行程	mm	≤73	≤83	≤83
容量	kJ	≥30	≥50	≥45
吸收率	%	≥80	≥80	≥80
外形尺寸	mm×mm×mm	232×318×570		

学习项目三　司　机　室

QS-650 型清筛机上设有前司机室和后司机室。司机室内装有空调装置、取暖设备、通信设备、行车安全装备等。

一、前司机室

前司机室位于清筛机的前部，回转污土输送带的后面，而且是在主污土输送带前端的下方。前司机室与前机房毗邻，它的后壁靠在起重装置的立柱上。为便于作业，前司机室后部下方设计成倒棱锥体框架结构，作业司机操纵位安放在两根主梁之间。

前司机室内设有运行司机操作位及作业司机操作位。运行司机操作位，设在清筛机前进方向运行时司机室的前方左侧。司机室的前窗和左边侧窗的玻璃，用橡胶密封条镶嵌在车体厢壁上，玻璃窗上装有刮水器和防冻设备。运行司机操作台上布置有：各种操作控制手柄、按钮、开关、指示灯、观察仪表盘以及主离合器踏板、手制动轮、有关电控箱柜、铁路机车行车安全装备等。前司机室运行司机操作位操作台，如图3-5所示。

作业司机操作位面对挖掘装置水平导槽部位。作业司机通过前面、左侧、右侧倒棱锥体的玻璃窗，能很方便地观察到起重设备组装挖掘链的作业情况、挖掘装置挖掘道床作业情况、起拨道装置及道砟回填等作业情况。作业司机操作台上布置有：各种操作控制手柄、按钮、开关、指示灯、观察仪表盘以及起拨道装置、道砟回填分配装置的控制箱；角滚轮集中润滑操纵箱、污土输送带开关箱等。前司机室作业司机操作位操作台，如图3-6所示。

图3-5 前司机室运行司机操作位操作台

图3-6 前司机室作业司机操作位操作台

由于在司机室的前窗和侧窗镶嵌有大玻璃，因此便于司机观察和瞭望运行和作业情况。另外司机室内还装有：通风电风扇、空调装置、取暖和通信设备。在炎热的季节，空调装置可使司机室内的温度保持在25℃±2℃；而在寒冷的气候时，取暖设备又可使司机室内的温度升高到23℃±2℃。司机座椅带有可调的空气减振装置，使作业人员能在一个舒适、安全、可靠的环境中工作。

二、后司机室

后司机室在清筛机的后端，与后机房毗邻并经过通道可到振动筛后的作业平台上。

后司机室内仅设有运行司机操作位。司机座位布置在清筛机后部、运行方向的左侧。因为后司机室在清筛机最后端，所以司机视野比前司机室中的运行司机视野要宽阔。后司机室内的结构与装备基本上与前司机室相同。后司机室作业司机操作位操作台，如图3-7所示。

后部作业平台，可供操纵人员监控道砟筛分、流动、分配情况；监测液压系统的压力及特殊故障的紧急停车。通道两侧设有操纵起拨道、振动筛水平调整、道砟导向、分配装置的操纵箱，右侧通道还设有液压压力测量转换开关，平台前壁上有紧急停车按钮。

图 3-7　后司机室运行司机操作位操作台

▶▶ 三、铁路机车行车安全装备

QS-650 型清筛机的前司机室和后司机室,装设有机车信号、列车无线调度电话、列车运行监控记录装置,俗称行车安全三大件,为操作司机的安全运行提供保障。

机车信号设备在清筛机上能起到眼睛的作用。它专门负责在清筛机靠近地面的信号机时,用感应器线圈接收地面轨道电路信号,把前方的信号准确地送到监控器装置。

无线列调设备在清筛机上能起到耳朵的作用。它专门负责清筛机和车站、调度之间的联系,随时掌握前方的线路情况。

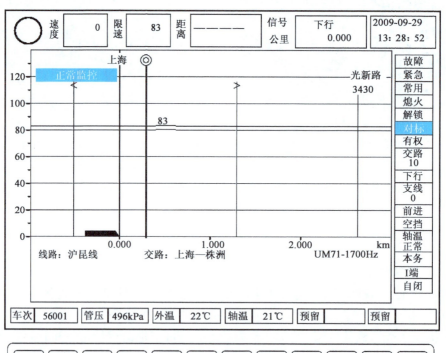

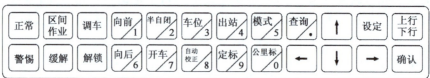

图 3-8　GYK4 型列车运行监控装置显示器主界面及功能键

监控装置设备在清筛机上能起到对行车速度监视和控制的作用。保证车辆在行车中不超速、在关闭的信号机前停车、有效地防止冒进信号。清筛机在线上运行时,该设备能不断地测定清筛机速度,通过液晶显示屏将轨道的运行速度、线路限制速度、前方信号、公里标等参数显示出来,再用语音提示司机调整和控制速度,如果司机思想不集中,使清筛机超速运行或冒进信号时,该设备就会发生作用,通过自动减压或紧急制动,保证清筛机的安全。GYK4型列车运行监控装置显示器主界面及功能键,如图3-8所示。

学习项目四　空调装置及取暖设备

一、空调装置

空调装置安装在司机室顶部,控制电路部分在司机室内。

1. 空调装置的结构和工作原理

QS-650型清筛机选用DYK型空调机装置(图3-9),主要由压缩机总成、冷凝器总成、蒸发器总成、液压马达等组成,并用管道连成一个封闭的循环系统。制冷系统工作原理,如图3-10所示。

清筛车上的压缩机与冷凝器、蒸发器、冷热风机、液压马达和暖风机等部件集中布置在司机室顶部,为空调设计了四个独立的工作室,即冷凝室、蒸发室、暖风机和压缩机传动室,四个工作室之间的保温隔热均采用保温材料,制冷的管路也用其管材

图3-9　空调机外观图

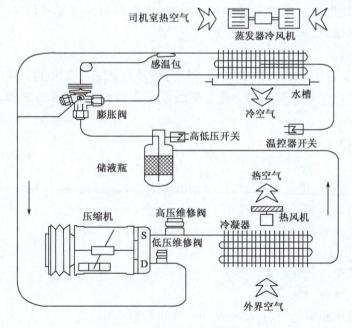

图3-10　制冷系统工作原理图

进行保温隔热;蒸发室两侧增加隔热护板,而且在空调机外壳内加用层厚为25mm的保温材料,从而使空调机制冷更佳。

液压马达驱动制冷压缩机工作,高温高压制冷剂蒸气离开压缩机的排气口,经过高压管路进入冷凝器冷却,热量由热风机排出到大气中。以液态和气态混合的形式进入储液瓶干燥过滤,滤去杂质,除去水分。然后高温高压的液体制冷剂经膨胀阀减压节流后进入蒸发器,制冷剂从液态转变成气态过程中大量吸热。在此时,通过冷风机将冷空气送入司机室内,而室内湿热的空气通过蒸发器吸收它的热量。吸热后的制冷剂变成低压蒸气,被重新吸回压缩机加压,就这样周而复始地进行循环,使司机室内降温,达到制冷的目的。

2. 空调装置的主要部件

1) 膨胀阀

在空调装置中,膨胀阀是一个重要的部件。空调设备工作时,它能对制冷剂供液量进行自动调节,故称流量控制阀。它一方面向蒸发器送入充足的液体制冷剂,使蒸发器的冷却盘管内全部为液体制冷剂所浸润,以充分发挥蒸发器的制冷效能;另一方面,使蒸发器出口处的制冷剂能全部气化,而不至于因送入了过量的液体制冷剂造成部分液体制冷剂来不及气化而进入压缩机,发生"液击",致使阀损坏。膨胀阀就是为了最大限度地发挥蒸发器的能力而设置的。

2) 温度控制器

温度控制器又称温度继电器,它的作用是控制压缩机电磁离合器的接合或分离。温度控制器有多种结构形式,动力稳定车空调设备采用的温度控制器是以压力作用原理来推动电触点通断的,这种形式在制冷设备上最为常用。

温度控制器通过传感器感受司机室内的温度,并将温度信号转变为压力信号,控制触点的通断,使电磁离合器接合或分离,控制压缩机的工作。当所控制的温度下降到给定下限时,触点断开,电磁离合器分离,压缩机停止转动;当所控制的温度回升到给定上限时,触点闭合,电磁离合器接合,压缩机重新起动。

3) 压力控制器

压力控制器又称压力继电器,是一种受压力信号控制的电气开关。当压缩机的吸排气压力超出其正常工作压力范围时,压力控制器切断电磁离合器的电源,使压缩机停止工作。

3. 空调装置的技术参数

1) 制冷

(1) 制冷量:当室外温度在40℃时,压缩机转速3000r/min,约8.5kW。

(2) 压缩机制冷功率:7.0~8.5kW。

(3) 压缩机工作转速:1550~3600r/min。

(4) 制冷剂:R134a。

(5) 冷凝机风量:1800 m^3/h。

(6) 蒸发风机风量:1200 m^3/h。

(7) 蒸发风机风量控制:三挡(30%、70%、100%)。

2) 压力开关

(1)高压压力关点:3.2MPa。

(2)低压压力开点:0.2MPa。

3)电气控制

(1)工作电压:DC 24V。

(2)最大工作电流:不大于15A。

4)液压

(1)马达排量:12mL/r。

(2)马达转速:550~3600r/min。

5)外形尺寸

1350mm×850mm×350mm。

6)质量

100kg(包括暖风机)。

4.空调装置的操作

空调装置的操作和控制开关,如图3-11所示。

1)操作和控制并关

(1)空调装置由安装在空气导流板上的空调换气开关和空调制冷开关来控制。当两个控制开关拨到左端位置时两开关关闭(0位)。

(2)空调换气开关是空调的主控制开关,它用于改变蒸发器风扇的速度,从而控制排风量。

(3)空调制冷开关能关闭压缩机并连续地改变空气出口温度以控制室内温度。它的调节是通过间断地开关压缩机来实现的。开关的频率取决于空气温度和压缩机的转速。

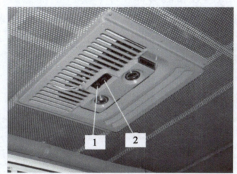

图3-11 司机室空调系统
1-空调制冷开关;2-空调换气开关

(4)为了保护压缩机,在干燥容器上装有一个高压开关和一个低压开关。一旦制冷回路中出现不规则的压力时就可以关闭压缩机。

2)操作方法

(1)通风。将空调制冷开关置于左端位置(关闭位),将空调换气开关顺时针从0转到1挡、2挡或3挡,以获得所需的排风量。百叶窗可以调节,使冷风吹向所需的方向。

(2)制冷。按上述方法转动空调换气开关,打开空调制冷开关使压缩机工作,并顺时针旋转以获得所需的空气温度。当开关转到右端位置时,室内将获得最低温度。

注意事项:为防止蒸发器结霜,应避免空调换气机低速与最低制冷温度的匹配工况,尤其是潮湿天气。万一发生结霜现象时,应将空调换气开关置于高速挡,并将温度开关关闭2~3min。

▶▶ 二、取暖设备

清筛机取暖设备是利用空气燃油加热器产生的热空气来供暖的。

1.空气燃油加热器结构

(1)驱动装置。空气加热器的驱动采用24V直流电动机和电磁泵。

(2)供给系统。

①燃油供给系统。它包括油泵、油箱、油管等,起燃油输送的作用。

②燃烧用空气供给系统。它包括进气管、小风扇和调节器等,起燃烧供氧的作用。

③热交换用空气供给系统。它包括进风口、风道和大风扇,起热交换的冷空气供给的作用。

(3)暖风燃烧系统。它包括雾化杯、导风筒、燃烧室和电热塞等,起燃烧作用,为热交换提供热源。

(4)热交换系统。它包括外壳和燃烧室之间的空间夹层风道等,起冷空气加热的作用。

(5)电气控制系统。它包括操作开关、过热保护装置等,用于控制各种风扇、电磁泵、电热塞及自动控制元件(如火焰感温器、过热保护器、定时器)的正常工作,起控制加热器起动和可靠燃烧的作用。

2.空气燃油加热器的工作原理和特点

空气燃油加热器以轻柴油为燃料,燃油在不锈钢燃烧室内燃烧,通过热交换使大风扇吸入的冷空气加热,变成60℃以上的暖风后由出风口输出,达到提高司机室温度的目的。这种取暖设备具有体积小、重量轻、加热迅速、操作方便、结构简单等特点,特别适用于寒冷地区司机室的取暖和除霜。空气燃油加热器的结构,如图3-12所示。

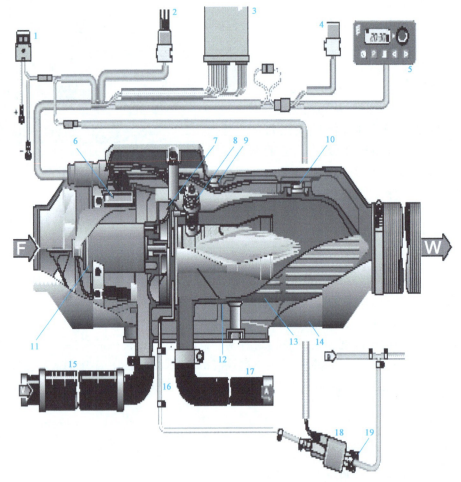

图3-12 空气燃油加热器的结构图

1-熔断丝;2-电流调节器;3-控制器;4-继电器;5-定时器;6-电阻器;7-助燃风扇;8-电热塞;9-过热传感器;10-火焰传感器;11-暖风机电动机;12-凸缘接口;13-燃烧室;14-外壳;15-助燃风口;16-油管;17-废气管;18-电磁泵;19-过滤器

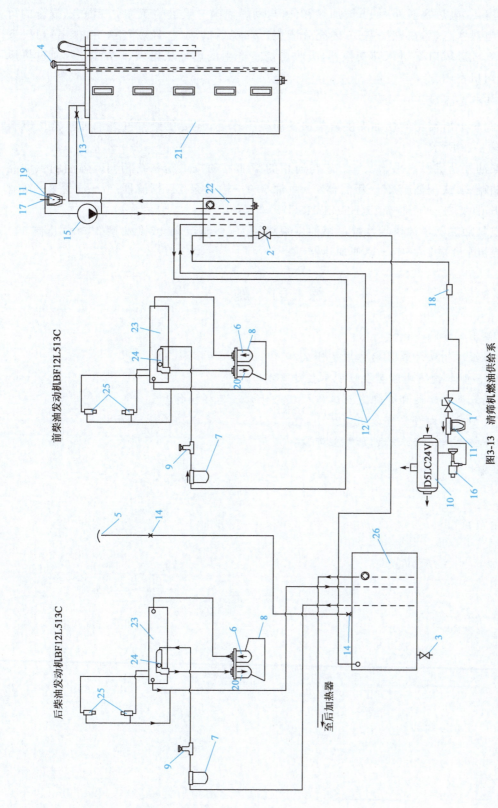

图3-13 清筛机燃油供给系

1-截止阀；2、3-放油阀；4、5-通气滤清器；6、20-精滤器；7-粗滤器；8、12-油管；9-手油泵；10-空气燃油加热器；11-滤清器；13、14-节流阀；15-泵；16-计量泵；17-观察杯；18-三通；19-接头；21-主油箱；22-小油箱；23-高压油泵；24-输油泵；25-喷油泵；26-副油箱

接通电源后,暖风机电动机 11 带动助燃风扇 7 开始运转,电磁泵 18 泵入的燃油经油管送到燃烧室 13 电热塞 8 外圈上,被加热雾化,与助燃风扇 7 吸进的新鲜空气混合,混合的可燃气体被电热塞点燃,在燃烧室 13 内充分燃烧。燃烧后的废气,经废气管 17 排出;司机室内的冷空气经进风口 F 进入热交换器,吸收燃烧室产生的热量从出风口 W 排出,通过热风管道送到司机室内。

3. 燃油供给系统

在清筛机上所需用的燃油除供给柴油发动机工作外,还要供给空气燃油加热器做燃料之用,如图 3-13 所示。

(1) 柴油发动机燃油供给系统。它与通用的柴油发动机供给系统相同。燃油的供油路径为:小油箱 22 或副油箱 26→粗滤器 7→手油泵 9→输油泵 24、精滤器 20→油管 8→精滤器 6→高压油泵 23→喷油嘴 25(BF12L513C)。

(2) 空气加热器燃油供给系统。燃油供给路径为:小油箱 22 或副油箱 26→截止阀 1→滤油器 11→计量泵 16→空气燃油加热器 10。

练 习 题

1. 车架由哪些构件组成?
2. 清筛机车钩缓冲装置的作用是什么?
3. KC15 型车钩缓冲器主要性能参数是哪些?
4. 空调装置由哪些部分组成?工作原理是什么?怎样操作?
5. 空气加热器由哪些部分组成?
6. 清筛机燃油供给系统包括哪些部分?

单元四

工作装置

【知识目标】

1. 掌握 QS-650 型清筛机工作装置的主要结构组成。
2. 掌握挖掘装置的结构组成及工作原理。
3. 掌握筛分装置的结构组成及工作原理。
4. 掌握道砟回填分配输送装置的结构组成及工作原理。
5. 掌握污土输送装置的结构组成及工作原理。
6. 掌握 QS-650 型清筛机其他工作装置的结构组成及工作原理。

【能力目标】

1. 能够准确指认 QS-650 型清筛机的各个工作装置。
2. 具有对 QS-650 型清筛机各工作装置进行检查维护的能力,及时准确地采用正确的润滑方式对各润滑部位进行润滑维护。
3. 能够正确、熟练地利用快速销及连接水平导槽和两弯角导槽。
4. 能够正确拆卸、检查、装配挖掘链。
5. 能够正确拆卸、更换链条导槽各部耐磨钢板。
6. 振动筛在外轨超高及倾斜线路作业时能够利用液压缸进行调整工作。
7. 能够正确调整、使用道砟回填分配输送装置。
8. 能够正确调整、使用污土输送装置。
9. 能够正确调整、使用清筛机上的各起重设备。

QS-650型清筛机的工作装置主要由挖掘装置、筛分装置、道砟回填分配输送装置、污土输送装置、起拨道装置、起重设备及辅助工作装置等组成。

学习项目一 挖 掘 装 置

▶▶ 一、挖掘装置的功用与组成

QS-650型清筛机挖掘装置安装在两台转向架间的车体中部,与车体水平面的夹角约30°。挖掘装置主要功用是将污脏道砟挖掘出来,并提升和输送到振动筛上。挖掘装置是清筛机的主要工作机构之一。

如图4-1所示,挖掘装置由驱动装置、挖掘链、水平导槽、上升导槽、护罩、下降导槽、调整液压缸、拢砟板、防护板及道砟导流总成等组成。

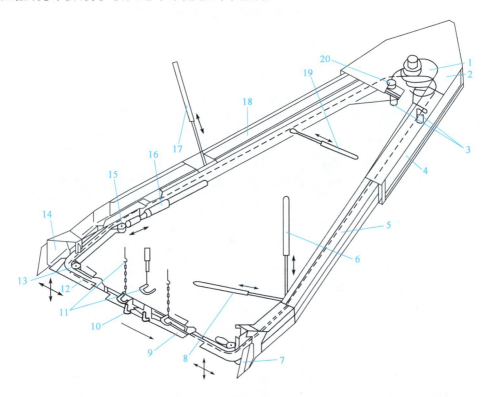

图4-1 QS-650型挖掘装置

1-驱动装置;2-护罩;3-导槽支枢;4-道砟导流总成;5-提升导槽;6-提升导槽垂直液压缸;7-拢砟板;8-提升导槽水平液压缸;9-水平导槽;10-挖掘链;11-起重装置;12-弯角导槽;13-下角滚轮;14-防护板;15-中间角滚轮;16-张紧液压缸;17-下降导槽垂直液压缸;18-下降导槽;19-下降导槽水平液压缸;20-上角滚轮

清筛机运行时,挖掘链在水平导槽与弯角导槽连接处断开,上升导槽和下降导槽分别被提升并放置到车体两侧,用链条锁紧。水平导槽被安放到车体下部的举升器上。

清筛机作业时,将水平导槽放到预先在道床下挖好的基坑中,上升导槽和下降导槽由车体两侧放下到相应位置,用起重装置将水平导槽吊起与两弯角导槽连接牢固。连接挖掘链并通过张紧液压缸调整链条松紧后,挖掘链才能进行挖掘作业。

二、挖掘链驱动装置

挖掘链的驱动采用液压传动。驱动挖掘链的动力是一台A6V225型变量轴向柱塞式液压马达,其流量为499L/min,最大压力为36MPa,最大输出功率为240kW。

挖掘齿轮减速箱的作用是:降低液压马达的转速,增大输出轴的转矩,满足挖掘作业时挖掘链速度及切削力的要求。挖掘齿轮减速箱的结构,如图4-2所示。

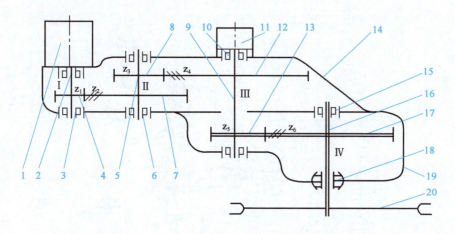

图4-2 挖掘齿轮减速箱简图

1-液压马达;2-输入轴(Ⅰ);3-输入轴轴承;4-输入轴齿轮(z_1);5-中间轴(Ⅱ);6-中间轴(Ⅱ)轴承;7-中间轴大齿轮(z_2);8-中间轴小齿轮(z_3);9-中间轴(Ⅲ);10-中间轴(Ⅲ)轴承;11-润滑油泵;12-中间轴(Ⅲ)大齿轮(z_4);13-中间轴(Ⅲ)小齿轮(z_5);14-上箱体;15-输出轴轴承;16-输出轴(Ⅳ);17-输出轴齿轮(z_6);18-双列调心轴承;19-下箱体;20-链轮

挖掘齿轮减速箱由三级相啮合的斜齿轮组成。液压马达1输出端直接插入输入轴Ⅰ内。输入轴齿轮z_1、中间轴Ⅱ小齿轮z_3和中间轴Ⅲ小齿轮z_5都直接加工在各自的轴上。中间轴Ⅲ的上端还带动润滑油泵11,从而使箱体内各部位得到强制润滑。输出轴Ⅳ两端是花键轴,上部在箱体内与输出轴齿轮z_6连接,下部伸出齿轮减速箱外与链轮相连接。动力由链轮输出,传给挖掘链。

齿轮减速箱各轴两端一般采用单列圆柱轴承支撑在减速箱箱体上。由于输出轴端链轮是悬臂结构,受力复杂,因此,输出轴Ⅳ下端采用双列调心轴承支撑,保证了链轮工作的可靠。

挖掘齿轮减速箱的动力传动路线为:

液压马达1 → 输入轴(Ⅰ) 通过z_1/z_2相啮合 经花键 → 中间轴(Ⅱ) 通过z_3/z_4相啮合 → 中间轴(Ⅲ) 通过z_5/z_6相啮合 → 输出轴(Ⅳ) 经花键 → 链轮20

三、挖掘链

如图4-3所示,挖掘链由扒板、中间链节、链销轴和扒指等组成。扒指是直接挖掘道床的零件,故用高强度耐磨材料60SiCr7制成。扒指安装在扒板的轴孔中,并能自由转动,这样既减少了挖掘阻力,又可使扒指表面磨耗均匀。为便于更换,扒指采用垫片和固定销紧固。QS-650型清筛机一个扒板上有五个扒指,第一指与第五指间距约250mm,挖掘链距为250mm,扒板与中间链节各有82节,扒指共有410个。

挖掘链靠链轮与支撑在导槽上的角滚轮连成一个封闭的循环系统,形状呈五边形,见图 4-1。挖掘链底是水平边,与轨枕呈 3°夹角,这样可使挖掘链受力均匀。挖掘链在车架上部与驱动装置输出的链轮相啮合,由链轮驱动逆时针运转。作业时,挖掘链在轨枕下挖掘和输送道砟,右边链用于提升道砟到振动筛上,左边链经上角滚轮下降返回到道床上。挖掘链的线速度有 2.0m/s、2.6m/s、2.8m/s、3.6m/s 等几种,操作司机可根据道床阻力及生产率要求进行调节和选择。

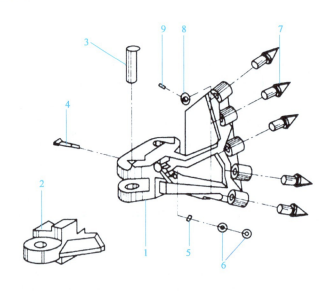

图 4-3　挖掘链
1-扒板;2-中间链节;3-链销轴;4-螺栓;5-垫圈;6-螺母;7-扒指;8-垫片;9-固定销

四、链条导槽

挖掘链条导槽由上升导槽、下降导槽和水平导槽来导向。上升和下降导槽的头部靠导槽支撑枢支撑在机架上。导槽中部与铰接在机体上的垂直液压缸、水平液压缸的活塞杆端铰接。因此,两导槽下部可以绕各自的支撑枢轴相对机体上下、左右摆动,以满足运行或作业时安装、调整的要求。两导槽的下部平行于机体。这种类似五边形布置的导槽,可在挖掘深度变化时,防止上升和下降导槽之间距离的改变。

1. 上升导槽

上升导槽的导槽横断面为封闭的矩形焊接结构。导槽底部水平部分由耐磨钢板用螺栓镶嵌在底板上;头部有连接凸缘,下面有导槽支撑枢轴座。

导槽上段设有用液压缸操纵的道砟导流闸板。清筛机作业时,如果需将挖出的污垢道砟不经筛分全部抛弃,则可操纵液压缸,控制导流闸板与上升导槽底板导流孔的位置。当活塞杆全都缩回,使导流闸板全部打开导槽底板上的导流孔,这时污砟通过上升导槽后由导流孔全部落入落砟斗中,然后再落到主污土输送带上,经由回转污土输送带输送到线路外。如果需要筛分污垢的道砟,则需操纵液压缸使活塞杆推出,即导流板关闭通向落砟斗的通道,污砟经上升导槽落到振动筛上。污砟落到振动筛面上的部位,仍靠液压缸活塞杆伸出的距离来控制。当活塞杆伸出到中间位置时,污砟大部分落到振动筛面的左部;当活塞杆全部伸出时，污砟被抛送到振动筛面的右部。

导槽下端转角处装有用液压缸控制的拢砟板。拢砟板的作用是根据需要调整拢砟板的角度以收拢道床侧边的道砟。导槽下段内侧设有安装中间角滚轮、下角滚轮的支座。

2．下降导槽

下降导槽的横断面结构与提升导槽基本相同。下降导槽头部有导槽支撑枢轴座；下段与导槽伸缩段靠两个呈90°安装的张紧液压缸联系在一起，张紧液压缸的缸体固定在下降导槽上，活塞杆端固定在导槽伸缩段上，活塞杆的伸缩可带动导槽伸缩段在下降导槽下端伸缩，伸缩行程为750mm。由于在导槽伸缩段上设有安装中间角滚轮和下角滚轮的支座，所以，导槽伸缩段可以调整挖掘链的张紧程度。

3．水平导槽总成

水平导槽总成，如图4-4所示。它由水平导槽、左右弯角导槽、带导向四棱锥体导销的快速连接销等组成。水平导槽与左、右弯角导槽用带导向四棱锥体导销、螺栓、锁定板等连接。水平导槽与弯角导槽底板用耐磨钢板制造。

清筛机在新作业区段作业时，首先将水平导槽放置到轨面上，然后靠人工将它放置到预先挖好的导槽坑中，再用快速连接销（包括带导向四棱锥体导销、锁定板、锁紧垫片、螺钉等）与左、右弯角导槽端部连接。清筛机停止作业时，仍在快速连接销处拆开水平导槽，并将它放置在轨枕下的道床中。左、右弯角导槽连同上升、下降导槽一起收回到清筛机上，清筛机驶出作业区段。如果下次清筛作业在其他地区段进行，则需将水平导槽收回。

QS-650型清筛机备有两根水平导槽加长杆，长度每根为500mm。水平导槽加长杆的结构与安装方式均与水平导槽相同。用标准长度水平导槽，清筛机的挖掘宽度为4030mm，加装加长杆后挖掘宽度可达5030mm。

4．角滚轮

提升导槽与下降导槽上均装有各种形式的角滚轮，其作用：一是支撑挖掘链条；二是为挖掘链条导向。角滚轮根据其支撑的位置分为：上角滚轮、中间角滚轮和下角滚轮三种。角滚轮的工作负荷大，工作条件恶劣，特别是下角滚轮。因此，角滚轮的润滑除日常维护外，作业过程中每间隔30min必须加注润滑油脂。目前，角滚轮采用集中润滑的方式，在司机室内完成。

▶▶ 五、护罩

挖掘装置上部为防止挖掘、输送上来的道砟、污土四起，尘埃飞扬，并将欲清筛道砟引入振动筛，故设有护罩。

护罩分别与上升导槽、下降导槽的顶部及驱动齿轮箱体相连接，由固定部分、活动盖板和液压缸等组成。护罩固定部分由耐磨钢板、钢板、角钢等焊接制成，其上装有橡胶板和连接凸缘等。液压缸分别与护罩固定部分和活动盖板铰接，操纵液压缸使活塞杆缩回，则护罩的活动盖板便打开。

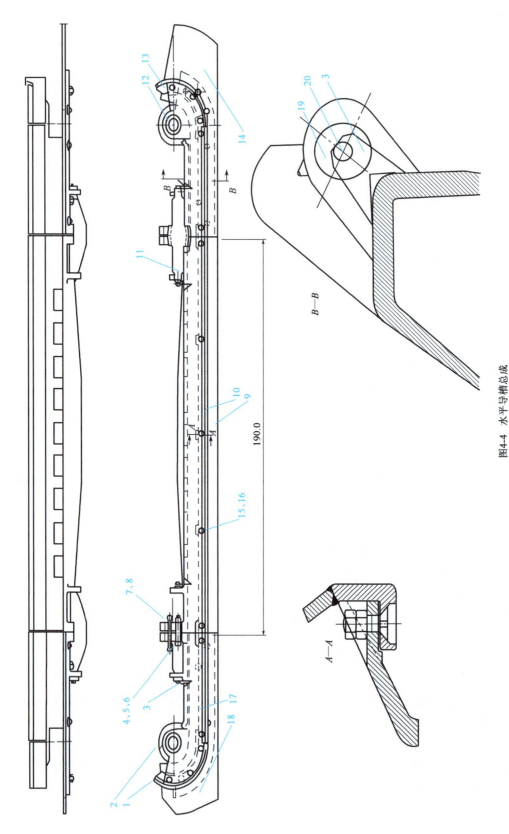

图4-4 水平导槽总成

1、13-拱形耐磨板；2、12-左、右弯角导槽；3-锁定板；4、7-螺栓；5、8-螺母；6-垫圈；9-水平导槽；10、17-L形磨耗板；11-带导向四棱锥导销；14、18-磨耗板；15、20-螺钉；16、19-锁紧垫片

学习项目二　筛 分 装 置

一、筛分装置的功用和结构

QS-650型清筛机的筛分装置安装在挖掘装置与后司机室之间的车架上。它的下部安装有道砟分配装置、道砟回填输送带和污土输送带等部件。

筛分装置的功用是：对从道床上挖掘出来的道砟进行筛分，筛分后将振动筛上合乎标准粒度的道砟，经道砟回填分配装置回填到道床上，筛下的碎石、砂与污土，由污土输送装置装入污土车或被抛弃到线路限界以外规定地点。

清筛机的筛分装置采用双轴直线振动筛，其结构主要包括：筒式激振器、筛箱、筛网、道砟导流装置、振动筛支撑导向调整装置。

二、筒式激振器组成与工作原理

筛分装置采用筒式激振器，用长形偏心轴，其优点是高度小、振动筛不必另设横梁，故筛箱重量轻，激振力沿整个筛宽均匀分布，安装精度容易保证。

筒式激振器构造如图4-5所示，它由液压马达、齿式联轴器、偏心轴、传动齿轮、支撑轴承和筒体等组成。

筒式激振器的两根长偏心轴9各靠一对双列调心滚子轴承12支撑在轴承座板13、22上。轴承座板（也就是筒体两端盖）用螺栓固定在筒体1上。因此，偏心轴可以在筒内自由转动。两根偏心轴9间用一对外啮合齿轮21来传递动力。

当液压马达运转时，动力经齿式联轴器5、传动压板6和齿轮21，使两偏心轴9做同步、反向回转。此时，两偏心轴产生的激振力，通过筒体1、轴承座板、连接螺栓直接作用到筛箱上，使整个筛子产生惯性直线振动。

筒式激振器采用直齿圆柱齿轮，材料为20Cr钢，经渗碳、淬火处理。偏心轴用45优质钢制造，并经调质处理。

其工作原理如图4-6所示，当液压马达运转时，使两偏心轴做同步、反向回转，此时，沿振动方向（K向）离心力的分力总是相互叠加，而沿振动垂直方向总是相互抵消，形成单一的沿振动方向（K向）的激振力，驱动振动筛子做惯性直线振动。图4-6a)、c)位置时，激振器产生的离心力相互叠加，激振力为2F；图4-6b)、d)位置时，激振器产生的离心力完全抵消，激振力为零。由于激振器与筛面呈45°倾角，所以筛箱的振动方向角（振动方向线与水平面的夹角）也是45°。筛网上的道砟受振动后小于筛孔孔径的碎砟、砂及污土透筛，从而完成筛分工作。

筒式激振器采用强制润滑。它靠自身润滑系统的润滑油润滑其轴承、齿轮等运动部件。润滑油通过油管接头24和一个25L的油箱进行循环冷却。

三、筛箱

如图4-7所示，筒形直线振动筛筛箱，由左、右两侧箱板3、4，纵梁5、6，横梁21、23、24及槽板20等结构件组成。

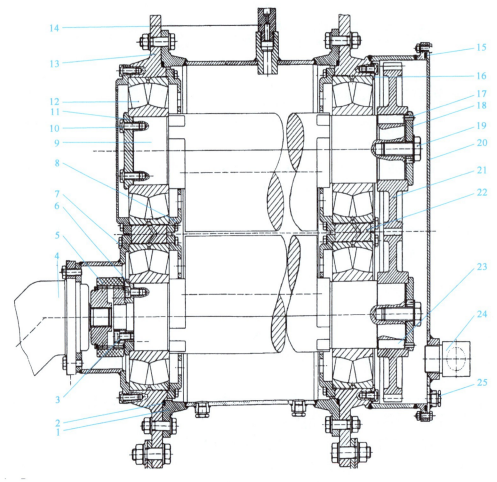

图 4-5 筒式激振器

1—筒体；2、15—O形密封圈；3、10、19—螺栓；4—液压马达；5—齿式联轴器；6—传动压板；7、16—连接凸缘；8—轴承内盖；9—偏心轴；11、18—压板；12—轴承；13、22—轴承座板；14—通气器；17—销；20—齿轮箱盖；21—齿轮；23—键；24—油管接头；25—螺塞

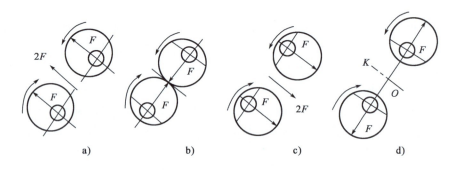

图 4-6 双轴直线振动筛激振器工作原理

筛箱左、右两侧板上方用螺栓固定筒式激振器，筒体相当于振动筛箱的主横梁。两左、右侧箱板外，用螺栓组装两根槽形水平左、右纵梁 5、6，纵梁两端设有可调心轴承 1 靠减振弹簧 2 支撑在支撑弹簧座 22 上。减振弹簧 2 可吸收振动筛的激振力，对机体起到隔振作用。筛箱两侧板间有三层靠横梁、筛网支撑梁构成的筛网支撑架。筛网用压板 26、张紧螺

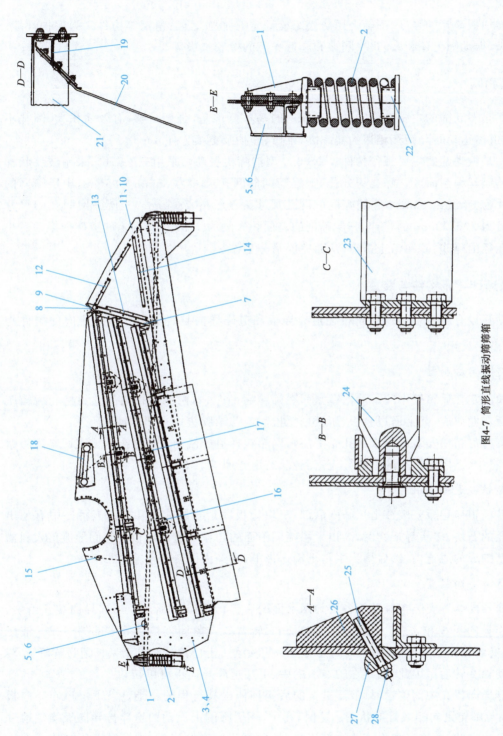

图4-7 筒形直线振动筛筛箱

1-可调心轴承；2-弹簧；3、4-左、右侧箱板；5、6-左、右纵梁；7-前箱板；8-角钢；9、12、13、14-压板；10、11-橡胶板；15-防护板；16、17-加强板；18-撑杆；19-托架；20-槽板；21、23、24-横梁；25-张紧弹簧座；22-支撑弹簧座；25-张紧螺杆；26-压板；27-螺母罩；28-螺母

杆25、螺母罩27及螺母28紧固在侧板与支架上,再用防松螺栓固定在横梁和支撑梁上。在下层筛网支撑架下,装有托架19和槽板20,它们将筛下的污物全部导流到主污土输送带的进料端。

为增加振动筛的强度,筛箱上用防松螺栓固定有加强钢板、角钢等构件。为保护环境、减少污染,振动筛上还装有防尘、隔振和降低噪声的橡胶垫板等。

四、筛网

筛网是振动筛的主要工作构件。对筛网的基本要求是:强度足够,有效面积大,筛孔不易堵塞,道砟运动时与筛孔相遇的概率高,维修、养护及更换方便。

筛网是振动筛的主要工作构件。QS-650型清筛机振动筛采用三层筛网,采用波纹状梯形截面的钢丝编制而成。筛孔为方孔,上层筛网的网孔尺寸为85mm×85mm,中层筛网的网孔尺寸为55mm×55mm,下层筛网的网孔尺寸为30mm×30mm。三层筛网网孔的尺寸适合粒径为20~70mm的道砟,三层筛网的总面积大约为25m²。筛网上的道砟受振动后小于筛孔孔径的碎砟、砂和污土透筛,从而完成筛分工作。

五、道砟导流构件与装置

振动筛设有斜槽、后箱壁、超粒径道砟导板和道砟导向装置等引导道砟流向的构件与装置。

1. 斜槽与后箱壁

斜槽固定在后箱壁中间。后箱壁紧固在筛箱后部左、右两侧箱板之间。斜槽和后箱壁均由钢板弯曲而成,其上通过钢板、压板用螺栓固定着橡胶垫板、耐磨钢板等。

斜槽与后箱壁安装后围成的孔是上层筛网超粒径道砟流动的通道。斜槽表面与后箱壁两侧,可将中、下层筛网上的道砟导流落到左、右道砟回填装置内。

2. 超粒径道砟导板

超粒径道砟导板安装在上层筛网后部,三块导板固定安装成漏斗状。当污砟中有超出标准粒径的石块、砖头等杂物时,高出上层筛网筛面的超粒径道砟导板将它们导流落入斜槽与后箱壁围成的通道内,然后落到主污土输送带上,再经由回转污土输送带弃掉。

3. 道砟导向装置

道砟导向装置安装在振动筛各层筛网筛面的后部,如图4-8所示。道砟导向装置由中、下层道砟导向板3和4、轴2、液压缸7、连杆6、转臂5及紧固连接件等零部件组成。液压缸、轴等安装在振动筛筛箱侧壁8、横梁支座9的横梁1上。液压缸的活塞杆通过连杆6、转臂5带动轴2转动。因此,固定在轴2上的中、下层道砟导向板可以转动。

道砟导向板在中间位置时,液压缸7的活塞杆伸出其行程的一半,中、下层道砟导向板3、4处在与筛箱纵向相平行的状态。这时,在中、下层筛网上流动的道砟被导向板均匀地分流到筛箱的左、右两侧。如果需要调整流向左、右两侧道砟的流量,则操纵液压缸使活塞杆伸出或缩回,通过连杆、转臂使轴转动一个角度,从而带动中、下层道砟导向板向左或向右也转动一个角度(最大45°)。

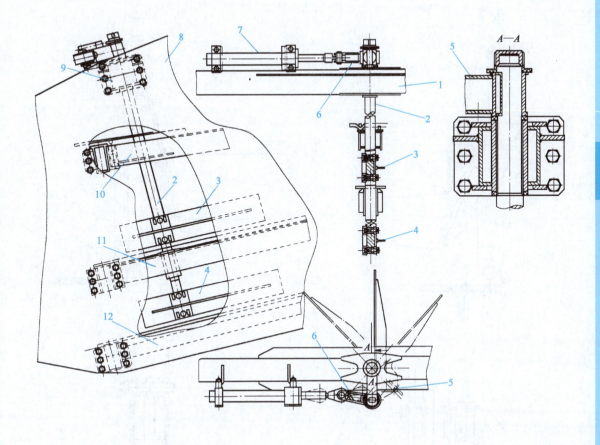

图 4-8 道砟导向装置

1-横梁;2-轴;3-中层道砟导向板;4-下层道砟导向板;5-转臂;6-连杆;7-液压缸;8-筛箱侧壁;9-横梁支座;10-上层筛网支架;11-中层筛网支架;12-下层筛网支架

六、振动筛支撑、导向及调整装置

振动筛支撑、导向及调整装置的作用是：支撑振动筛，将筛机上的作用力传递到机架主梁上；在曲线地段作业时，使筛面始终保持横向水平位置；振动筛工作时，为筛箱的运动导向；当振动筛停止工作时，导向装置可使振动筛尽快越过共振区。

振动筛支撑、导向与调整装置的构造，如图4-9所示。它由两根纵向管梁6、振动筛支架10、导向板1、橡胶垫板2和两组液压缸8等零部件组成。振动筛支撑在支架10的弹簧上。导向装置由导向板1和橡胶垫板2组成。

振动筛工作时，筛箱沿导向板上下做直线振动，其激振力通过弹簧减振后传递到支架的弹簧座上，然后再经支架10两端的液压缸8传到机架上。

清筛机在曲线地段作业时，外轨超高使机器产生倾斜。为了保证振动筛筛面横向的水平位置，需要对振动筛支撑装置进行调整。调整工作是将置于外轨侧的支撑液压缸8的活塞杆缩回，以保证筛面保持横向水平状态。

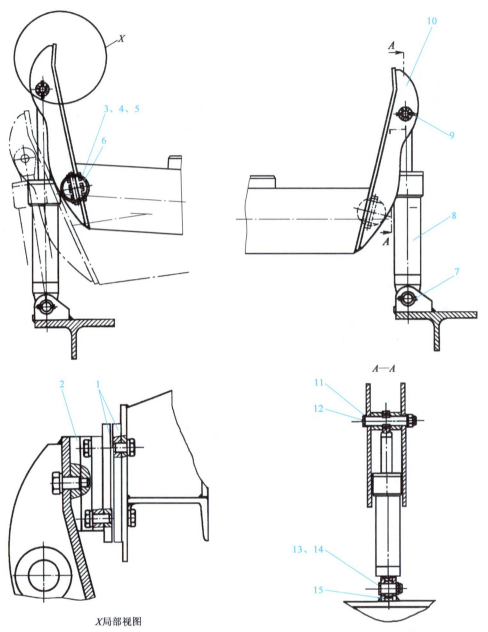

图 4-9 振动筛支撑、导向及调整装置

1-导向板；2-橡胶垫板；3、14-垫圈；4-螺栓；5、9-螺母；6-纵向管梁；7-开口销；8-液压缸；10-振动筛支架；11-销

学习项目三　道砟回填分配输送装置

▶▶一、道砟回填分配装置的功用与组成

经过筛分后的清洁道砟从振动筛末端左右两通道落下后，通过道砟回填分配装置，重新回填到道床上。道砟回填分配装置由左、右侧道砟分配板和左、右道砟回填输送装置两大部分组成。左、右侧道砟分配板用于分配清洁的道砟，即分配直接落到道床上或落到回填输送

带后再撒落到道床上的道砟量;左、右道砟回填输送装置将落到输送带上的清洁道砟输送到挖掘链后,并均匀地撒布到两钢轨外侧的道床上。回填的清洁道砟离枕下未挖掘的脏污道砟距离不大于1500mm。

二、左、右侧道砟分配板

左、右侧道砟分配板安装在振动筛分装置末端振动筛中、下层筛网与后箱壁间,左、右两侧道砟流动通道的下方。流动通道的下方呈方形漏斗状,下部设有一个由液压缸控制的轴,轴上固定着A形道砟分配板。当操纵液压阀使液压缸活塞杆动作时,通过摇臂使轴转动,从而带动A形道砟分配板以改变漏斗下方流向轨道和输送带的落砟量。

为便于作业人员观察道砟流量分配情况,在左、右侧道砟分配板部位的主梁外侧,装有道砟分配指示装置,如图4-10所示。

道砟分配指示装置由固定在A形道砟分配板轴上或液压缸摇臂杆上的传动拉杆15,杠杆10、11、13,远程控制软轴14及安装在凸缘套筒4中的远程指示轴5、指示轴8、指针2、3,指针定位套筒6、7等组成。

当需要调整直接落入道床或通过回填输送带撒布到道床上的道砟量时,作业人员只要操纵液压控制阀,使左、右侧道砟分配板的液压缸活塞杆伸缩。活塞杆端摇臂将带动道砟分配板上的轴转动,从而改变道砟分配板的位置,即改变了落砟量。与此同时,用球铰接头9连接的拉杆及叉形接头15、杠杆10,使指示轴8转动,靠指针定位套筒7固定在指示轴8上的指针2也随之转动,并通过刻度盘1显示出调整后的该侧道砟分配板的位置,即重新分配了落到道床上的道砟量。另外,在该侧道砟分配板轴上用螺母12固定着杠杆13。当道砟分配板改变位置时,即道砟分配板轴转动时,杠杆13也随之摆动,并拉动远程控制软轴14使安装在另一侧凸缘套筒4中、固定在远程指示轴5上的杠杆11摆动,从而使另一侧用指针定位套筒6固定的指针3,通过刻度盘显示该侧道砟分配板调整后的位置。所以指针3在刻度盘1显示的位置,表示了另一侧道砟分配板重新分配的道砟量。因此,只要作业人员站在机器的一侧,便可从指针2和刻度盘1上观察出该侧道砟分配板的位置;从指针3和刻度盘1上观察到另一侧道砟分配板的位置。

三、道砟回填输送装置

道砟回填输送装置按左、右对称布置在机体主梁下方。它的喂料端紧接着道砟分配板溜槽通道,以接收筛上清洁的道砟,另一端延伸到挖掘链水平导槽后,可以把清洁道砟均匀地布砟回填。

道砟回填输送装置包括:道砟回填输送带、输送带摆动装置及摆动自动控制机构。

1.道砟回填输送带

道砟回填输送带是通用型带式输送机,如图4-11所示,它由输送带1、驱动滚筒3、改向滚筒9、托辊7、张紧装置4、清扫器5、机架6和挡板15等组成。左、右两条输送带构造相同,机架作对称安装布置。

1)输送带

输送带采用普通橡胶带,带宽650mm,采用冷接方法连接。

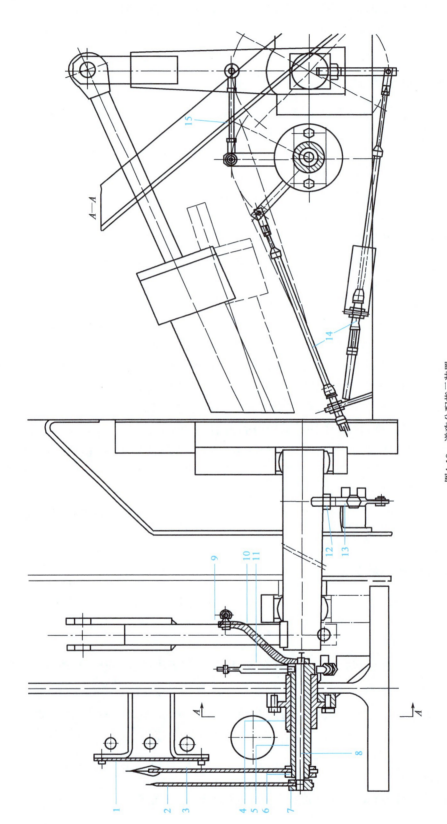

图4-10 道砟分配指示装置

1-刻度盘；2、3-指针；4-凸缘套筒；5-远程指示轴；6、7-指针定位套筒；8-指示轴；9-球纹接头；10、11、13-杠杆；12-螺母；14-远程控制软轴；15-拉杆及叉形接头

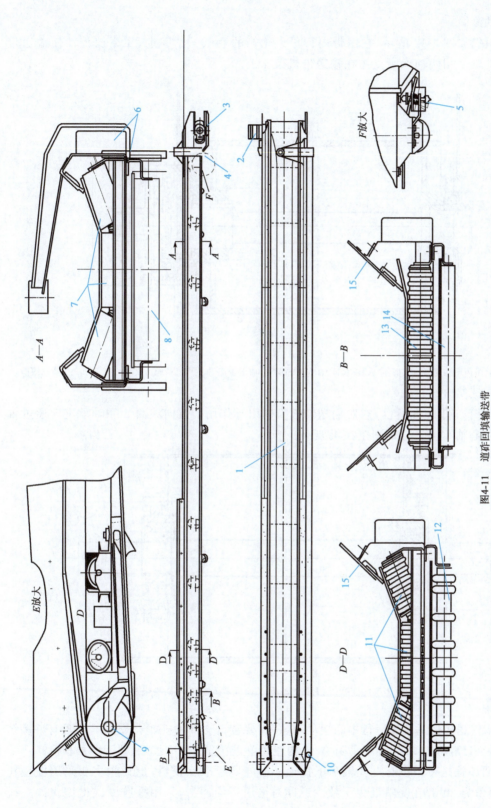

图4-11 道砟回填输送带

1-输送带；2-液压马达；3-驱动滚筒；4-张紧装置；5-清扫器；6-机架；7-托ận辊；8、14-平型下托辊；9-改向滚筒；10-回转吊座；11-橡胶圈式缓冲槽型上托辊；12-橡胶圈式缓冲槽型下托辊；13-橡胶圈式缓冲平型上托辊；15-挡板

单元四 工作装置

2) 驱动滚筒

驱动滚筒如图 4-12 所示,它由带内行星齿轮箱的液压马达驱动,靠摩擦传动使输送带运转。传动轴 9 用两轴承座支撑在输送带机架 4 上。

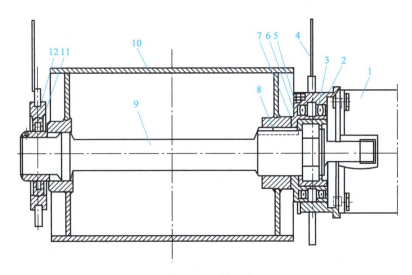

图 4-12 驱动滚筒

1-液压马达(带齿轮减速器);2、12-轴承座;3、11-轴承;4-机架;5-轴承盖;6-密封圈;7-轴套;8-键;9-传动轴;10-驱动滚筒

3) 改向滚筒

改向滚筒如图 4-13 所示,它对输送带起换向引导作用。改向滚筒 2 靠轴承座 5 通过轴承 4 支撑在心轴 1 上。心轴固定在机架上。

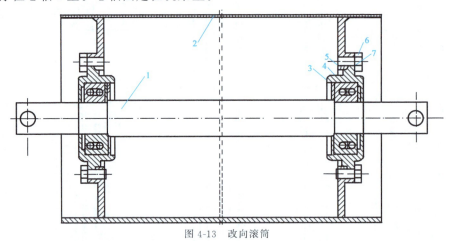

图 4-13 改向滚筒

1-心轴;2-改向滚筒;3-挡圈;4-轴承;5-轴承座;6-螺钉;7-防松垫片

4) 托辊

为减少输送带的垂度和运行中的摆动现象,需要装设支撑的托辊。支撑的托辊有许多结构形式(图 4-11),总的要求是:运动阻力小,构造简单,强度高,耐磨性好,便于维护和检修。

道砟回填输送带中设有上托辊和下托辊。道砟属于散状物料,上托辊主要采用槽型托辊,槽型倾角为 30°。在受料处为了减少道砟对输送带的冲击,采用橡胶圈式槽型缓冲上托辊。在改向滚筒后的第一组托辊上,为便于引导输送带,采用橡胶圈式缓冲平型上托辊和平型下托辊。下托辊一般用平型,输送带中部采用了橡胶圈式缓冲平型下托辊。

托辊的辊子用无缝钢管配冲压轴承座用滚动轴承支撑在心轴上。输送带工作时,每个托辊转动要灵活,不转或损坏的托辊应及时更换,并注意定期给各轴承加注润滑脂。

5)拉紧装置及清扫器

道砟回填输送带拉紧装置采用螺旋式,如图4-14所示。当输送带松弛需要拉紧时,松开螺杆3上的紧固螺母,利用螺杆将驱动滚筒向前推出,则输送带被拉紧,调整后再拧紧螺母。调整时,左右两边螺杆伸缩长度应相等,否则输送带会跑偏。

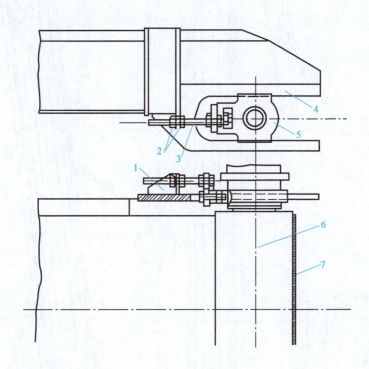

图4-14 拉紧装置
1-支架;2-螺母;3-螺杆;4-支架导轨;5-滚筒轴承座;6-驱动滚筒;7-输送带

弹簧清扫器装在卸料端驱动滚筒下方(图4-11),它用来清除卸料后黏附在输送带表面上的污土。

2. 输送带摆动装置

回填的道砟需要均匀地撒布到道床上,它由输送带摆动装置来完成。道砟回填输送带摆动装置如图4-15所示。

1)摆动装置

在左、右道砟回填输送带支架前部设有由摆动液压缸6、7,左、右摆臂10、11和左、右连杆12、13组成的摆动机构。

当摆动液压缸活塞杆伸缩时,道砟回填输送带支架前端(卸料端)将绕其后端(喂料端)的摆动中心吊座摆动。在这种情况下,由输送带上传送的道砟便均匀地撒布到钢轨两侧的道床上,完成回填布砟作业。

为防止左、右回填输送带在清筛机区间运行时的摆动,左、右回填输送带设有限位安全链14。限位安全链用U形环与焊在主梁和曲臂上的链吊耳座15拴接。

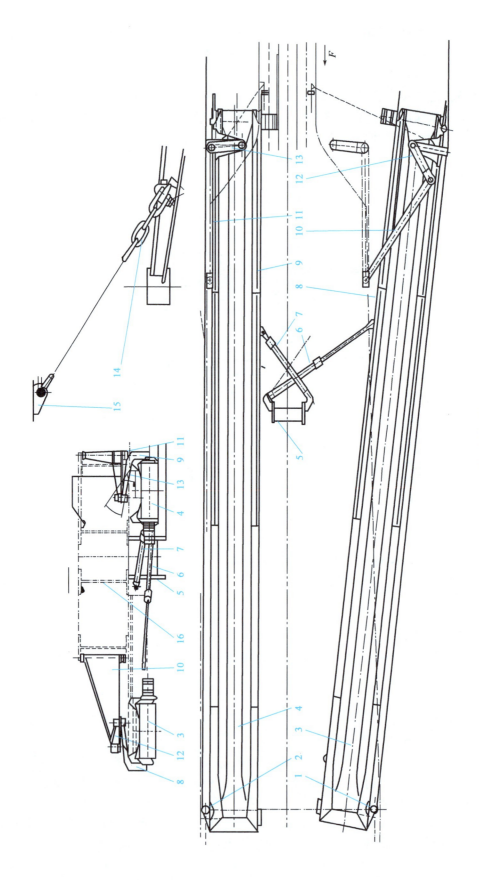

图4-15 输送带摆动装置

1、2-左、右摆动中心吊座；3、4-左、右道砟回填输送带；5-悬挂支架；6、7-左、右摆动液压缸；8、9-左、右摆动支架；10、11-左、右摆臂；12、13-左、右连杆；14-限位安全链；15-链吊耳座；16-主梁

2) 摆动中心吊座

输送带摆动中心吊座安装在主梁下,如图4-16所示。在左、右道砟回填输送带喂料端机架外侧焊接回转轴套6。回转轴套被安装到焊接在主梁1下的垫板2、吊座3和中心轴4上。轴下端用推力轴承8、定位销12、挡板9、螺母10和开口销11锁紧。回转轴套6与中心轴4间靠滑动轴套5和推力轴承8支撑。轴承通过润滑脂嘴7压注的润滑脂来润滑。

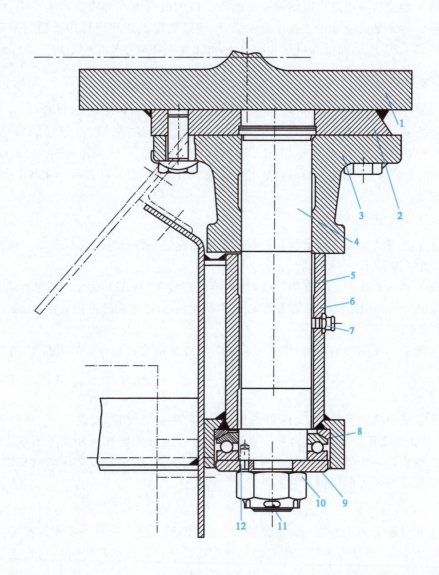

图4-16 摆动中心吊座

1-主梁;2-垫板;3-吊座;4-中心轴;5-滑动轴套;6-回转轴套;7-润滑脂嘴;8-推力轴承;9-挡板;10-螺母;11-开口销;12-定位销

3) 自动控制机构

左、右道砟回填输送装置作业时,可以不动,也可以摆动。摆动时靠自动控制机构实现。自动控制机构控制摆动,是靠感应开关控制液压回路里的电磁换向阀换向,改变压力油流向,使摆动油缸自动伸缩,从而实现自动操纵道砟回填输送带左右摆动。

学习项目四　污土输送装置

▶▶ 一、污土输送装置的功用与组成

污土输送装置的功用是将振动筛筛出的污土卸到机器前或邻线的污土车中,或直接抛弃到线路外。污土输送装置包括主污土输送带、输送装置支架和回转污土输送带等。回转污土输送带作业时,距轨面最大高度4800mm,最大抛土距离距轨道中心线5500mm。

▶▶ 二、主污土输送带

主污土输送带以与水平方向13°倾角布置在振动筛下和前司机室上方,全长约21.07m,它在构造上与道砟回填输送带基本相同,如图4-17所示,由驱动滚筒1,改向滚筒18,胶圈缓冲托辊7、槽型托辊9、槽型胶圈缓冲托辊12、平型下托辊15、螺旋张紧装置2、19,弹簧清扫器4、空段清扫器11等组成。主污土输送带中有几种与道砟回填输送带不同的部件。

1. 驱动滚筒减速齿轮箱

主污土输送带的驱动滚筒由轴向柱塞式液压马达经一级齿轮减速后带动。减速齿轮箱的构造,如图4-18所示。

减速箱箱体8安装在上段支架前端,动力传动路线是:液压马达1→花键套筒2→小齿轮轴5→齿轮9→输出轴13→驱动滚筒轴→驱动滚筒。在这对齿轮传动中,已知:$z_1=16$、$z_2=86$,故减速比$i=5.4$。

减速齿轮箱采用润滑油润滑,作业时应随时通过油位观察孔检查油面高度,并按规程进行维护。

2. 输送带支架

主污土输送带机架长度大,又倾斜布置,因此采用支架安装,上段支架10和下段支架14用中间支架连接筋板16组装起来。中间支架连接筋板固定在上段支架下端,下段支架上端靠下托辊支撑在中间支架连接筋板的滑槽内。因此,上、下段支架可相对移动,便于整条输送带的安装与位置的调整。

3. 清扫器

主污土输送带上采用的清扫器有弹簧式、刮板式和空段式三种。弹簧与刮板式清扫器安装在滚筒下方,以清除输送带工作表面上黏附的污土。空段清扫器安装在输送带回空段改向滚筒的前面,用以清除输送带非工作面上黏附的污土。图4-19所示为弹簧与刮板清扫器。

弹簧清扫器由弹簧1、臂架5和弹簧清扫刮板10等组成,弹簧清扫刮板10比输送带宽些,弹簧清扫刮板靠弹簧1压在输送带上。

刮板清扫器安装在弹簧清扫器后面。刮板安装轴7上交叉安装着由刮板定位轴套8、弹性杆2和刮板9构成的刮板。刮板安装轴7右端焊有调整拉臂17,调整螺杆11的位置就可以增加刮板对输送带的压力。

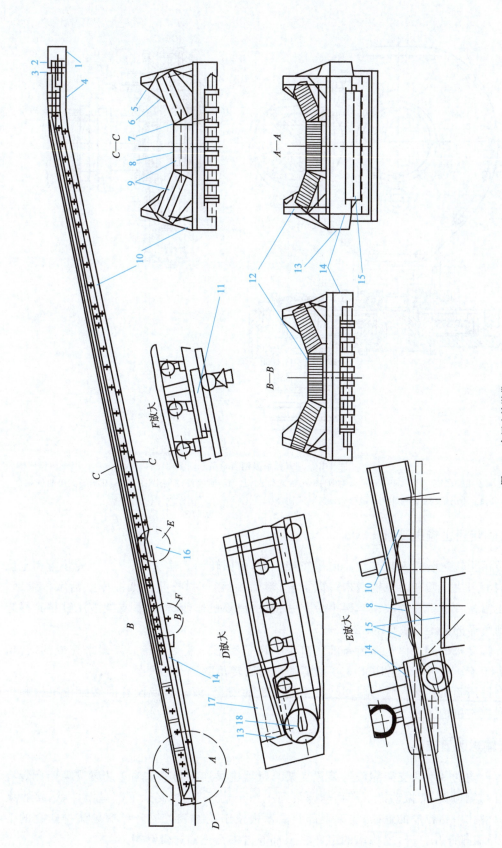

图 4-17 主污土输送带

1-驱动滚筒；2-螺旋张紧装置；3-卸料护罩；4-弹簧清扫器；5-导料槽板；6-刮板；7-胶圈缓冲下托辊；8-输送带；9-槽型托辊；10-上段支架；11-空段清扫器；12-槽型胶圈缓冲托辊；13-支撑吊座；14-下段支架；15-平型下托辊；16-中间支架连接筋板；17-头部导料槽；18-改向滚筒

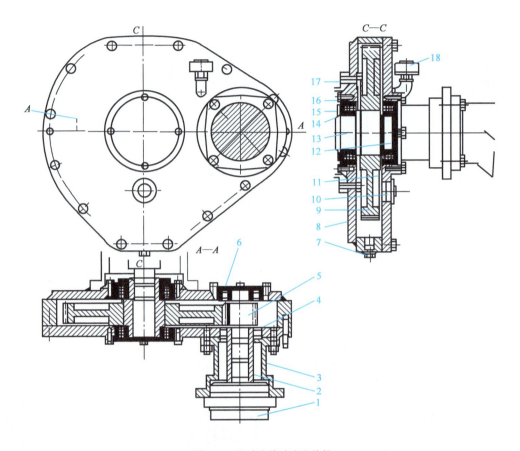

图 4-18　驱动滚筒减速齿轮箱

1-液压马达；2-花键套筒；3-连接凸缘；4、14-轴承；5-小齿轮轴；6、12、16-轴承盖；7-螺栓；8-箱体；9-齿轮；10-油位观察孔；11-箱盖；13-输出轴；15-密封圈；17-螺栓；18-通气滤清器

三、回转污土输送装置

回转污土输送装置安装在机器前部车架上方，由回转污土输送带、支撑回转装置和定位锁紧机构等组成。回转污土输送带可以折叠，清筛机运行时，折叠支架液压缸活塞杆缩回，回转污土输送带被折叠收放在车架平台上并锁住；清筛机作业时，折叠支架液压缸将其撑起并回转到所需的弃土位置（图 4-20）。

回转驱动机构的工作是靠齿条液压缸中的齿条活塞杆带动回转大齿圈来完成的，转角大小取决于液压缸活塞行程，QS-650 型清筛机的回转角度为 ±70°。

为保证清筛机在运行状态时回转污土输送带的安全，该输送带设有回转定位机构和折叠前支架锁定机构。

四、输送装置支架

主污土输送带下段支架靠输送装置支架与机器主梁连接起来。输送装置支架两侧焊有 V 形槽板和侧边板，使振动筛下产物全部落到主污土输送带上；支架下部呈漏斗状，接收来自筛上斜槽孔中超粒度的道砟；支架上部斜溜槽板位于挖掘装置提升导槽导流排砟孔的下面，只要导流排砟孔打开，挖掘出的道砟将全部通过主污土输送带弃掉。

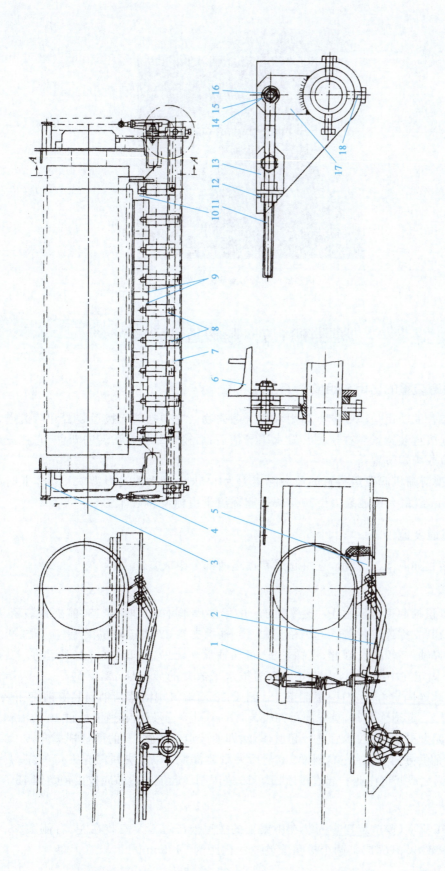

图4-19 弹簧与刮板清扫器

1-弹簧；2-弹桩杆；3-弹簧支撑销；4-弹簧张紧螺杆；5-臂架；6-支架；7-刮板安装轴；8-刮板定位轴套；9-刮板；10-弹簧清扫刮板；11-螺杆；12、14-螺母；13-角支架；15-开口销；16-销轴；17-调整拉膏；18-定位螺栓

图 4-20　回转污土输送装置

学习项目五　起拨道装置

▶▶ 一、起拨道装置的功用与组成

起拨道装置的功用是减少挖掘阻力和避开障碍物。它包括前起拨道装置和后拨道装置两部分。前起拨道装置紧靠在挖掘装置水平导槽后；后拨道装置在后转向架前，它将拨过的轨道放回原位或指定位置。

QS-650 型清筛机起拨道装置的最大起道力为 140kN，最大拨道力为 72kN，作业时最大起道量为 250mm，最大拨道量为 ±300mm。起拨道量由标尺和指针显示。

▶▶ 二、起拨道装置

起拨道装置如图 4-21 所示，它由起道和拨道两部分组成。

1. 起道装置

起道装置包括起道液压缸 10、支撑轴 12、中梁 6、导向柱 23、侧梁 18、前夹钳装置 4、后夹钳装置 3 及其支撑连接件等。起道液压缸 10、轴承支架 27 固定在主梁上；液压缸活塞杆用销 11 与支撑轴 12 铰接。因此，支撑轴 12 可在轴承支架 27、衬套 28 内上下运动。支撑轴 12 用压盘 24 固定在中梁 6 内，中梁 6 上有两根水平放置的导向柱 23，导向柱 23 两端分别用垫圈 19 及螺栓固定着左、右两个侧梁 18，侧梁 18 两端又用活塞销轴安装着前夹钳装置 4 和后夹钳装置 3。起道作业时，首先前后夹钳装置的夹钳滚轮张开，起道液压缸 10 的活塞杆下降，夹钳滚轮闭合夹住轨头；然后进行起道作业，即使起道液压缸 10 的活塞杆上升，带动支撑轴 12、中梁 6 前后导向柱 23、左右侧梁 18、前后夹钳装置 4、3 以及夹钳滚轮夹持的左、右两条钢轨一同提起，完成起道作业。起道量由挡块 15 来限制。起道作业前应拉出锁定销 13。

2. 拨道装置

如图 4-21 所示，拨道装置靠固装在中梁上的拨道液压缸 5 及安装在左、右侧梁 18 中部的两个拨道滚轮 40 来完成。两个拨道滚轮轮缘内距为 1435mm。

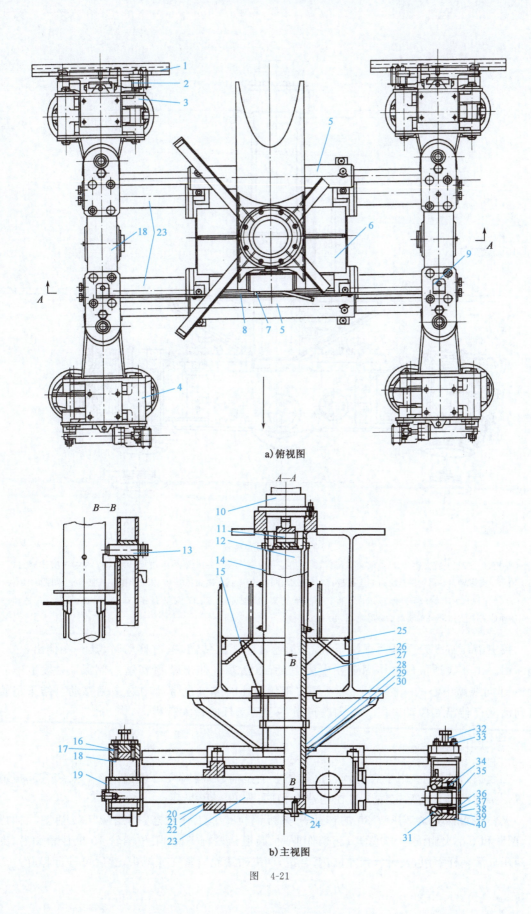

a) 俯视图

b) 主视图

图 4-21

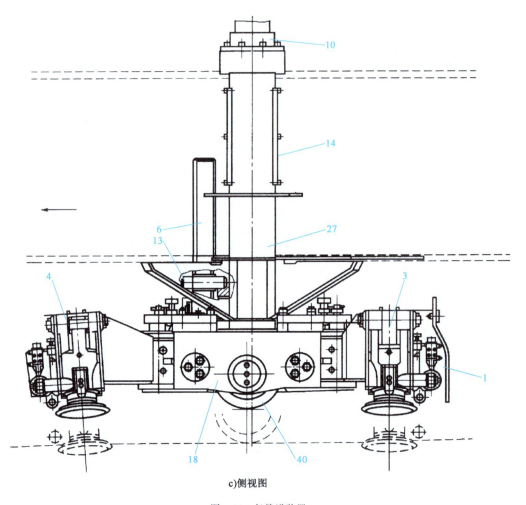

c)侧视图

图 4-21 起拨道装置

1-橡胶板;2-支架;3-后夹钳装置;4-前夹钳装置;5-拨道液压缸;6-中梁;7-挡铁;8-拨道尺;9-压条;10-起道液压缸;11、13-销;12-支撑轴;14-罩;15-挡块;16-连接板;17-双头螺柱;18-侧梁;19-垫圈;20、30-张力垫圈;21、29-防尘圈;22、28-衬套;23-导向柱;24-压盘;25-异形板;26-筋板;27-轴承支架;31-轴承套圈;32-调整螺栓;33-螺母;34-隔套;35-销轴;36-轴承套;37-支撑环;38-轴承;39-尼龙圈;40-拨道滚轮

拨道液压缸 5 是双杆活塞液压缸,当活塞在液压缸体内左、右移动时,其一端伸出,另一端缩回。由于拨道液压缸体固定在中梁上,所以活塞杆伸出端顶着这边侧梁 18、拨道滚轮 40 一起向线路中心的一侧移动;另一侧由于导向柱的连接也带动向这一侧移动。结果将轨道向活塞杆伸出端拨动一段。最大拨道量等于活塞杆的最大行程。

▶▶ 三、夹钳装置

在起拨道装置上,用于夹持钢轨进行作业的是前、后两对夹钳装置。它们安装在起拨道装置侧梁的两端。前后夹钳装置在构造上相同,如图 4-22 所示。

夹钳装置靠夹紧液压缸 30 的作用来夹持钢轨。非工作状态,即当液压缸活塞杆伸出时,两臂和下部夹钳滚轮 47 张开;起道作业时,起道活塞杆下降,限位滚轮 10 抵住轨面后,夹紧液压缸活塞杆缩回,夹钳装置左、右臂合拢,两夹钳滚轮紧紧夹住轨头,然后可进行起道。

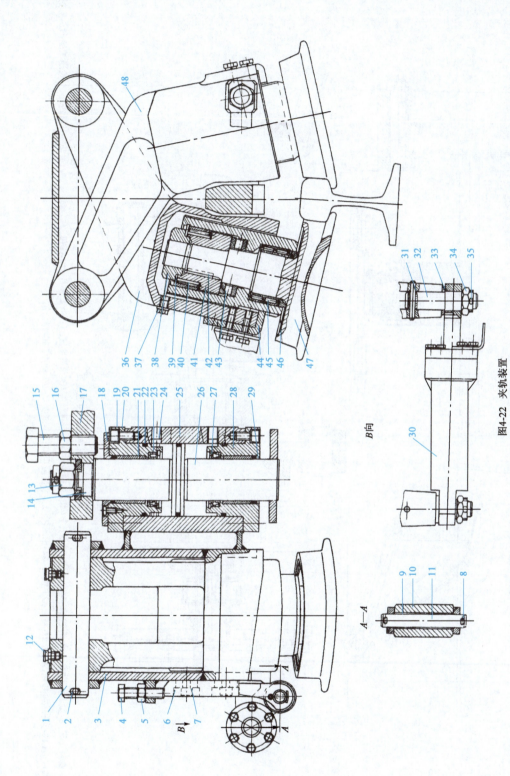

图4-22 夹钳装置

1、11-销轴；2、8、35-开口销；3-夹钳缸体；4、15-调整螺钉；5、13、16、34、38-螺母；6-限位滚轮架；7-内六角螺钉；9、21、41-轴套；10-限位滚轮；12-润滑油嘴；14、24、33-垫圈；17-侧架；18-盖；19、22、23、25-密封圈；20、28-凸缘；26-活塞；27、29、39-弹性挡圈；30-夹紧液压缸；31-销轴；32-螺杆；36-左臂；37-螺塞；40、43、45-轴承；42-键；44-锁板；46-套筒；47-夹钳滚轮；48-右臂

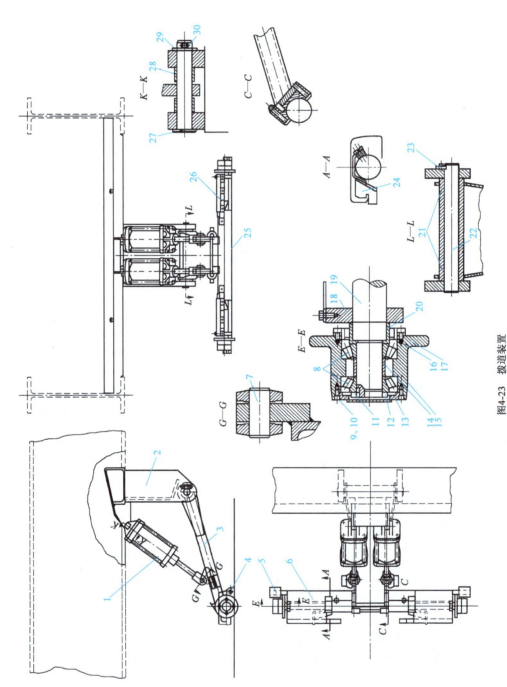

图4-23 拨道装置

1-气缸；2-安装支架；3-拨道机构支架；4-清扫器；5-盖；6-罩；7、22、27-销；8-轴承；9-内六角螺钉；10-弹簧垫圈；11-锁紧垫片；12-螺母；13-滚轮端盖；14、20、28-隔套；15-拨道滚轮；16-密封圈；17-滚轮轴端盖；18-支撑板；19-活塞杆；20-支撑板；21-衬套；23-对套；24-指示板；25-拨道液压缸；26-刻度尺；29-垫圈；30-开口销

夹钳滚轮用轴承40、43、45支撑在夹钳臂的套筒46中,因此夹钳滚轮在机器运行中靠摩擦自行回转。当夹钳滚轮遇到钢轨连接夹板时,由于有前、后两组夹钳装置,因此可以牢牢抓住钢轨。

夹钳下降的位置受安装在夹钳缸体3上的滚轮架6和滚轮10限制,其间隙可用调整螺钉4和紧固螺母5来调整。

四个夹钳装置的位置高度可以用夹钳缸体3支撑部位的活塞液压缸来调整。液压缸活塞26固定在侧梁两端,夹钳缸体靠凸缘20、28,轴套21及密封圈安装在活塞26上。当活塞上、下两腔油量变化时,夹钳装置便可上、下移动,从而调整位置高度。调整的行程范围用调整螺钉15和螺母16来控制。

▶▶ 四、拨道装置

安装在后转向架前的拨道装置,如图4-23所示。它由气动升降机构、液压拨道机构和安全保险器三部分组成。

1. 气动升降机构

气动升降机构是气动四杆机构。气缸1与安装支架2、拨道机构支架3相铰接,安装支架用横梁焊在主梁间。气缸活塞杆伸出时,拨道机构下降,使拨道滚轮15卡在两钢轨内侧,这时可以进行拨道作业。气缸活塞杆缩回,则拨道机构提起到运行状态。为防止运行中活塞杆的自落,设有安全保险器。

2. 液压拨道机构

拨道机构是靠安装在拨道机构支架3前的拨道液压缸25来完成拨道作业的。拨道液压缸是双杆活塞,杆两端都装有拨道滚轮15,两轮轮缘内距为1435mm。当活塞杆一腔进油,另一腔回油时,拨道滚轮15带动钢轨移动,完成拨道作业。

拨道量可由固定在液压缸上的指示板24和固定到两活塞杆上的刻度尺26间的相对位置显示出来。

学习项目六 起重设备

▶▶ 一、起重设备功用与组成

挖掘装置的水平导槽在机器运行时,应放置于前操纵室下;作业时,需快速在提升与下降导槽之间安装与拆卸。为了减少装卸时间,减轻操作人员劳动强度,保证作业区间安全,在水平导槽作业区间内设有起重设备。

起重设备包括水平导槽安放举升臂、提升机和起吊机。由于它们工作行程短,全采用液压缸驱动。

▶▶ 二、举升臂

举升臂安装在操纵室下面的主梁下翼板下,靠液动四杆机构来实现举升,如图4-24所示。长途运行,即液压缸3行程最小时,升降臂2将水平导槽举起并用锁销6锁定在锁销座7中,确保运行中的安全。清筛机作业需放下水平导槽时,液压缸活塞杆伸出,升降臂下降,将水平导槽放置于钢轨上;然后,活塞杆缩回,升降臂提升、复位锁定。

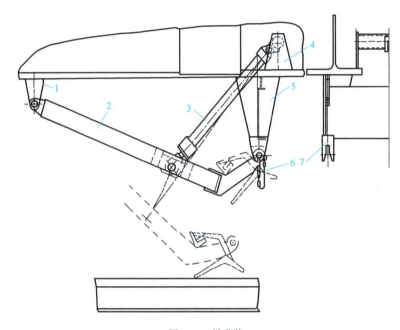

图 4-24　举升臂
1、4、5-支座;2-升降臂;3-液压缸;6-锁销;7-锁销座

三、提升机

提升机安装在操纵室正前方、水平导槽上方的机架上,如图 4-25 所示。

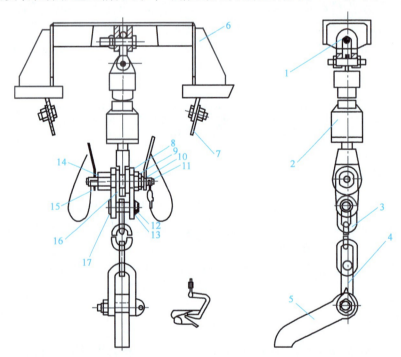

图 4-25　提升机
1、4-U 形环;2-液压缸;3、15-链条;5-吊钩;6-支架;7-悬挂托板;8-夹板;9-螺母;10、12-开口销;11、13-垫圈;14-心轴;16-衬套;17-销

提升机液压缸 2 上端用 U 形环 1 铰接在支架 6 上,支架 6 下焊有悬挂托板 7。液压缸活塞杆端用心轴 14、夹板 8、销 17 与链条 3、吊钩 5 相连接。活塞杆上升,即提升重物;相反,重物下降。

提升机在非工作状态时,悬挂托板 7 用链条 15 锁住活塞杆端的心轴,以保证安全。当需要提升水平导槽时,首先,拉出链条 15,使心轴 14 两端脱离悬挂托板 7,然后,活塞杆工作。

▶▶ 四、起吊机

起吊机对称地布置在操纵室正前方主梁上支架左、右两侧,如图 4-26 所示。

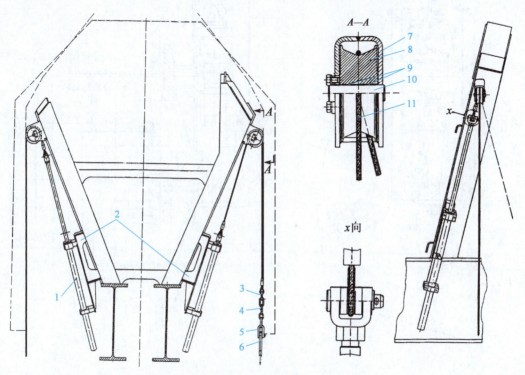

图 4-26 起吊机
1-液压缸;2、7-支架;3、5-U 形环;4-链条;6-吊钩;8-滑轮;9-衬套;10-心轴;11-钢丝绳

起吊机仍用液压缸 1 的活塞杆直接牵引钢丝绳 11 的方式。钢丝绳经滑轮 8 导向后,用 U 形环 3、5 与链条 4、吊钩 6 连接。

起吊机用于辅助安装、拆卸水平导槽。由于起重设备的工作行程短,故全采用液压缸驱动。

学习项目七 辅 助 装 置

QS-650 型清筛机设有辅助装置和供选择设备。辅助装置有道砟清除装置、速度记录仪、挖掘深度指示器等。

一、速度记录仪

速度记录仪附加在里程计上,用于记录速度、时间和停车时间。速度记录仪的传感器安装在车轴轴箱端部,如图 4-27 所示。

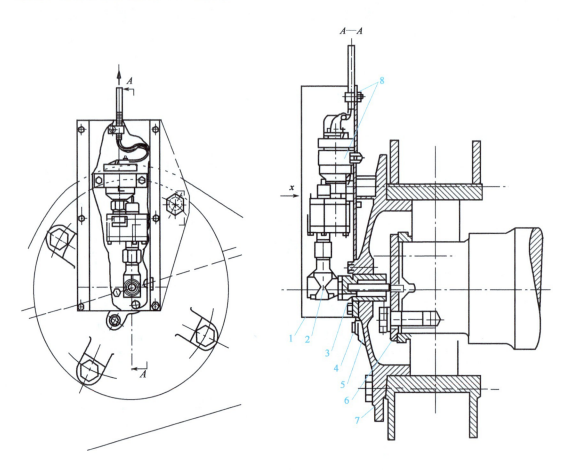

图 4-27 速度传感器安装位置
1-罩;2-传感器;3-衬套;4-连接凸缘;5-传动轴;6-传动连接盘;7-轴箱盖;8-线夹

传感器 2 安装在转向架轴箱盖 7 外侧,传动轴 5 插入固定到车轴端部的传动连接盘的方孔内。只要机器运动(即车轴转动),传动轴就会带动传感器把信号传递给司机室并显示在里程计上。

二、挖掘深度指示器

为使操纵人员明了挖掘链的挖掘深度,在提升导槽或下降导槽的垂直调整液压缸上设有挖掘深度指示器,其构造如图 4-28 所示。

挖掘深度指示器由固定在液压缸 1 上的前后卡箍和固定在活塞杆安装销 9 上的刻度标尺 2 组成。当提升导槽或下降导槽调整时,提升液压缸活塞杆伸缩,带动刻度标尺 2 沿液压缸纵轴线在前卡箍的导圈内移动。前卡箍导圈上显示的刻度标记,就反映出挖掘链挖掘的深度。

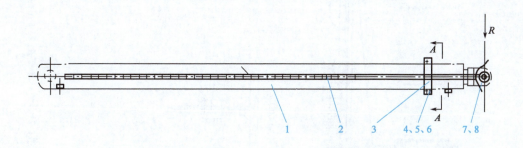

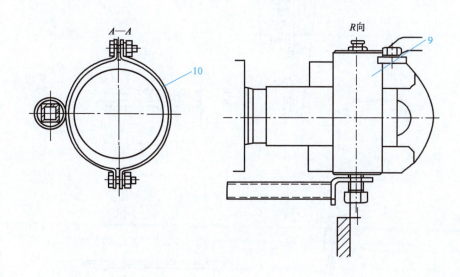

图4-28 挖掘深度指示器

1-液压缸；2-刻度标尺；3-前卡箍；4、7-螺栓；5-螺母；6、8-弹簧垫圈；9-销；10-后卡箍

▶▶ 三、道砟清除装置

道砟清除装置设在道砟回填装置后面，用于清除回填时落到钢轨、轨枕上的道砟，并对道床表面的道砟推刮平整。道砟清除装置的构造，如图4-29所示。

道砟清除装置由气缸1、道砟刷架2等组成。道砟刷架前部呈V形布置，后部靠带盖板7、10的臂与悬挂在主梁下的支轴连接。道砟刷架前部V形板上装有滚轮19，它除清除钢轨面上的道砟外，还可滚动支撑着清除器运行。轨道内的V形板下焊有许多钢棒，钢棒上用卡箍20固定着胶管21，它用于清除落到轨枕上的道砟。轨道外的V形板下，装有耐磨钢板18，它对道床表面起着推刮平整的作用。

道砟清除装置靠气缸1的活塞杆伸出，将道砟刷架放置到钢轨上，完成清除、推刮、平整工作。运输时，气缸1将道砟刷架提起并用固定在机器大梁下的链条23、U形钩环24锁住，确保行车的安全。

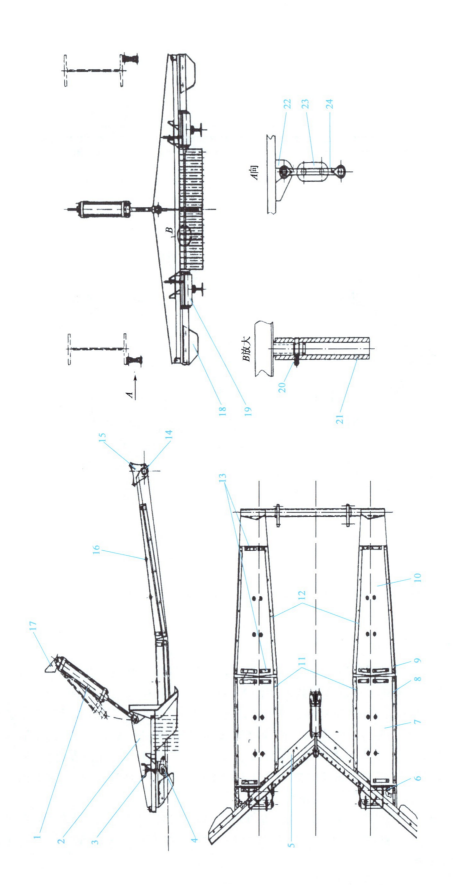

图4-29 道砟清除装置

1-气缸；2-道砟刷架；3-止冲器；4-滚轮支架；5、18-耐磨钢板；6、7、10-盖板；8、9、11、12、13-压板；14、15、17、22-悬挂支架；16-螺栓；19-滚轮；20-卡箍；21-胶管；23-链条；24-U形钩环

练 习 题

1. 挖掘装置的功用是什么？它由哪些部分组成？各部分有哪些功能？
2. 挖掘齿轮减速箱由哪些零部件组成？动力传动路线如何？
3. 挖掘链由哪些零件组成？扒指有何特点？磨损后怎样更换？
4. 链条导槽有几种？提升、下降、水平导槽在构造上有什么特点？
5. 张紧液压缸安装在什么位置？
6. 水平导槽有什么用途？它在安装或拆卸时有什么要求？在结构上有什么特点？
7. 有几种角滚轮？它们起什么作用？在使用中有什么要求？为什么？
8. 清筛机上采用哪种形式的振动筛？它有什么特点？其工作原理如何？
9. QS-650型清筛机上有几层筛网？它们在使用上有什么要求？
10. 在振动筛上有哪些道砟导流构件与装置？这些导流构件与装置的作用如何？
11. 振动筛是怎样支撑在机架上的？调整装置的作用是什么？如何进行调整？
12. 道砟回填分配装置包括哪些部分？各部分起什么作用？
13. 左、右侧道砟分配板是如何分配道砟的？
14. 道砟回填输送装置由哪些部分组成？各有什么作用？
15. 道砟回填输送带由哪些部分组成？各部分有哪些作用？
16. 驱动滚筒与改向滚筒在作用、构造等方面有什么区别？
17. 清扫器有什么作用？有哪些类型？清扫器在使用中如何调整？
18. 道砟回填输送带是如何实现摆动的？
19. 起拨道装置有哪些功能？它由哪些部件组成？如何完成起道或拨道作业？
20. 夹钳装置在构造上有哪些特点？如何使用和调整夹钳装置？
21. 起重设备有哪几种？它们在构造上各有什么特点？
22. 道砟清扫装置安装在哪个部位？它有什么作用？由哪些部件组成？运行中如何保证安全？
23. 速度记录仪安装在什么位置上？它由哪些元件组成？各起什么作用？
24. 挖掘深度指示器安装在什么位置？如何观察挖掘深度？

单元五

液压系统与气动系统

【知识目标】
1. 掌握 QS-650 型清筛机液压系统的组成及工作原理。
2. 掌握走行驱动液压系统的组成及工作原理。
3. 掌握挖掘链控制液压系统的组成及工作原理。
4. 掌握振动筛及道砟分配输送液压系统的组成及工作原理。
5. 掌握其他工作装置液压控制系统的组成及工作原理。
6. 掌握润滑系统的组成及工作原理。
7. 掌握气动系统的组成及工作原理。

【能力目标】
1. 熟知 QS-650 型清筛机液压系统的组成,并能够对液压系统进行日常检查和定期维护。
2. 能够正确分析 QS-650 型清筛机液压系统的工作原理。
3. 能对照系统各液压回路图分析清筛机各工作装置的主要功能。
4. 初步掌握液压系统的安装调试、维护使用及常见故障的诊断和处理。
5. 能够正确拆卸、清洗、更换滤油器、管接头、液压管等。
6. 正确拆装变量液压泵、液压马达、液压缸、液压阀等液压元件。
7. 熟练掌握 QS-650 型清筛机作业时各工作装置的液压系统压力,并会随时根据运行、作业情况监视各压力指示表。
8. 能够根据清筛机作业情况正确调整各压力阀的压力和流量。
9. 能够正确分析 QS-650 型清筛机气动系统的组成及工作原理。

学习项目一　液压系统的组成

QS-650型清筛机采用全液压传动,具有操作简便、性能良好、作业效率高的特点。其液压传动系统的工作原理是:柴油发动机通过主离合器、弹性联轴器、万向传动轴、分动齿轮箱驱动若干个液压泵。液压泵产生的高压油经液压分配块及各种控制阀,通过管路输送到液压执行元件,即液压马达或液压缸。液压执行元件驱动机器的走行及相应的工作装置,完成清筛机的运行、挖掘、筛分、起拨道、输送道砟和排除污土等作业。

一、液压系统的组成和特点

1. 液压系统的组成

(1)动力元件——液压泵。将原动机供给的机械能转换为净化流体的压力能。

(2)执行元件——液压缸、液压马达。将流体的压力能转化为机械能。

(3)控制元件——压力阀、流量阀、方向阀等。用以控制和调节流体的压力、流量、流动方向及系统执行机构的动作程序。

(4)辅助元件——除上述三类机构和元件之外的把系统连接起来的其他元件,辅助元件包括管件、压力表、滤油器、蓄能器、油箱、冷却器、加热器、管道和密封件等。在系统中起着输送液压油液、储油散热、滤除杂质等作用。

(5)工作介质——液压油。用以传递能量或信息。

2. 优点

(1)在功率相同情况下,比电传动体积小、重量轻。

(2)运动平稳,反应快。

(3)操纵控制方便,可实现大范围的无级调速。

(4)能传递较大的力或力矩。

(5)易实现功率放大。

(6)元件布置方便、灵活,易实现自动化。

(7)可实现过载保护。

(8)已实现系列化、标准化和通用化,便于系统设计、制造。

3. 缺点

(1)由于泄漏和流体的可压缩性,无定传动比。

(2)有油液污染;能量损失大,不能远程输送;对温度变化敏感。

(3)元件制造精度高,系统故障不易排除。

(4)油液流动损失的能量转换成热能。

(5)系统传动效率不高。

二、QS-650型清筛机液压系统的组成

QS-650型清筛机液压系统可以分成5大组成部分19个液压回路,具体如下。

1. 走行驱动液压系统

(1)调速回路。

(2)手动减压阀式先导操纵回路。

(3)走行驱动液压回路。

(4)走行离合器行走工况转换操纵液压回路。

(5)走行离合器控制驱动液压回路。

2. 挖掘链控制液压系统

(1)挖掘链驱动液压回路。

(2)挖掘链导槽调整液压回路。

(3)挖掘链及回转污土输送带安装调整液压回路。

3. 振动筛及道砟分配控制液压系统

(1)振动筛驱动液压回路。

(2)振动筛调平装置、道砟导向、护罩控制、后拨道装置液压回路。

(3)道砟输送带摆动装置与道砟分配板液压回路。

(4)主污土输送带、回转污土输送带及左、右道砟回填输送带驱动液压回路。

4. 其他装置控制液压系统

(1)起拨道、夹轨器液压控制回路。

(2)后通风设备传动装置液压回路。

(3)前通风设备传动装置润滑及注油泵液压回路。

(4)空气调节设备液压回路。

5. 液压润滑系统

(1)振动筛驱动装置润滑回路。

(2)分动齿轮箱润滑回路。

(3)挖掘齿轮箱润滑回路。

学习项目二　走行驱动液压系统

QS-650型清筛机的走行装置由两台两轴式转向架组成,转向架由变量马达驱动,区间运行速度为0~80km/h,作业走行速度为0~1km/h,与列车编组运行速度为0~100km/h。区间运行和作业走行时均可实现无级调速。

一、调速回路

清筛机的走行驱动液压系统采用了变量泵—变量马达容积调速回路,如图5-1所示。变量泵为A4V-250HD型通轴斜盘式轴向柱塞变量泵,该泵的额定压力为35MPa,最高压力为40MPa,最大排量为250mL/r。变量马达为A6VMi07HAIT型斜轴式变量马达,其额定压力和最高压力分别为35MPa、40MPa;最小排量为30.8mL/r,最大排量为107mL/r。

变量泵、变量马达均可正反双向旋转工作。当双向变量泵 2 正向供油时,管路 10 为高压管路,压力油进入变量马达 9,驱动液压马达正向旋转,清筛机前进。管路 8 为低压管路。高压安全阀 5 可防止正向行进时回路过载,这时高压安全阀 4 不起作用(反向行进时防回路过载)。辅助泵 1(压力由辅助泵溢流阀 6 调定)顶开高压安全阀 4 并联的单向阀,向低压管路 8 输油,而高压安全阀 5 并联的单向阀在高压管路压力油的作用下封闭。

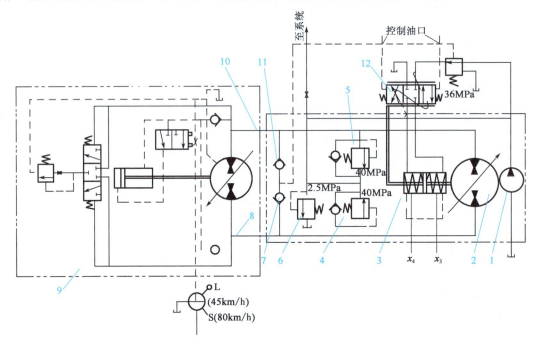

图 5-1 变量泵—变量马达容积调速回路

1-辅助泵;2-双向变量泵;3-变量液压缸;4、5-高压安全阀;6-辅助泵溢流阀;7、11-单向阀;8、10-管路;9-变量马达;12-变量伺服阀

当双向变量泵 2 反向供油时,管路 10 为低压,管路 8 为高压,变量马达 9 反向旋转,清筛机反向行走。各液压元件的原理同上。

回路的调节方法如下:

在区间运行时,由于无工作负载,变量马达的排量最小,转速最高,输出转矩最小。调节变量泵的排量,可在 0~80km/h 范围内无级变速。清筛机进入工作状态后,负载使系统压力升高,高压自动控制变量的变量马达 9 排量增大,转速下降,输出转矩增大。变量马达达到最大排量时,输出转矩为最大,转速最小。此时调节变量泵的排量,可使清筛机在 0~1km/h 范围内实现无级调速。

该调速回路为闭式回路,液压泵的吸油管直接与变量马达的回油管连通。

二、手动减压阀式先导操纵回路

走行驱动变量泵的变量机构由手动减压阀式先导阀操纵,如图 5-2 所示。扳动调速换向手柄 1,压下推杆 2,控制泵的压力油从阀口 P 流向阀口 B,作用于变量伺服阀 4 的左端;变量伺服阀 4 右端经减压阀式先导阀的阀口 A 与油箱相通,变量伺服阀 4 右移,辅助泵 6 输出的压力油经截止阀 5、变量伺服阀 4 左位,进入变量液压缸 8 左腔,变量泵 7 排量变大。

朝另一方向扳动调速换向手柄1,压下推杆3,压力油进入变量液压缸8右腔,变量泵7斜盘倾角向另一方向变化,变量泵7反向输出排量,变量马达换向。

变量泵7的输出排量与调速换向手柄1的操纵位置成正比。调速换向手柄1偏离中位越大,泵斜盘的倾角越大,泵输出排量也越大。调速换向手柄1中位时,变量泵7斜盘倾角为0,其输出排量为0,走行马达不旋转。

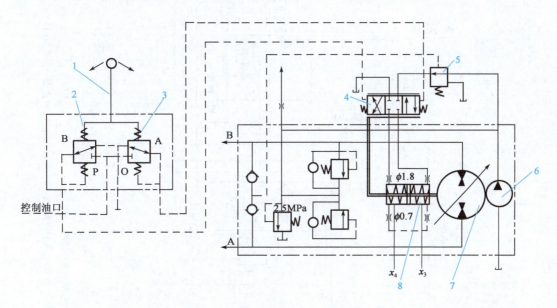

图 5-2 手动减压阀式先导阀操纵回路
1-调速换向手柄;2、3-推杆;4-变量伺服阀;5-截止阀;6-辅助泵;7-变量泵;8-变量液压缸

三、走行驱动液压回路

在走行驱动液压系统图 5-3 中,把手动减压阀式先导阀13的调速换向手柄从工作位置扳向中位时,变量泵斜盘倾角向零回复,排量逐渐减小。由于惯性作用,液压马达仍高速旋转,这时液压马达处于液压泵工作状态,原输入压力油端变成吸油端;出油端变成压油端而压力升高。液压马达输出的压力油经电液动电磁换向阀11的中位、背压阀9(压力10MPa)到变量马达吸油端。背压阀9的设置,使变量马达转速降低,产生制动作用。

当手动减压阀式先导阀13的调速换向手柄处于中位,控制液压泵3的控制压力油(6MPa)不经过先导阀13,压力开关(图中未示)无压力不接通,则电磁铁 S7、S97 失电,电液动换向阀11、电磁换向阀6均处于中位,变量泵无排量输出。

图 5-3 所示为走行驱动液压系统图。转向架各由一个变量泵1驱动,每根车轴上一个变量马达2,每个转向架车轴上两个变量马达并联,两个变量马达的输入流量各为变量泵输出流量的一半。前、后转向架的变量马达油路由液动换向阀5连通。手动减压阀式先导阀13有三个,分别装在两个司机室内,任意操作其中一个的调速换向手柄,均可实现变量泵的变量调节。

变量泵为液压控制变量,由手动减压阀式先导阀13调速换向手柄操作,控制泵3控制压力油(溢流阀8调定压力为6MPa)经先导阀13作用于变量泵的变量伺服阀任一端,增大

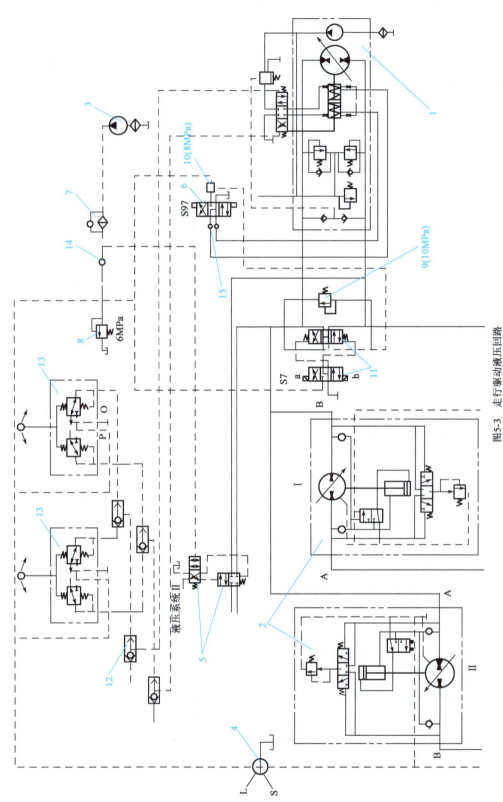

图5-3 走行驱动液压回路

1-变量泵；2-变量马达；3-控制液压泵；4-手动三通阀；5-液动换向阀；6-电磁换向阀；7-滤油器；8-溢流阀；9-背压阀；10-限压阀；11-电液动换向阀；12-梭阀；13-先导阀；14、15-单向阀

变量泵的倾角使其变量。变量马达为高压自动变量,当手动三通阀 4 手柄置于高速位时,根据外界阻力的大小,变量马达自动变量,改变运行速度,区间运行工况速度最高为 80km/h,作业运行工况可达 1.6km/h。手动三通阀 4 手柄置于低速位时,控制压力油使变量马达轴的摆角增至最大,此时区间运行最高速度为 45km/h,用于牵引车辆或爬坡,作业运行速度可达 1km/h。

控制液压泵 3 向清筛机其他液压系统提供控制压力油源。

四、走行离合器控制驱动液压系统

离合器驱动机构(液压马达—液压泵组件)2 是由齿轮泵 1 驱动,液压泵 1 的压力由溢流阀 3 调定为 12MPa。四个离合器驱动机构,分别装在转向架四根车轴上,每一个转向架上离合器驱动机构,由一个液压泵 1 驱动,同一个转向架上的离合器驱动机构为串联连接,如图 5-4 所示。

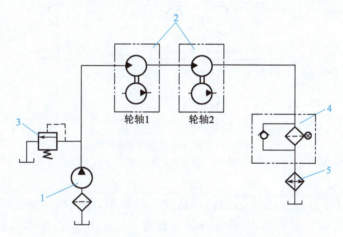

图 5-4 行走离合器控制驱动液压回路
1-液压泵;2-液压马达—液压泵组件;3-溢流阀;4-滤油器;5-冷却器

前转向架离合器驱动液压回路:

(1)进油。液压泵 1→离合器驱动机构液压泵—液压马达组件 2(车轴 1)→离合器驱动机构液压泵—液压马达组件 2(车轴 2)。

(2)回油。液压马达→滤油器 4→冷却器 5→油箱。

后转向架离合器驱动液压回路同上。

该液压系统为开式系统。

五、走行离合器操纵液压系统

清筛机的走行驱动、调速是由变量泵—变量马达容积调速回路来实现。而它的区间运行、作业运行、与列车编组运行,则靠车轴齿轮箱内的液压离合器的离合来达到。每根车轴有两组液压离合器,分别负责区间运行和作业运行,如图 5-5 所示。液压马达—液压泵组件 1 输出的压力油经液动三位四通换向阀 2 进入 FG、AG 离合器。FG 为区间运行位置,转向架高速运行;AG 为作业走行位置,清筛机作业,转向架低速运行。每两组离合器由一个液压马达—液压泵组件驱动,构成一个离合器驱动机构,每根车轴有一个离合器驱动机构。FG、AG 三通阀 7 操纵液动三位四通换向阀 2 的位置以控制 FG、AG 离合器的通断。

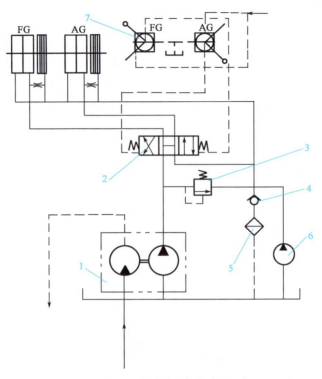

图 5-5 走行离合器操作液压回路

1-液压泵-液压马达组件;2-液动三位四通换向阀;3-溢流阀;4-单向阀;5-滤油器;6-润滑泵;7-FG、AG 三通阀

1. 区间运行

扳动标示 FG 字样的三通阀 7,换挡手柄置于打开位,控制压力油经 FG 三通阀 7 作用于液动三位四通换向阀 2 右端,左端经 AG 三通阀 7 与油箱连通,液动三位四通换向阀 2 左移,工作在右位。系统油路为:

(1)进油。液压泵 1→液动三位四通换向阀 2 右位→FG 离合器。

(2)回油。AG 离合器→液动三位四通换向阀 2 右位→单向阀 4→滤油器 5→油箱。

2. 作业走行

把 AG 三通阀 7 换挡手柄扳至打开位,控制压力油经 AG 三通阀 7 作用在液动三位四通换向阀 2 左端,液动三位四通换向阀 2 右移。系统的油路为:

(1)进油。液压泵 1→液动三位四通换向阀 2 左位→离合器 AG。

(2)回油。离合器 FG→液动三位四通换向阀 2 左位→单向阀 4→滤油器 5→油箱。

3. 联挂运行

AG、FG 三通阀 7 换挡手柄均处于关闭位时,液动三位四通换向阀 2 两端均与油箱相通,靠弹簧作用回到中位,离合器 AG、FG 经液动三位四通换向阀 2 中位接通油箱。实现长途运输中与列车编组运行,液压泵 1 卸荷。

各车轴的离合器驱动机构液压系统相同,以一个回路为例分析说明。

该液压系统中溢流阀 3 调定系统压力为 1.5MPa,润滑泵 6 为液压离合器提供润滑油液。该回路的回油管和液压泵的吸油管是不连通的,它们分别插在油箱内,这种回路称为开式回路。

学习项目三 挖掘链控制液压系统

▶▶ 一、挖掘链驱动液压回路

清筛机挖掘链驱动液压回路,如图 5-6 所示。变量马达 2 带动挖掘装置回转,变量马达 2 由定量泵 1、变量泵 9 驱动,实现挖掘链四种挖掘速度。其中变量马达 2 的型号为 A6VM250,最大排量为 250mL/r,最小排量为 72.1mL/r,额定压力及最高压力分别为 35MPa、40MPa;定量泵 1 型号为 A2FO250 型,排量为 250mL/r,变量泵 9 型号为 A7V080 型,最大排量为 80mL/r,最小排量为 23.1mL/r。

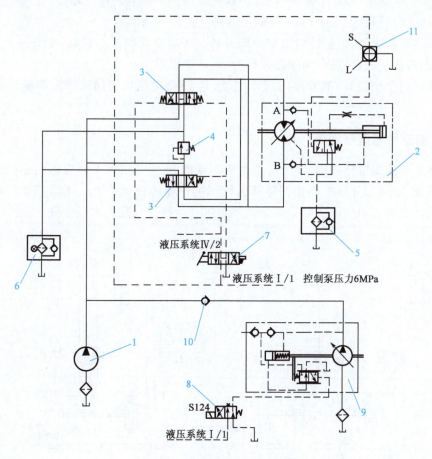

图 5-6 挖掘链驱动液压回路

1-定量泵;2-变量马达;3-液动换向阀;4-安全阀;5、6-滤油器;7-手动换向阀;8-电磁换向阀;9-变量泵;10-单向阀;11-手动三通阀

第一种速度:定量泵 1 和变量泵 9 最小排量,驱动变量马达 2 最大排量时,即定量泵 1 加变量泵 9 排量为 250mL/r+23.1mL/r,变量马达排量为 250mL/r 时,为低速。

第二种速度:定量泵 1 和变量泵 9 最大排量,驱动变量马达 2 最大排量时,即定量泵 1 加变量泵 9 的排量为 250mL/r+80mL/r,变量马达排量为 250mL/r 时,为中低速。

第三种速度:定量泵 1 和变量泵 9 最小排量,驱动变量马达 2 最小排量时,即定量泵 1

加变量泵9排量为250mL/r+23.1mL/r,变量马达排量为72.1mL/r时,为中高速。

第四种速度:定量泵1和变量泵9最大排量,驱动变量马达2最小排量时,即定量泵1加变量泵9的排量为250mL/r+80mL/r,变量马达排量为72.1mL/r时,为高速。

变量马达2由手动三通阀11的手柄操作控制变量,手动三通阀11的手柄在关闭位(L位)时,变量马达2的变量伺服阀左端通油箱,其轴的倾角最大,排量最大;手动三通阀11的手柄置于打开位(S位)时,控制泵的控制压力油作用在变量马达2的变量伺服阀左端,排量减小。变量泵9由电磁换向阀8控制变量。电磁换向阀8得电,控制压力油作用于变量泵9变量机构的伺服阀右端,使变量泵9的排量增大。

换向手柄操纵手动换向阀7,控制变量马达2正反向旋转。手动换向阀7左位时,控制压力油经其左位作用于液动换向阀3左端,液动换向阀3左位。系统的主油路为:

(1)进油。定量泵1、变量泵9→液动换向阀3左位→变量马达2油口A。
(2)回油。变量马达2油口B→液动换向阀3左位→滤油器6→油箱。

变量马达正向旋转,挖掘链向工作方向运转。手动换向阀7右位时,变量马达反转,挖掘链反向运转,便于安装扒链,同时遇障碍时,可反向倒退。

手动换向阀7中位时,液动换向阀3中位,其H形中位机能使液压泵卸荷。该系统为开式系统。

二、挖掘链导槽调整液压回路

挖掘链装于挖掘链导槽内,导槽分别为下降导槽、上升导槽。下降导槽侧挖掘链下降到轨下准备挖掘工作;上升导槽侧挖掘链携带挖掘的污砟到振动筛上。图5-7所示为挖掘链上升导槽液压系统。图中液压缸7、8分别调整上升导槽挖掘链的水平位置、垂直深度。

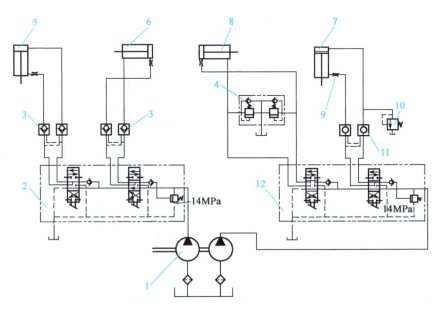

图5-7 挖掘链上升导槽调整液压回路
1-双联泵;2、12-多路换向阀;3、11-液压锁;4-安全阀;5~8-液压缸;9-节流阀;10-溢流阀

1.上升导槽水平位置的调整

多路换向阀12操纵上升导槽垂直深度、水平位置的调整。下面以上升导槽为例来说明

其工作原理。

多路换向阀12的前序联控制挖掘链导槽的垂直深度调整,后序联控制导槽的水平位置调整。

水平调整导槽时,扳动多路换向阀12后序联手柄到下位,液压缸8活塞杆收回,挖掘链向左移动:

进油——液压泵1→多路换向阀12前序联中位→多路换向阀12后序联下位→水平调整液压缸8有杆腔。

回油——液压缸8无杆腔→节流阀9→多路换向阀12后序联下位→油箱。

多路换向阀12后序联工作在上位时,液压缸8的活塞杆伸出,挖掘链向右移动:

进油——液压泵1→多路换向阀12前序联中位→多路换向阀12后序联上位→节流阀9→液压缸8无杆腔。

回油——液压缸8有杆腔→多路换向阀12后序联上位→油箱。

上升导槽因带有荷载,挖掘链工作时,若外负载突然增大,上升导槽内挖掘链阻力增大,就有一力作用于液压缸8的活塞杆,当液压缸8活塞杆的负载拉力大于安全阀4的调定压力10MPa时,有(无)杆腔端的安全阀打开溢流,无(有)杆腔端经过单向阀从油箱中吸油填充,防止液压缸8憋缸。所以在上升导槽水平调整液压缸8的两端安装双单向安全阀而不是液压锁。

2. 上升导槽垂直深度的调整

调整上升导槽垂直深度时,扳动多路换向阀12前序联手柄,使其工作在下位,垂直调整液压缸7的活塞杆收回。这时无论多路阀12后序联在哪一工作位,水平调整液压缸8均不能工作:

进油——液压泵1→多路换向阀12前序联下位→液压锁11→节流阀13→液压缸7有杆腔。

回油——液压缸7无杆腔→液压锁11→多路换向阀12前序联下位→油箱。

多路换向阀12前序联工作在上位时,液压缸7活塞杆伸出:

进油——液压泵1→多路换向阀12前序联上位→液压锁11→液压缸7无杆腔。

回油——液压缸7有杆腔→节流阀9→液压锁11→多路换向阀12前序联上位→油箱。

溢流阀10在此处起安全保护作用,限制液压缸7活塞杆往外伸出的压力,即限制上升导槽向深处调整时的压力不超过8MPa,以免损坏挖掘链。节流阀9的作用是使液压缸的运动平稳,减小冲击。多路换向阀12为串并联连接,前序联工作时,后序联控制的执行元件(此处为液压缸)不能工作。多路换向阀12中位时,液压泵卸荷。此系统为开式系统。

三、挖掘链及回转污土输送带安装调整液压回路

挖掘链及回转污土输送带安装调整液压回路,如图5-8所示。二位四通电磁换向阀2电磁铁S143的得电或失电控制着回转污土输送带支撑液压缸26、回转污土输送带回转齿轮液压缸29与三联泵1的连通或断开;控制挖掘链张紧液压缸13、提升机液压缸14、起吊机液压缸17、举升器液压缸21、拢砟板液压缸24与三联泵1的断开或连通。

当电磁铁S143失电(图示位置)时,回转污土输送带支撑液压缸26、回转污土输送带回转齿轮液压缸29,由于没有压力油输入而不能动作。操作各多路换向阀的手柄,就可使相

应的液压缸动作。因多路换向阀为串并联连接,所以不能同时操作两个以上的多路换向阀手柄。

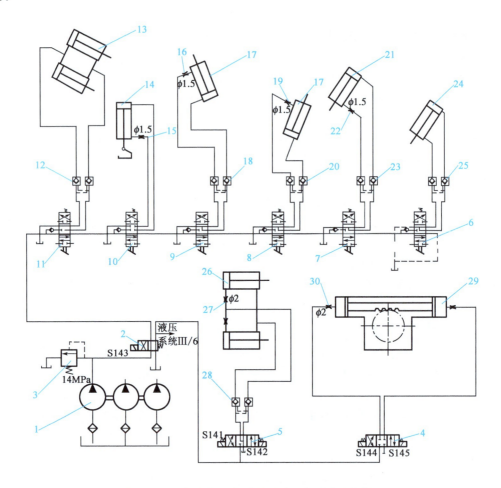

图 5-8　挖掘链及回转污土输送带安装调整液压回路

1-三联泵;2-二位四通电磁换向阀;3-溢流阀;4、5-三位四通电磁换向阀;6~11-多路换向阀;12、18、20、23、25、28-液压锁;13-挖掘链张紧液压缸;14-提升机液压缸;15、16、19、22、27、30-节流阀;17-左、右起吊机液压缸;21-举升器液压缸;24-拢砟板液压缸;26-回转污土输送带支撑液压缸;29-回转污土输送带回转齿轮液压缸

1. 挖掘链控制

扳动多路换向阀 11 手柄,置于上位,油路为:

进油——三联泵 1→二位四通电磁换向阀 2 右位→多路换向阀 11 上位→液压锁 12→挖掘链张紧液压缸 13 的无杆腔。

回油——挖掘链张紧液压缸 13 的有杆腔→液压锁 12→多路换向阀 11 上位→油箱。

此时,挖掘链张紧液压缸 13 的活塞杆伸出,挖掘链张紧。

多路换向阀 11 工作在下位时:

进油——三联泵 1→二位四通电磁换向阀 2 右位→多路换向阀 11 下位→液压锁 12→挖掘链张紧液压缸 13 有杆腔。

回油——挖掘链张紧液压缸 13 无杆腔→液压锁 12→多路换向阀 11 下位→油箱。

此时,挖掘链张紧液压缸 13 活塞杆收回,挖掘链松弛。

提升机液压缸14、起吊机液压缸17、举升器液压缸21、拢砟板液压缸24的工作原理同上。

2.回转污土输送带控制

二位四通电磁换向阀2得电,多路换向阀控制的各液压缸均因无压力油输入而不能动作。回转污土输送带支撑液压缸26和污土输送带回转齿轮液压缸29由三位四通电磁换向阀4、5控制动作方向。

电磁铁S141得电,三位四通电磁换向阀5工作在左位,回转污土输送带支撑液压缸26动作,油路为:

进油——三联泵1→二位四通电磁换向阀2左位→三位四通电磁换向阀5左位→液压锁28→节流阀27→回转污土输送带支撑液压缸26无杆腔。

回油——回转污土输送带支撑液压缸26有杆腔→液压锁28→三位四通电磁换向阀5左位→油箱。

此时,回转污土输送带支撑液压缸26活塞杆伸出,回转污土输送带支起伸出。

同理,电磁铁S142得电,S141失电时,回转污土输送带支撑液压缸26活塞杆内收,回转污土输送带放下收回。

三位四通电磁换向阀4控制回转污土输送带的回转动作及方向。电磁铁S144得电,回转污土输送带在回转污土输送带回转齿轮液压缸29带动下逆时针方向回转。电磁铁S145得电,回转污土输送带在回转污土输送带回转齿轮液压缸29带动下顺时针回转。

学习项目四 振动筛及道砟分配输送液压系统

▶▶ 一、振动筛驱动液压回路

振动筛驱动液压回路,如图5-9所示。该系统为开式回路。A7V055HD型斜轴式变量柱塞泵1向系统提供压力油,其最大排量为54.8mL/r,最小排量为15.8mL/r;振动筛驱动马达2为A2FM63型斜轴式定量马达。手动三通阀5控制着系统的工作与卸荷。手动三通阀5手柄置于上位(图示位置)时,先导式溢流阀3外控口经手动三通阀5与油箱连通,系统卸荷,振动筛不能工作。手动三通阀5手柄置于下位时,手动三通阀5关闭,先导式溢流阀3外控口不通,泵不卸荷,其输出的压力油驱动振动筛驱动马达旋转。

振动筛的最大振动频率为19Hz,最小振动频率为12Hz。其振动频率的大小与挖掘链工作情况有关。挖掘链工作时,控制液压泵的控制压力油经挖掘链驱动液压系统作用在变量泵1的变量机构,使泵的倾角增大,排量增大,输送到振动筛驱动马达2的排量随之增大,振动筛驱动马达2的转速加快,振动筛的振动频率达19Hz;挖掘链不工作或反向时,变量泵1的变量机构无控制压力油输入,变量泵1的轴倾角减小,输出排量减小,输送到振动筛驱动马达2的排量减小,振动筛驱动马达2的转速减慢,振动筛的振动频率下降为12Hz。

单向阀4的作用类似补油阀。当变量泵1停止供油后,振动筛驱动马达2由于惯性的作用仍在旋转,此时振动筛驱动马达2就相当于液压泵的工况,振动筛驱动马达2的回油经单向阀4,进入振动筛驱动马达2形成一闭式回路,避免了振动筛驱动马达2的吸空现象。

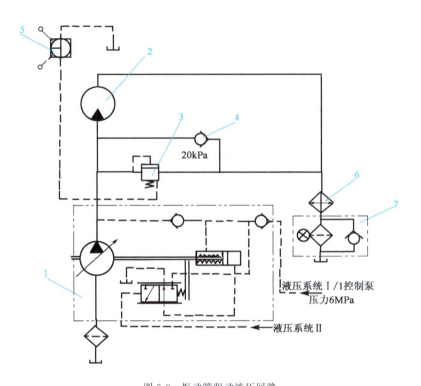

图 5-9 振动筛驱动液压回路
1-变量泵；2-振动筛驱动马达；3-先导式溢流阀；4-单向阀；5-手动三通阀；6-冷却器；7-滤油器

▶▶ 二、振动筛调平装置、道砟导向、护罩控制、后拨道装置液压系统

振动筛调平装置、道砟导向、护罩控制、后拨道装置液压系统，如图 5-10 所示。在该系统中，二位四通电磁换向阀 2 控制着系统工作与卸荷。当电磁铁 S160 得电时，液压泵 1 输出的压力油通过三位四通电磁换向阀 3、8、9、10、15 的电磁铁控制进入各液压缸。

当电磁铁 S150 得电，三位四通电磁换向阀 3 工作在左位，振动筛调平液压缸 4 动作：

进油——液压泵 1→二位四通电磁换向阀 2 左位→三位四通电磁换向阀 3 左位→振动筛调平液压缸 4 上两缸有杆腔，下两缸无杆腔。

回油——振动筛调平液压缸 4 上两缸无杆腔，下面两缸有杆腔→三位四通电磁换向阀 3 左位→二位四通电磁换向阀 2 左位→滤油器 16→油箱。

活塞杆伸出方振动筛升高；活塞杆内收方振动筛下降。操纵三位四通电磁换向阀 3，就可以调节振动筛的水平位置。

由于三位四通电磁换向阀 3、8、9 的中位机能为 O 型，液压缸 4、5、6 的锁紧通过中位机能实现。护罩控制液压缸 7 和后拨道液压缸 17 的锁紧通过液压锁 12、13 实现，后者的保压锁紧效果更可靠些。

电磁铁 S99 得电，S100 失电，三位四通电磁换向阀 15 左位，拨道液压缸 17 动作：

进油——液压泵 1→二位四通电磁换向阀 2 左位→三位四通电磁换向阀 15 左位→双单向节流阀 14 右单向阀→液压锁 13→后拨道液压缸 17 右腔。

回油——液压缸 17 左腔→液压锁 13→双单向节流阀 14 左单向阀→二位四通电磁换向阀 2 左位→滤油器 16→油箱。

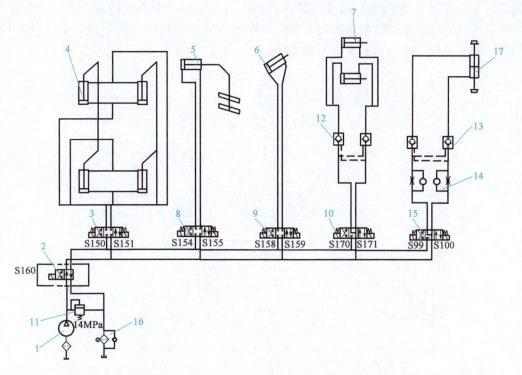

图 5-10 振动筛调平、道砟导向、护罩控制、后拨道装置液压回路

1-液压泵；2-二位四通电磁换向阀；3、8、9、10、15-三位四通电磁换向阀；4-振动筛调平液压缸；5-道砟导向板液压缸；6-道砟导流闸板液压缸；7-护罩控制液压缸；11-溢流阀；12、13-液压锁；14-双单向节流阀；16-滤油器；17-后拨道液压缸

后拨道液压缸17向左运动。电磁铁S100得电，S99失电，后拨道液压缸17向右移动。后拨道液压缸17两端均装有单向节流阀，其作用是使运动平稳，减轻冲击。

溢流阀11调定系统的压力为14MPa。滤油器16并接一单向阀、污染报警装置。滤网堵塞后，可经单向阀回油并报警。该系统为开式系统。

二位四通电磁换向阀2电磁铁S160失电，二位四通电磁换向阀2右位（图示位置），液压泵1经二位四通电磁换向阀2右位通油箱，系统卸荷。

三、道砟分配和道砟输送带摆动装置液压回路

道砟输送带摆动装置与道砟分配板液压系统，如图 5-11 所示。双联液压泵1的双泵分别向右道砟回填输送带液压缸、右侧道砟分配板液压缸及左道砟回填输送带液压缸、左侧道砟分配板液压缸输送压力油。右侧道砟分配板液压缸6与右道砟回填输送带液压缸7，通过三位四通电磁换向阀3、4串联连接。它们既可同时动作，又可分别单独工作。二位四通电磁换向阀10的作用是调节清筛机前后液压油箱的回油量。当电磁铁S161失电（图示位置）时，该液压系统各液压缸的回油一部分直接流回前液压油箱，一部分经二位四通电磁换向阀10右位流入后液压油箱；电磁铁S161得电，各液压缸的回油全部进入前液压油箱。

1. 道砟分配板控制

道砟分配液压系统左右对称，下面以一侧为例，分析其工作原理。

三位四通电磁换向阀3中位时，改变三位四通电磁换向阀4的工作位，驱动右道砟回填

输送带液压缸 7 的压力油由双联液压泵 1 提供。当三位四通电磁换向阀 3 处于工作位时（左、右位），右道砟回填输送带液压缸 7 的工作压力油为右侧道砟分配板液压缸 6 的回油。双联液压泵 1 的出口压力由溢流阀 2 调定。

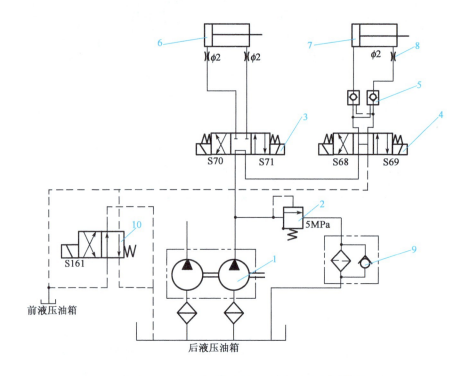

图 5-11　道砟输送带摆动装置、道砟分配板液压回路

1-双联液压泵；2-溢流阀；3、4-三位四通电磁换向阀；5-液压锁；6-右侧道砟分配板液压缸；7-右道砟回填输送带液压缸；8-节流阀；9-滤油器；10-二位四通电磁换向阀

电磁铁 S70 得电，右侧道砟分配板液压缸 6 动作：

进油——双联液压泵 1→三位四通电磁换向阀 3 左位→右侧道砟分配板液压缸 6 有杆腔。

回油——右侧道砟分配板液压缸 6 无杆腔→三位四通电磁换向阀 3 左位→三位四通电磁换向阀 4 中位→油箱。

右侧道砟分配板液压缸 6 活塞杆收回。

电磁铁 S71 得电，S70 失电，三位四通电磁换向阀 3 右位，右侧道砟分配板液压缸 6 活塞杆伸出，右侧道砟分配板打开。

电磁铁 S70、S71 均失电时，三位四通电磁换向阀 3 中位。由于其中位机能为 M 型，右侧道砟分配板液压缸 6 保压，双联液压泵 1 通过三位四通电磁换向阀 3 中位，三位四通电磁换向阀 4 中位卸荷。

通过司机室操作，使三位四通电磁换向阀 3 处于左、中、右三个位置，实现右侧道砟分配板液压缸 6 三个工作状态。

2．道砟回填输送带摆动控制

道砟回填输送带的摆动由三位四通电磁换向阀 4 控制，电磁铁 S69 得电，S68 失电，三位四通电磁换向阀 4 右位：

进油——双联液压泵 1→三位四通电磁换向阀 3 中位→三位四通电磁换向阀 4 右位→液压锁 5→右道砟回填输送带液压缸 7 无杆腔。

回油——右道砟回填输送带液压缸 7 有杆腔→节流阀 8→液压锁 5→三位四通电磁换向阀 4 右位→油箱。

右道砟回填输送带液压缸 7 活塞杆伸出,右道砟回填输送带向外摆动。

电磁铁 S68 得电,S69 失电,右道砟回填输送带液压缸 7 活塞杆内收,右道砟回填输送带向内摆动。

滤油器 9 并联有一单向阀,并装有报警装置,出现堵塞,可经单向阀回油并报警。

四、主污土输送带及左、右道砟回填输送带驱动液压回路

回转污土输送带马达、右道砟回填输送带马达,由一双联恒压—流量变量泵驱动,除回转污土输送带马达的回油经带报警装置和单向阀的滤油器外,其余均同我们下面分析的回路相似。

如图 5-12 所示,该系统采用变量泵—定量马达开式回路,双联变量泵 1 为恒压—流量变量泵。该系统的先导式溢流阀 2、3 的远程控制油口 K,通过手动三通阀 8、9 与油箱连通。输送带工作时,须将手动三通阀 8 或 9 的手柄放置工作位(EIN 位),手动三通阀 8 或 9 关阀,先导式溢流阀的控制油口 K 关闭,先导式溢流阀 2 或 3 在系统中起安全保护作用,限制系统的最高压力。将手动三通阀 8 或 9 的手柄放于位 AUS,控制油口 K 与油箱相通,系统卸荷。主污土输送带、左道砟回填输送带不工作。

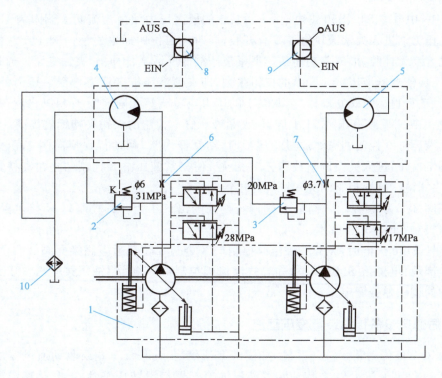

图 5-12 主污土输送带、左道砟回填输送带驱动液压回路

1-双联变量泵;2、3-先导式溢流阀;4-主污土输送带驱动马达;5-左道砟回填输送带驱动马达;6、7-节流阀;8、9-手动三通阀;10-冷却器

学习项目五　其他装置液压控制系统

▶▶ 一、起拨道、夹轨器液压回路

起拨道、夹轨器液压系统,如图 5-13 所示。该系统中三联泵 1 就是挖掘链及回转污土输送带安装调整液压系统中的动力元件。起道液压缸 17、拨道液压缸 18、19 由三联泵,通过二位四通电磁换向阀 2(图 5-8)供给工作压力油。三联泵中另两个泵提供夹轨器液压系统的工作压力油。

起拨道液压回路,可参照前面图 5-13 所示自行分析。

三联泵 1 右边的泵向夹钳调整液压缸 10、11 输送压力油,三联泵 1 中间的泵向夹紧液压缸 8、9 提供压力油。夹紧液压缸活塞伸出,左夹钳放松;活塞收回,左夹钳夹紧。二位四通电磁换向阀 4、5 控制压力油进入夹紧液压缸 8、9 的有杆腔或无杆腔,即操纵夹钳的夹紧或放松。

起拨道架上装有四组夹钳,用于夹住钢轨将轨排提起一定高度,利于挖掘作业。每股钢轨由前后两组夹钳夹住。通过钢轨接头处时,因鱼尾板的作用,其中一组夹钳张开,失去夹持作用,这时该系统设置的行程换向阀打开,压力油进入另一组夹钳的夹钳调整液压缸,该夹钳夹持钢轨再上升一定高度,失去夹持端的钢轨不致因夹钳的失效而下落,使夹钳顺利通过钢轨接头后再夹轨。

图 5-13 中电磁 S49、S50 得电时,三联泵 1 的最高压力油由溢流阀 2 调限为 10MPa,三联泵 1 的压力油进入夹紧液压缸 8、9 有杆腔,同时经二位四通电磁换向阀 4、5 左位进入夹紧液压缸 8、9 无杆腔,形成差动连接。夹紧液压缸 8、9 活塞杆伸出,夹钳夹紧。通过钢轨接头时,鱼尾板使夹紧液压缸 8 操纵的夹钳张大,即夹紧液压缸 8 活塞杆受一压力外负载,活塞内收,触动行程换向阀 6 动作,三联泵 1 的压力经溢流阀 3 限定为 16MPa,经行程换向阀 6 左位,进入夹钳调整液压缸 11 上腔,使夹紧液压缸 9 控制的夹钳夹持钢轨提高一定高度。

夹紧液压缸 9 控制的夹钳通过鱼尾板时,活塞杆内收,触动行程换向阀 7,压力油经行程换向阀 7 左位,进入夹钳调整液压缸 10 上腔,使夹紧液压缸 8 控制的夹钳夹持钢轨到一定高度,夹紧液压缸 9 控制的夹钳顺利通过钢轨接头。

溢流阀 2、3 为先导式溢流阀,分别调定两泵的出口压力。其控制口 K 接电磁换向阀,实现远程控制,如图 5-14 所示。

电磁铁 S140 失电时,先导式溢流阀控制口 K 通过二位三通电磁换向阀 2 右位接油箱,液压泵 4 卸荷;电磁铁 S140 得电,先导式溢流阀控制口 K 被堵,液压泵 4 出口压力由先导式溢流阀的调压弹簧调定。

▶▶ 二、后通风设备传动装置液压回路

后通风设备传动装置液压系统,如图 5-15 所示。三联泵 1 左泵驱动通风器的液压油冷却装置润滑液压马达 2、主传动装置液压油冷却器润滑液压马达 3、振动筛传动装置润滑驱动液压泵—液压马达组合件 4。各液压马达串联。溢流阀 5 限定系统的压力为 12MPa。

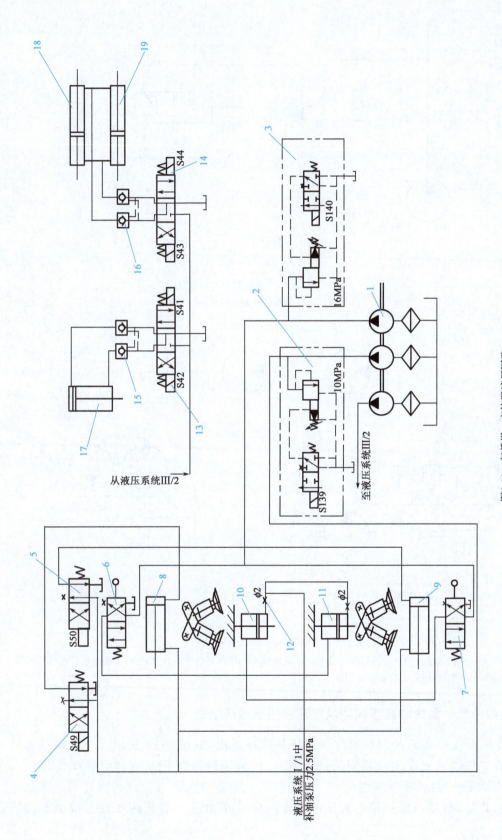

图5-13 起拨道、夹轨器液压回路

1-三联泵；2、3-溢流阀；4、5-二位四通电磁换向阀；6、7-行程换向阀；8、9-夹紧液压缸；10、11-夹钳调整液压缸；12-节流阀；13、14-三位四通电磁换向阀；15、16-液压锁；17-起道液压缸；18、19-拨道液压缸

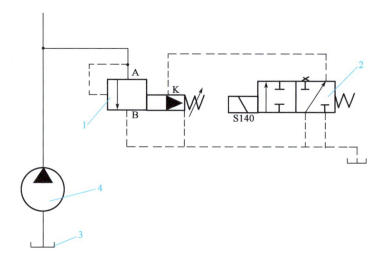

图 5-14 先导式溢流阀与电磁换向阀的卸荷回路
1-先导式溢流阀;2-二位三通电磁换向阀;3-油箱;4-液压泵

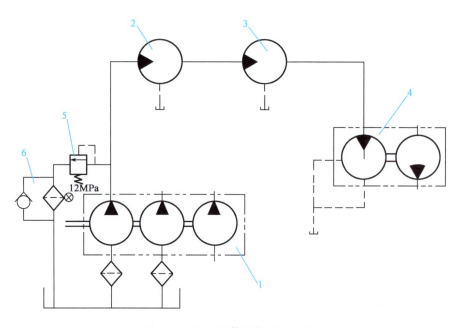

图 5-15 后通风器传动装置液压回路
1-三联泵;2-液压油冷却装置润滑液压马达;3-主传动装置液压油冷却器润滑液压马达;4-振动筛传动装置润滑驱动液压泵—液压马达组合件;5-溢流阀;6-滤油器

▶▶三、前通风设备传动装置润滑及注油液压泵液压回路

前通风设备传动装置润滑及注油液压泵液压系统,如图 5-16 所示。三联泵 5 驱动前通风器主传动装置油冷却器润滑液压马达 4,前通风器液压油冷却装置润滑液压马达 7、液压马达—注油液压泵组件 3。液压马达—注油液压泵 3 组件的液压马达带动注油液压泵旋转,把后液压油箱的液压油液注入前液压油箱。溢流阀 6 在系统中起限压作用。

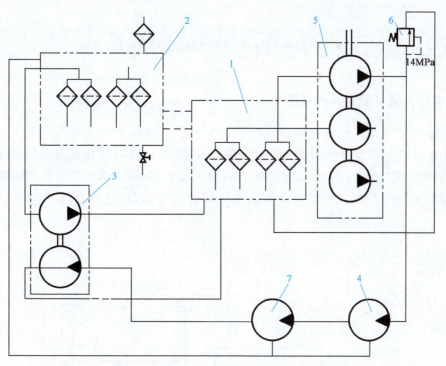

图 5-16 前通风器传动装置润滑及注油液压泵液压回路

1-前液压油箱；2-后液压油箱；3-液压马达—注油液压泵组件；4-前通风器主传动装置油冷却器润滑液压马达；5-三联泵；6-溢流阀；7-前通风器液压油冷却装置润滑液压马达

四、空气调节设备液压回路

清筛机前后司机室内均安装有空气调节设备，其液压回路基本相同。仅以前空气调节设备液压系统为例进行分析。

前空气调节设备液压系统，如图 5-17 所示。三联泵 1 最高压力为 12MPa，由溢流阀 2 调定，驱动前空气调节设备液压马达 3。该系统是一开式回路。

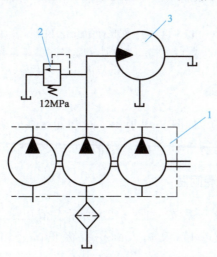

图 5-17 前空气调节设备液压回路
1-三联泵；2-溢流阀；3-液压马达

学习项目六　液压润滑系统

一、振动筛驱动装置润滑回路

振动筛驱动装置润滑液压系统，如图 5-18 所示。该系统中液压马达—液压泵组件 1 经吸油滤油器 4，从油箱 6 中吸油，经滤油器 2 后，从两路管道向振动筛减式激振器 5 的轴承输油润滑。润滑用后的油，从振动筛减式激振器 5 两端下部油管回油箱 6。油箱 6 顶部的通气孔与振动筛减式激振器 5 顶部的通气孔，通过三通接头与空气滤清器 3 相连。

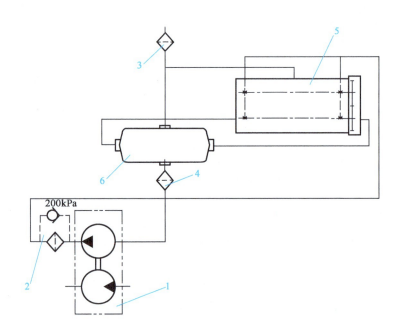

图 5-18　振动筛驱动装置润滑回路
1-液压马达—液压泵组件；2-滤油器；3-空气滤清器；4-吸油滤油器；5-振动筛减式激振器；6-油箱

二、分动齿轮箱润滑回路

分动齿轮箱润滑液压系统，如图 5-19 所示。冷却器 3 将分动齿轮箱 6 中润滑后的液压油冷却后，由三联泵 1 经单向阀 4、滤油器 2 又输入分动齿轮箱 6 中。

三、挖掘齿轮减速箱润滑回路

挖掘齿轮减速箱润滑液压系统，如图 5-20 所示。液压泵 1 经滤油器 3，从挖掘齿轮减速箱 4 中吸油，经滤油器 2 后，又输入到挖掘齿轮减速箱 4 中，润滑齿轮、轴承等部件。

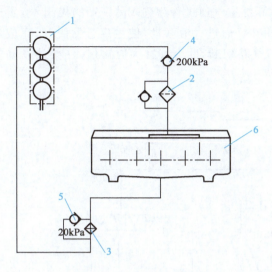
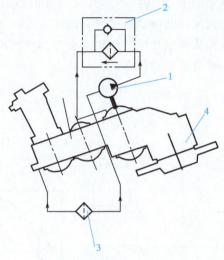

图 5-19 分动齿轮箱润滑回路
1-三联泵;2-滤油器;3-冷却器;4、5-单向阀;6-分动齿轮箱

图 5-20 挖掘齿轮减速箱润滑回路
1-液压泵;2、3-滤油器;4-挖掘齿轮减速箱

学习项目七 气 动 系 统

▶▶ 一、气动系统的组成

QS-650 型清筛机的气动系统由两部分组成:一部分是清筛机的后拨道装置和道砟清扫装置的提升气动系统;另一部分是主离合器操纵的助力气动系统。前者由转阀、道砟换清扫装置提升气缸、后拨道装置提升气缸组成;后者由助力气缸、助力气缸储气筒、梭阀以及换向阀组成,并设两套,分别控制前后主离合器。气动系统的组成,如图 5-21 所示。

▶▶ 二、气动系统工作原理

如图 5-21 所示,当转阀位于图示位置时,提升气缸 6、7 的小腔进气,后拨道装置和道砟清扫装置位于提升状态,此时对应于区间运行。为保险起见,后拨道装置和道砟清扫装置要用机械装置锁住,以防气压不足而掉下。

操纵转阀使提升气缸 6、7 的大腔进气,下放后拨道装置和道砟清扫装置达到预定位置,此时对应于清筛机的工作状态。

QS-650 型清筛机的动力装置是两台独立的风冷柴油发动机,传动装置中的主离合器是两个采用弹簧压紧、气液助力分离的常闭式离合器。在清筛机运行和工作时,助力气缸中始终保持一定的气压,保证在踩分离离合器踏板时比较轻便省力。

图示位置时,压缩空气经电磁换向阀 5、梭阀 4、节流阀 3 进入助力气缸内,压缩弹簧推动活塞伸出,通过气液联动使主离合器的分离机构处于助力状态,此时踩下主离合器踏板可较轻便地分离主离合器,并使助力气缸中的弹簧继续压缩一部分,当抬起脚踏板时,该弹簧即恢复原状,回到先前的助力状态。但在弹簧的复位过程中,由于节流阀的节流阻力作用,弹簧的复位比较缓慢,从而保证了主离合器的重新接合能够平稳进行。

操作人员还可以通过气动系统在一端司机室内完成对远端柴油发动机的起动。其作用原理如下：用脚踩下脚踏换向阀 8，接通气路，压缩空气通过管路进入另一端的梭阀 4。再进入远端柴油发动机主离合器助力气缸 2 的大腔内，通过气液联动，使主离合器脱开，完成对远端柴油发动机的起动。松开脚踏换向阀 8，气路切断，助力气缸大腔排风，使柴油发动机主离合器平稳接合。

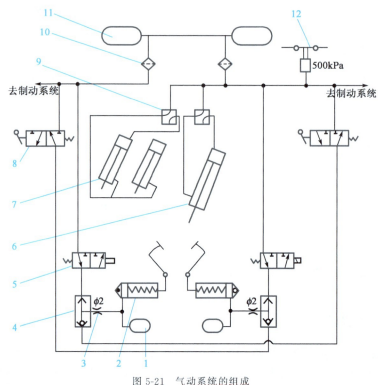

图 5-21 气动系统的组成

1-助力气缸储气筒；2-助力气缸；3-节流阀；4-梭阀；5-电磁换向阀；6-道砟清扫装置提升气缸；7-后拨道装置提升气缸；8-脚踏换向阀；9-转阀；10-过滤器；11-空压机储气筒风缸；12-气压开关

当系统气压小于或等于 500kPa 时，气压开关 12 动作，切断走行马达的动力，使清筛机停止前进，以保证安全制动。

三、转阀与梭阀

转阀与梭阀是 QS-650 型清筛机气压系统中两个主要的气动控制元件，均用于控制气流的方向。

1. 转阀

转阀的工作原理，如图 5-22 所示。它主要由阀体、阀芯等组成。液流方向的改变靠转动阀芯实现。当阀芯处于图 5-22a)所示位置时，转阀内部 P 口与 A 口相通，B 口与 O 口相通，该状态对应于清筛机的区间运行状态，即拨道装置和刮砟犁处于提升位置；阀芯转过 90°呈图 5-22b)所示位置时，P 口与 B 口相通，A 口与 O 口相通，此状态对应于清筛机的工作状态，即后拨道装置和道砟清扫装置处于下放位置。

2. 梭阀

梭阀的工作原理，如图 5-23 所示。它由阀芯阀体等组成。当 P_1 口和 P_2 口当中至少有一个口的压力高于 A 口的压力时，A 口即成为出口，至于哪个口与 A 口相通，则取决于 P_1

口与 P_2 口的压力大小,如果 P_1 口压力大于 P_2 口压力,则阀芯被推向右边,使 P_1 口与 A 口呈连通状态,P_2 口被堵死。反之,则 P_2 口与 A 口相通,P_1 被堵死;当 P_1 口和 P_2 口的压力均小于 A 口的压力时,A 口成为梭阀的进口,它与哪个口相通取决于梭阀先前所处的状态,即如果 P_1 口被堵死则 A 口与 P_2 口相通,如果 P_2 口被堵死,则 A 口与 P_1 口相通。

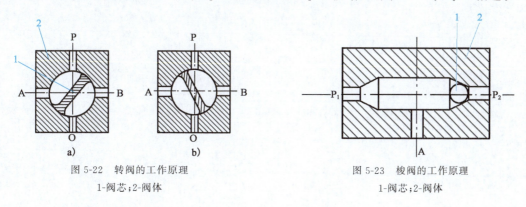

图 5-22 转阀的工作原理
1—阀芯;2—阀体

图 5-23 梭阀的工作原理
1—阀芯;2—阀体

练 习 题

1. 试述液压泵和液压马达的工作原理。液压泵和液压马达有何不同?
2. 液压缸的功用是什么?它和液压马达的功用有什么不同?
3. 试分析液压缸缸体固定或活塞杆固定时,在运动范围、运动方向、受力情况等方面有什么不同?
4. 液压系统常用的阀有哪些类型?
5. 方向控制阀有什么功用?有几种控制形式?它们的图形符号是什么?
6. 若把先导式溢流阀的远程控制口当成泄漏口接油箱,这时液压系统会产生什么问题?
7. 分析说明走行驱动液压系统中,调速回路、手动减压先导操作回路、液压制动回路和车轮防滑液压回路的工作原理。
8. 分析说明行走离合器操纵液压系统中,如何实现区间运行、工作运行与列车编组运行的?
9. 挖掘链有几种速度?它们是怎样实现的?
10. 分析书中"挖掘链驱动液压系统Ⅱ"液压马达反向旋转的原理,写出油流路线。
11. 分析书中"挖掘链导向装置液压系统Ⅲ/1"中液压阀 4 的作用。
12. 分析书中"挖掘链及回转污土输送带调整液压系统Ⅲ/2"中电磁换向阀 2 得电时油流路线。
13. 分析"道砟分配液压系统Ⅲ/4"左道砟回填输送带摆动装置液压缸、左道砟分配溜槽液压缸的工作原理,并写出油流路线。
14. 分析说明起拨道、夹轨器液压系统的工作原理。
15. 分析说明振动筛驱动液压系统的工作原理。
16. 清筛机的气动系统由哪几部分组成?各部分有什么功用?
17. 试分析后拨道装置和道砟清扫装置气动系统的工作原理。
18. 柴油发动机主离合器气动助力机构工作原理是什么?在何种工况条件下起作用?
19. 操作人员如何在一端司机室内完成对远端柴油发动机的起动?
20. 气动系统中的转阀和梭阀的功能是什么?它们的工作原理有何区别?

单元六

电 气 系 统

【知识目标】
1. 掌握 QS-650 型清筛机电气系统的组成及整车布置方案。
2. 掌握清筛机电源电路的组成及工作原理。
3. 掌握柴油发动机起动与监控电路的组成及工作原理。
4. 掌握气压制动控制电路的组成及工作原理。
5. 掌握液压作业控制电路的组成及工作原理。
6. 掌握照明及各辅助电路的组成及工作原理。

【能力目标】
1. 熟知 QS-650 型清筛机电气系统的组成,并能够对电气系统进行日常检查和定期维护。
2. 能够分析清筛机电源电路的工作原理并排除常见故障。
3. 能够分析柴油发动机起动与监控电路的工作原理并排除常见故障。
4. 能够分析气压制动控制电路的工作原理并排除常见故障。
5. 能够分析液压作业控制电路的工作原理并排除常见故障。
6. 能够分析照明及各辅助电路的工作原理并排除常见故障。

学习项目一 电气系统概述

一、电气系统框图

QS-650型清筛机全车供电方式有两种:一部分电路是由蓄电池直接供电,这一部分电路的接通,是为柴油发动机起动做准备的,在电气系统框图(图6-1)上注明为2号线;另一部分电路是由柴油发动机起动控制电路来控制的,主要是走行和作业系统的电路,在图上用5号线表示。

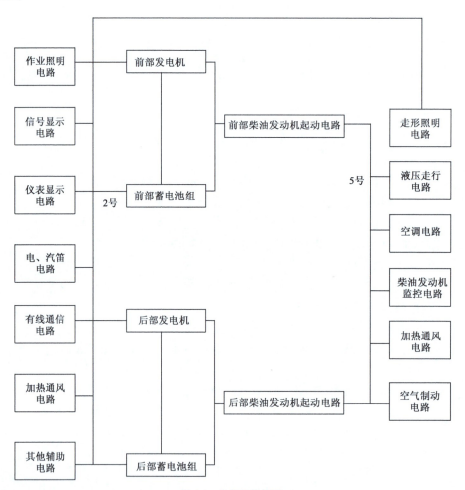

图6-1 电气系统框图

QS-650型清筛机电气系统按控制功能不同,电气系统可分为以下七个部分:
(1)电源。
(2)柴油发动机起动和运转电路。
(3)空气制动电路。
(4)作业操作控制电路。
(5)照明电路。

（6）监视、仪表显示和信号、灯光报警电路。

（7）辅助控制电路。

二、QS-650型清筛机电气元件符号介绍

QS-650型清筛机所采用的电气元件符号，与我国目前采用的电气元件图形符号新标准基本相同，如表6-1所示。

常用电气元件图形符号　　　　　表6-1

符号	名称	符号	名称
	动合触点		动断触点
	断电器线圈		插座
	时间断电器线圈		带灯开关
	蜂鸣器		熔断体
	三挡旋钮开关		限位开关
	四挡旋转开关		可调电阻
	蘑菇开关		带灯显示仪表
	三挡板钮开关		继电器线圈
	日光灯		仪表指示灯
	钥匙开关		转换开关
	警示灯		双列两挡旋钮开关

三、识图方法

QS-650型清筛机电路图的识图方法同其他铁路大型养路机械一样,可用其基本原理来分析 QS-650 型清筛机的电气原理图。

(1)电路图中各种开关和继电器的触点在图上标示的位置表示这些电气元件的原始状态。当通电(断电)或者在外力作用下,这些原始位置将发生变化,例如在图上继电器的触点处于断开(闭合)时,就是指继电器触点的原始状态为断开(闭合),通电以后,它们就闭合(断开)。油压开关在无油压或油压未达到规定值时触点断开(闭合),达到压力值后触点闭合(断开)。温度开关在温度未达到时触点断开(闭合),温度达到时触点闭合(断开)。

(2)文字符号所代表的电气元件的名称:

a——蓄电池开关;h——信号灯;b——开关;n——二极管、蓄电池;d——电磁继电器;m——电动机;e——空气开关,熔断器;u——电磁继电器组,配电开关箱;g——测量仪表;f——测速发电机,可调电阻;s——电磁阀。

(3)时间继电器的标注方法:

①电气图形符号,如图 6-2 所示。

②动作分析 2 脚正电位,10 脚 0 电位时,表示时间继电器触点保持在原始位置。2 脚、5 脚同为正电位,10 脚 0 电位时,表示时间继电器通电动作。这说明只有当 2 脚、5 脚都呈高电位时,时间继电器才动作。这一点与国产时间继电器通电、断电情况不同。

③各时间继电器动作情况:

d264、d265 时间继电器通电,触点断开;断电延时 2s,触点复位。

d279 时间继电器通电,触点闭合;断电延时 30s,触点复位。

d6、d52 时间继电器通电,触点断开;断电延时 30s,触点复位。

d8、d55 时间继电器通电,触点断开;断电

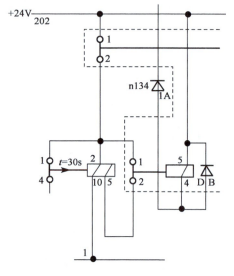

图 6-2 时间继电器接线图

延时 20s,触点复位。

d10、d56 时间继电器通电,触点断开;断电延时 4min,触点复位。

(4)要认真阅读《QS-650 型清筛机操作手册》中机械、液压动作说明,再根据电气元件通电动作的顺序,逐步弄清各电气元件的功能和控制方法。由于图中电气元件较多,建议在阅图中用这种方法来逐一标明电气元件动作状态,凡通电电气元件用"+"号,断电电气元件用"-"号,触点闭合使所连接的线路接通用"+",例如 1 号、2 号线接通,写为 1+2;触点断开使所连接的线路断开用"-",例如 1 号、2 号线断开,写为 1-2。电气元件动作一次,"+"、"-"符号变化一次。在工作实践中使用这种方法会很快提高对电气线路图的识图能力。

(5)在操作电器前,必须与机械、液压有关操作人员密切配合,在机械和液压等方面做好准备后,方可起动按钮和各种开关。不可盲目开机,以免造成设备损坏。

学习项目二 电 源

QS-650型清筛机的电气系统供电电压为直流24V,负极接在QS-650型清筛机机车架上,电路上标为接地,其电位为0V,正极为+24V电位。为了保证整车电气系统工作正常,尽量减少负极与车架上的接触电阻,因此在试车之前必须认真检查负极固定螺钉是否有松动和氧化生锈现象。柴油发动机"1"和柴油发动机"2"起动用的起动机分别由2台12V、200A·h的蓄电池串联供电。停车时,部分照明和仪表指示也由蓄电池供电。整车运行和作业时的电气系统是由柴油发动机运转后带动两台发电机供电。

前、后部电源电路完全一样,下面以后部柴油发动机"2"的电源为例说明。

一、蓄电池

蓄电池是一种将化学能转化为电能的装置,为起动电动机提供能源。在柴油发动机起动时,蓄电池必须在5~10s的延续时间内供给起动电动机200~600A的大电流,而不致有大的电压降。

蓄电池由极板、隔板、容器及电解液等部分组成。容器分为六格,每格内装有电解液,正负极板组浸入电解液中成为单格电池,每个单格电池的标称电压为2V。

二、发电机

QS-650型清筛机所用的发电机为三相硅整流发电机。最大输出电压为直流28V,最大工作电流为105A。在发动机接线盒内有三个接线端"B+"、"D+"、"W"。"B+"驱动输出端向蓄电池组充电和向用电设备提供24V直流电压;"D+"接线端,外接起动保护继电器,以及充电指示灯h1、h2、h3和其他用电设备;"W"输出端向g4、g5转速表提供转速变化直流电压信号。发电机与蓄电池共同配合工作,发电机随时向蓄电池充电,保证蓄电池电压在要求的范围内,使起动电动机能正常工作。

1.硅整流发电机的构造

硅整流发电机由三相交流发电机产生三相交流电,经硅二极管整流后输出直流电。硅整流发电机的构造如图6-3所示,它由定子总成、转子总成、驱动端盖和整流器端盖等组成。

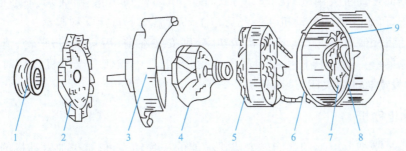

图6-3 硅整流发电机构造

1-带轮;2-风扇;3-驱动端盖;4-转子总成;5-定子总成;6-整流器端盖;7-电刷架;8-元件板;9-硅二极管

2. 硅整流发电机的工作原理

硅整流发电机的保磁力很差,在停止工作后基本上没有剩磁,因此在工作之初必须由蓄电池和充电指示灯 h1、h2、h3 提供励磁电流,这时为他励发电机;在建立起正常电压之后,励磁电流由发电机本身供给,这时为自励式发电机。当转子场线圈通入直流电之后,两个爪极的八个爪指便成为南北极相间的四对磁极,磁力线由 N 极出发穿过定子铁芯回到 S 极。当转子转动时,铁芯上线圈中的磁场大小和方向交替变化,因而电枢线圈产生出交变电动势。由于 A、B、C 三相线圈的磁场相位角相互为 120°,因此它们的电动势相位差为 120°,这样便形成三相交流电动势,如图 6-4 所示。

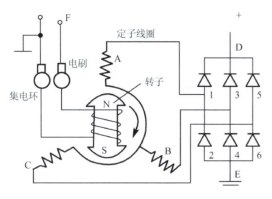

图 6-4 硅整流发电机原理图

三、充电指示灯

QS-650 型清筛机内共有 6 个充电指示灯。分别为 h1、h2、h3、h120、h121、h122。当起动开关从"0"挡顺时针转到"1"挡或"2"挡时,6 个充电指示灯会发光。这表明,蓄电池正电荷通过充电指示灯、三相发电机的 D+ 输入端、三相发电机的励磁绕组流向负极。对发电机预充磁,建立磁场,在柴油发动机起动后,带动发电机转子切割磁力线而发电,随着发电机的输出电压增加,D+ 的电位高于蓄电池正极电位,这些指示灯就会熄灭,表示发电机正向蓄电池充电和向机内各用电设备供电。一旦发电机出现故障,发电机输出电压下降到 22V 以下时,这些指示灯会发光,发电机输出电压下降的幅度越大,这些指示灯就会越亮,操作者可以根据这一现象,停机检查故障。

学习项目三　柴油发动机起动与监控电路

清筛机有两台柴油发动机分别安装在前、后司机室外侧,其控制电路基本相同。柴油发动机的起动控制是通过起动开关、继电器、起动电动机动作,带动柴油发动机曲轴转动,从而发动柴油发动机。

清筛机柴油发动机采用电动机起动方式,配有电阻丝预热塞、喷油泵、喷油电磁铁等完整的起动系统,可确保柴油发动机在 -25℃ 以上环境温度下直接顺利起动。

柴油发动机控制电路共有十个停机按钮,分别安装在前、后司机室,平台,清筛机左、右两侧各控制电器盒。20 个停机按钮串联连接,当按下其中任何一个停机按钮时,停机电磁阀失电,柴油发动机油门关闭,进入停机状态。

一、起动电动机 M

起动电动机是把蓄电池的电能转变成机械能的一种动力机,是柴油发动机的起动动力。清筛机的起动机采用低压 25V 双线制封闭式直流复励电动机,由蓄电池提供直流电源,输出功率为 4.5 kW(6PS)。

起动电动机主要由直流电动机、驱动小齿轮、啮合传动装置和超速离合装置组成。

起动电动机共有三个绕组：串励绕组、并励绕组和辅助起动绕组，如图6-5所示。

起动时，控制继电器接通并励绕组和辅助起动绕组回路，使电枢和小齿轮缓慢旋转。与此同时，控制继电器也接通了牵引电磁铁的线圈回路，吸引电磁铁将小齿轮推向齿轮圈。这样，小齿轮在向前移动时慢慢转动，柔和地和齿轮圈啮合。小齿轮进入全啮合位置，控制继电器在吸引电磁铁的配合下，接通起动电动机串励绕组，此时起动电动机获得最大电流，发出足够的转矩，带动柴油发动机曲轴转动。

柴油发动机起动后，控制继电器和吸引电磁铁均释放复位，传动轴和小齿轮回到初始静止位置，完成起动过程。

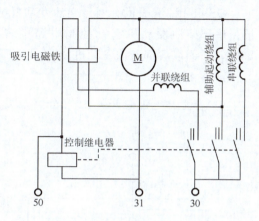

图6-5 起动电动机动作原理

起动电动机 M 外部有三个接线柱。31号接线柱接电源负极 1 号线；30号接线柱外接电源正极 200 号线，内接电磁继电器 J 的三对动合触点；50号接线柱内接电磁继电器线圈，外接继电器 d1 的动合触点。继电器 d1 线圈电压由起动保护继电器 d3 的 50f 接线端提供。这样电磁继电器 J、继电器 d1 和起动保护继电器 d3 组成保护电路，保证柴油发动机在运转期间起动电动机不能再次起动，如图6-6所示。

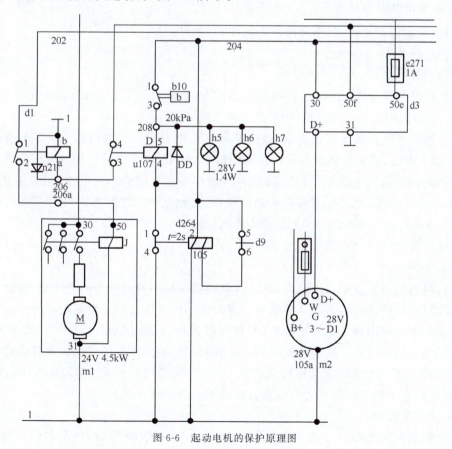

图6-6 起动电机的保护原理图

▶▶ 二、柴油发动机起动控制电路

QS-650 型清筛机有两台柴油发动机分别安装在前、后司机室外侧,其控制电路基本相同。后部柴油发动机起动控制电路中多了两个继电器 D279、V110-C 和离合器指示灯 h393。下面以后部柴油发动机"2"为例说明。

1. 准备工作

(1)合上蓄电池总开关 a1 和分路开关 e182、e250、e1、e3。

(2)将起动钥匙(E30)插入柴油发动机"2"起动开关 b1 或 b2 并置于中间 0 挡,顺时针旋转到 1 挡,204a 号、272a 号线通电,如图 6-7 所示。

在通电的一瞬间,继电器 U110-C 与时间继电器 d279 同时通电,在继电器 U110-C 的触点未断开前,时间继电器 d279 的 2、5 脚同时呈正电位,d279 先通电动作,其触点 1 和 3 闭合,指示灯 h393 发光,表示离合器未接合。继电器 U110-C 通电动作,其触点 1 和 2 断开,时间继电器 d279 因 5 脚不是正电位,而断电,在延时 30s 后其触点 1 和 3 断开,指示灯 h393 熄灭。

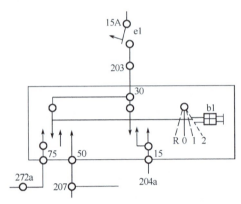

图 6-7 起动开关 b1 示意图

2. 柴油发动机起动过程中,电气元件动作过程

1)柴油发动机起动前(长期间停机后起动)

(1)合上开关 e163、e164。

(2)合上开关 e162,204 号线通电。

(3)充电红色指示灯 h1、h2、h3,补油压力红色指示灯 h9、h10、h11,主齿轮箱机油压力红色指示灯 h12、h13、h14 会发光,并听到脉冲蜂鸣声。

(4)柴油发动机在起动前无油压,油压开关 b12 触点闭合。继电器 U107-A 通电动作,其触点 1 和 2 断开,柴油发动机油压红色指示灯 h7、h8、h16 发光。在加满液压油后,油位开关 b11 的触点断开,继电器 U107-C 不动作,其触点 1 和 2 闭合。继电器 U107-B 因紧急停机开关 b3~b9、b226、b225 未被按下而通电动作,其触点 1 和 2 断开。

(5)5 号线有+24V 电压,燃油泵 m23 通电运转。

(6)继电器 d9 未动作,其触点 5 和 6 闭合,时间继电器 d264 的 2、5 脚呈正电位通电动作,触点 1、4 断开。

(7)长时间的停机使制动汽缸内无气压,柴油发动机离合器处于闭合位置。这时为了起动柴油发动机,必须用脚踏下离合器踏板。离合器踏板下面连着一个制动液压缸,当踏下离合器踏板时,液压缸内的活塞杆被推向前,液压缸内压力达到 20kPa 以上时,压力开关 b10 压合,其触点 1 和 3 闭合。黄色指示灯 h4、h5、h6 会发光,表示柴油发动机离合器已松开,可以起动柴油发动机(当柴油发动机停机时间不长时,制动汽缸内有 660kPa 气压,通过传动机构可以使离合器松开。操作者看到离合器踏板会自动缩下去)。

2)柴油发动机起动

(1)将钥匙开关 E30 从 1 挡顺时针旋转到 2 挡,通过熔断器 e271,起动保护继电器 d3

的50e脚接通电源,50f脚输出+24V直流电压。继电器d9通电。

(2)继电器d9通电后,其触点5和6断开,时间继电器d264断电,延时2s后动作,触点1和4闭合。继电器d9通电动作,其触点1和3、9和11闭合。时间继电器d8和d10由于2、5脚是正电位通电动作,其触点1和4脚断开。继电器U107-A断电其触点1和2闭合。时间继电器d6在只有2脚是正电位时不动作,其触点1和4闭合,继电器d5通电动作,其触点1和3、9和11闭合,离合器电磁铁s73通电。这时可以慢慢松开离合器踏板,柴油发动机离合器会接合,离合器下面连接的制动液压缸内活塞杠退回原位,液压缸内压力减小,压力开关b10不压合,其触点1和3断开,指示灯h4、h5、h6会熄灭。

继电器d276通电动作,其触点1和6闭合。停机电磁阀s1通电,为柴油发动机运转做好准备。

(3)继电器U107-D动作后,其触点1和3闭合,206号线通电,制动器电磁阀s4通电动作。

(4)继电器d1通电动作,其触点1和6闭合。起动机m1的电磁线圈通电,其三对触点闭合。起动机通电运转,柴油发动机被起动。

3)柴油发动机起动后

(1)一旦柴油发动机起动,将钥匙开关E30松开,钥匙开关从2挡退到1挡上,起动保护继电器d3的50e端断电,50f无电压输出。d9断电,其触点1和3、9和11断开,时间继电器d10断电延时4min后,触点1和4闭合,时间继电器d8断电延时20s后,触点1和4闭合,在机油油压和气压都达到规定要求后,机油压力开关b12触点断开,气压压力开关b16触点断开,继电器U107-A仍然保持断电状态,不动作。

(2)因起动保护调节器d3的50f接线端无电压输出,继电器d1断电,触点1和6断开,起动机电磁线圈断电,起动机停止运转,整个柴油发动机起动过程结束。

当柴油发动机转速达到1400r/min后,柴油发动机油压指示灯h7、h8、h16,补油压力指示灯h9、h10、h11,主齿轮箱压力指示灯h12、h13、h14,充电指示灯h1、h2、h3都会熄灭。

4)柴油发动机起动保护电路

起动机是属于短时间工作的电动机,长时间带电运转会将起动机线圈烧毁,因此在QS-650型清筛机的电气系统中采取了几种保护电路。

(1)起动钥匙开关E30在起动中是顶压着弹簧从1挡旋转到2挡,当柴油发动机起动后,松开钥匙,靠弹簧的反作用力,钥匙开关从2挡退到1挡,使207号线断电。起动保护继电器d3的接线端50f无电压输出,继电器d1断电,使起动机脱离电源。

(2)当柴油发动机离合器电磁阀s73通电动作后,松开离合器踏板,压力开关b10断开,切断继电器U107-D的通电回路。

(3)在继电器d1断电的同时,d9断电,触点5和6闭合。时间继电器d264的触点2和5呈正电位,d264动作,延时2s后,触点1和4断开,同样可以使U107-D断电,起动机也可以脱离电源(在上述两种保护措施失效时)。

(4)当起动钥匙开关从1挡转到2挡时,通过熔断器e271,d3的50e、50f接线端为+24V。D+接线端因发电机m2未发电,其电位为0,当发电机m2发电后,D+接线端电位上升到+24V后,d3内部继电器动作,使50f电位降到0,这时即使继电器U107-D的触点不断开,继电器d1线圈无电压,不会动作,其触点不闭合。电磁继电器J也不会通电,因此,起动机m1不会再次起动。

3.柴油发动机运转控制电路

柴油发动机起动后转入运转,电器的主要任务是保证柴油发动机正常工作,并为紧急情况下制动做准备,这些电器工作情况如下:

(1)起动钥匙始终保持在1挡位置。
(2)三相发电机 m2 一直在运转发电。
(3)制动电磁阀 s4 断电,操作者可以通过机械装置进行制动。
(4)燃油泵 m23 通电运转。
(5)电动机离合器电磁阀 s73 通电,操作者可以通过离合器操纵杆进行变速操作。
(6)停机电磁阀 s1 通电,当有故障时,随时可以停机。
(7)各种红色信号灯不点亮。

4.柴油发动机运转监测装置

为了使操作者对柴油发动机运转中的情况随时观察,便于及时发现故障,进行处理和停机,除了在机械、液压、气动各方面做考虑安排外,在电气方面也采用了一些监测和保护电路。

1)调速器 U3 的工作过程

U3 是专门为调整柴油发动机速度而设置的。柴油发动机在起动后要求在低速下进行热转,使润滑油能输入到柴油发动机各个转动环节中去。一般转速控制在 1400～1500 r/min,时间在 10～15min,然后逐步将柴油发动机速度调到 2300r/min。QS-650 型清筛机使用调速开关 U3 来满足这一要求,如图 6-8 所示。

U3 的 1、2 接线端接负极;7、8 接线端接正极,3、4 和 5、6 接线端接转速调整直流电动机,这台 m12 电动机与油门调节杆连接在一起。电动机的正、反转可以使油门开大或关小,控制进油量的大小,从而达到控制柴油发动机转速的目的。9 接线端接行程开关 b490、选择开关 b17 和 b18、10 接线端接行程开关 b489、选择开关 b17 和 b18。

b17 和 b18 这两个开关的作用完全一样,分别安装在前、后司机室内,操作者可以在两个司机室内分别进行操作。以 b17 为例来说,当开关置于中位挡时,转速调整电动机保持原来已选定的转速位置上;开关 b17 打向左侧时,右边触点 3 和 4 闭合,左边的触点 3 和 4 断开(按视图方向),272 号和 217 号线接通 U3 的 9 接线端为+24V,转速调整电动机按逆时针方向旋转,油门开大,进油量加大,柴油发动机转速增加;当开关 b17 打向右侧时,左边的触点 3 和 4 闭合,右边的触点 3 和 4 断开,272 号线和

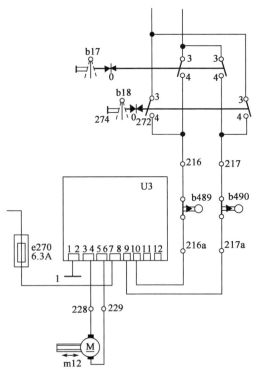

图 6-8 U3 的调速线路图

216 号线接通,U3 的 10 接线端为+24V。转速调整电动机按顺时针方向旋转,油门关小进油量减少,柴油发动机转速减小。行程开关 b489、b490 为转速调整电动机正、反转限位开

关,防止调速电动机旋转过度而损坏油门连接杆。

2)速度监控装置

清筛机上有四台转速表 g4、g5、g12、g13,分别安装在前、后司机室内,用以显示柴油发动机转速值。仪表最大显示值为 3000r/min,仪表工作电压为 24V。三相发电机将速度变化为直流电压信号,通过"w"输出端输入到转速计内。操作者可以根据转速值来选择合适的转速。

柴油发动机上有各种机械稳速装置,在选择一种转速后,柴油发动机转速能稳定在某一数值。这样就可以使三相发电机有一个稳定的输出电压,保证蓄电池和机内各用电设备不会因过电压而烧毁。

3)显示装置

(1)电流表 g6 为双向数字式直流电流表,0 位在是中间位置,最大指示范围为±120A。起动时,指针偏向"-"方,显示起动机电流的大小;发电机发电向蓄电池充电时,指针偏向"+"方,显示充电电流的大小;指针在 0 位时表示充电已结束,由发电机向全车供电。

(2)缸盖温度测量装置由缸盖温度表 g7 和缸盖温度传感器组成。缸盖温度传感器一般安装在第二汽缸的缸盖上,通过导线与温度表连接。绿区指示的是缸盖正常温度,一般为 30~170℃,红区指示的危险高温区为 170~200℃。

(3)柴油发动机机油压力测量装置由机油压力表 g8 和机油压力传感器组成。机油压力传感器安装在柴油发动机左侧主油道管路上,它有 6.3mm×0.8mm 和 4.8mm×0.8mm 两个扁插片,通过导线与机油压力表连接。机油压力表指示范围为 0~1MPa。工作电压为 24V。

4)有故障自动停机时,电气动作过程

(1)液压油油面低于规定时:液压油油面由油位开关 b11 控制,油面达到规定高度时,b11 触点断开,油面太低时,b11 触点闭合,218a 号线和 1 号线接通。继电器 U107-C 通电,其触点 1 和 2 断开,继电器 U107-B 断电,其触点 1 和 2 闭合。时间继电器 d6 由于 2、5 脚都呈正电位,通电动作,其触点 1 和 4 断开,继电器 d5 断电,其触点 1 和 3、9 和 11 断开,柴油发动机离合器电磁阀 s73 和停车电磁阀 s1 断电,切断供油油路,柴油发动机停机。因时间继电器 d6 在断电后,要延时 30s,触点 1 和 4 才能闭合,因此重新起动柴油发动机也需要 30s 以后。

(2)机油油压低于规定值时:压力开关 b12 在油压小于 200kPa 时,b12 的触点闭合。因柴油发动机起动后时间继电器 d8 断电,1 和 4 触点已回到原始位置,使继电器 U107-A 通电动作,其触点 1 和 2 断开,继电器 d5 断电,触点 1 和 3、9 和 11 断开,柴油发动机离合器电磁阀 s73 和停机电磁阀 s1 断电,停机。

(3)总风缸压力低于规定值时:压力开关 b16 在气压小于 500kPa 时触点闭合。因在柴油发动机起动后时间继电器 d10、d8 断电,触点均已回到原始位置,使继电器 U107-A 通电动作,同上述过程一样停机。

压力开关 b12、b16 触点闭合时,红色指示灯 h7、h8、h16 会发光,提示操作者在气压、油压回路中有故障。

5)灯光显示故障情况

(1)当补油压力小于 1MPa 时,压力开关 b13 触点闭合,红色指示灯 h9、h10、h11 发光,蜂鸣器发出响声。

(2)当液压油油温超过 82℃、柴油发动机油温或主齿轮箱油温超过标准值时,温度开关 b15、b14、b35 的触点会闭合,闪光器 d12 通电动作,红色指示灯 h12、h13、h14 会闪亮,蜂鸣器发出响声。

（3）空气滤清器滤芯脏污需要更换时，传感开关 b22、b23 的触点会闭合，红色指示灯 h82、h83 会发光。

（4）油压开关 b39 和 b125 分别设置在前、后主变速齿轮润滑油箱上。当润滑油压力不正常，小于 60kPa 后，触点闭合，红色指示灯 h93、h94、h95、h134、h135、h136 发光。

（5）润滑油滤清器开关 b453、b464 安装在前、后主齿轮润滑油箱内。当滤清器滤芯被脏物堵塞时，润滑油压力减少，开关动作，红色信号灯 h362、h378 发光，同时滤清器内的指示灯也会发光。

（6）补油滤清器开关 h373、h372 安装在前、后补油油箱上。当补油滤清器滤芯被脏物堵塞时，补油压力降低，开关动作，其触点 1 和 2 闭合，红色指示灯 h80、h137 会发光。

（7）回油滤清器开关 b370、b371、b375、b374 分别安装在前、后补油回油箱和液压回油箱内。当滤清器滤芯被脏物堵塞时，上述开关动作，红色指示灯 h81、h138、h276、h275 会发光。滤清器开关 b85 安装在后部液压油箱上，当滤清器滤芯被脏物堵塞时，开关动作，红色指示灯 b79 会发光。

6）手动停机时，电路动作过程

在需要手动停机时，按下紧急停车开关 b3～b9、b156、b226、b225 中的任何一个，继电器 U107-B、U110-C 同时断电。

U107-B 的触点 1 和 2 闭合，时间继电器 d6 通电动作，使柴油发动机停机。

U110-C 的触点 1 和 2 断开，时间继电器 d279 的 2 和 5 脚呈正电位通电动作，黄色信号灯 h393 发光。

5. 冬季起动辅助电路

柴油发动机在寒冷低温条件起动显得很困难，为了改善柴油发动机的起动性能，常常装设一些辅助装置，以改善起动条件，使起动可靠和轻便。冬季起动辅助装置的作用是使柴油发动机在低的温度下也能够顺利起动，它主要由火焰加热塞、加热电阻、喷油电磁铁等组成。

1）火焰加热塞 r41、r42

火焰加热塞安装在风冷柴油发动机进气管上。它的作用是点燃经由它的进油口喷入柴油发动机进气管内的燃油混合气体，在起动柴油发动机之前预热柴油发动机和在起动时加热进气空气，使柴油发动机在冬季能顺利地起动。

2）加热电阻 r43

加热电阻丝的作用是根据低温程度不同，显示出火焰加热塞不同的预热时间。加热电阻丝内有一双金属片活动触点，在加热电阻丝通电加热一定时间后，动触点与静触点接触，开关 b348 所带指示

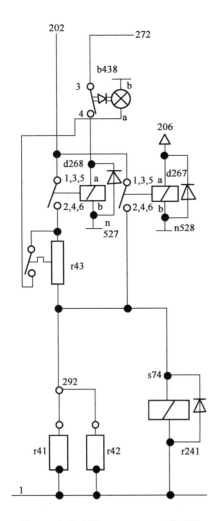

图 6-9 加热电阻 r41、r42、r43 工作原理

灯会发光,显示加热过程已完成,如图6-9所示。

3)喷油电磁阀s74

喷油电磁阀的作用是在冬季起动柴油发动机时,电磁阀通电开启,燃油经由电磁阀进入火焰加热塞进油口。冬季起动辅助电路动作过程如下:

合上自动开关e174、e176,按下开关b438或b439,停留15～20s,290号线通电继电器d266通电动作,其触点1、3、5和2、4、6闭合,火焰加热塞r41、r42和加热电阻丝r43通电发热。松开开关b438或b439,继电器d266断电,停止预热。当柴油发动机起动时,206号线通电,继电器d267通电动作,其触点1、3、5和2、4、6闭合,喷油电磁阀s74通电,阀门打开,火焰加热塞r41、r42再次通电加热。起动结束后,206号线断电,继电器d267断电,电磁阀s74和火焰加热塞r41、r42断电,阀门关闭,柴油不能进入火焰加热塞,如图6-9所示。

学习项目四　气压制动控制电路

QS-650型清筛机有独立的动力系统,控制电路分为向前走行、向后走行和作业走行三部分,走行速度由液压压力进行调节。液压走行控制电路包含在气压制动电路之中,下面以介绍气压制动电路为主,在涉及液压走行控制电路时一并介绍。

▶▶ 一、空气制动电路

QS-650型清筛机采用气压制动。当柴油发动机起动后,空气压缩机开始运转,由压力调节器调节空气压力的大小,主风缸中最大工作压力为740kPa,最小工作压力为660kPa,列车管中的工作压力为500kPa。制动缸中的压力在制动时可达到420kPa和350kPa。制动缓解后,制动缸的压力降为0kPa。

另外,在QS-650型清筛机的整体设计中,还考虑到,在气压制动缸内压力超过150kPa时,液压驱动系统会进入卸荷状态;在气制动缓解后,制动缸内的气压降为0kPa,这时,液压驱动会自动接通。

1. 气压开关b19

气压开关b19接在ST号和116号线路中,有动断触点1和2、动合触点1和3。在气压低于60kPa时,触点1和2闭合,这个气压值是指制动缸内的压力。当实施气压制动时,制动缸内静压力会超过60kPa。而当缓解制动时,制动缸压力会降到0kPa。下面分析气压开关b19这条线路中各个电气元件动作情况(图6-10)。

1)未施气压制动

未施气压制动时,气压制动缸内压力为0kPa,气压开关b19不动作,其触点1和2闭合。四个车轴齿轮箱油压力达到1.2MPa以上时,四个压力开关b20、b21、b128、b129都动作,其触点全部闭合。

继电器U111-A和U111-D的电源进线分别接在401号和201号线,这两条线由三相发电机m2、m8的"D+"接线端供给正电压。在发电机工作后,继电器U111-A和U111-D通电动作,其两对触点1和2断开。当某一车轴齿轮箱油压出现故障后,这两个继电器可以延时一段时间使机车运行一段距离。电气动作过程如下:116号线到105号线由压力开关b128、b129、b21、b20的触点闭合而接通。当某个车轴齿轮箱油压小于1.2MPa时,这个车

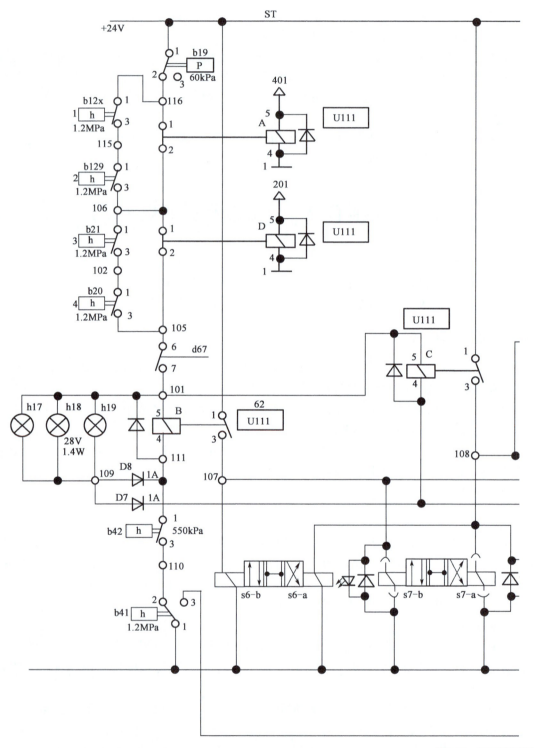

图6-10 气压制动和液

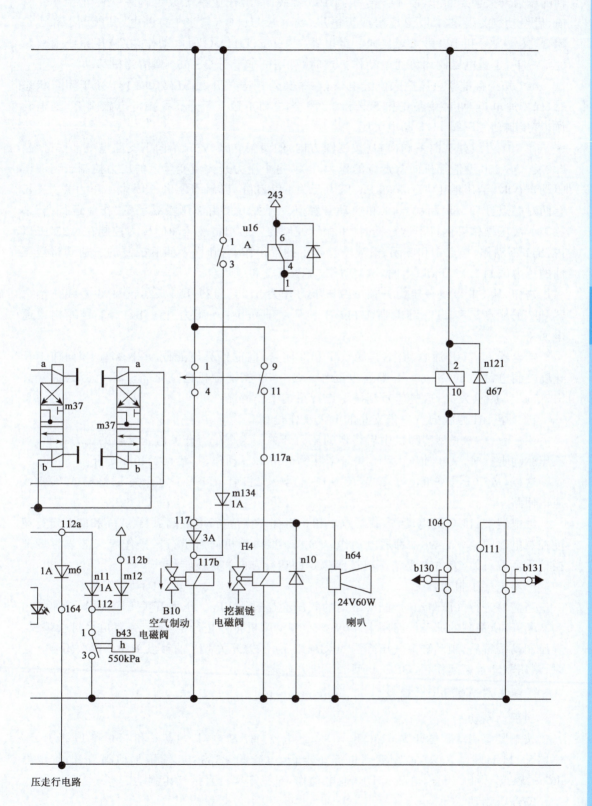

压走行电路

轴的压力开关触点断开，使116号线到105号线断开，作业系统或走行系统停止工作。将前、后发动机关闭，401号、201号线无电压，继电器U111-A、U111-D断电，其触点1和2都闭合，使116号和105号重新接通。继电器U111-B、U111-C通电动作，在液压系统无故障的情况下，走行电磁阀均可通电动作。这时，可用机车牵引QS-650型清筛机移动。

d67是挖掘链紧急停挖限位继电器，在紧急停挖限位开关b130和b131处于闭合状态时，保持通电，其两对触点6和7、9和11闭合，1和4触点断开。挖掘链电磁阀B6通电动作，直接制动气压阀117b断电关闭。

在101号线处有向下和向右（按视图方向）的两条支路，先介绍向下支路电气动作过程。b42是QS-650型清筛机向前走行的压力开关，这个压力开关由变量泵的压力控制。当液压驱动走行时，液压油压大于550kPa，压力开关b42动作，其触点1和3闭合。压力开关b41有两对触点：1和2动断触点，1和3动合触点。开关b41由液压操纵手柄"作业运行挡"来控制。液压操作手柄置于运行挡时，手柄所控制的三通阀将液压油的压力控制在1.2MPa以内，b41不动作，触点1和2闭合；液压操作手柄置于作业挡时，手柄所控制的三通阀将液压油的压力调到1.2MPa以上时，b41动作，其触点1和3闭合。

这样，从ST号线→压力开关b19→压力开关b128、b129、b21、b20、→105号线→继电器d67的触点9和11→继电器U111-B→压力开关b42→压力开关b41→1号线构成通电回路。

继电器U111-B通电动作，其触点1和3闭合，向前走行电磁阀s6-b、s7-b和向前走行速度控制电磁阀s97-b、s98-b都通电动作。QS-650型清筛机向前走行。绿色旁路信号灯h17、h18、h19会发光，这些信号灯显示走行系统工作情况。

再介绍101号线向右一条支路的电气动作过程。

b43是QS-650型清筛机中后行走的压力开关。这个压力开关由变量泵的压力控制，当液压驱动走行时，液压油压大于550kPa，压力开关b43动作，其触点1和3闭合。

这样，从101号→继电器U111-C→112a号→二极管n11→压力开关b43→1号线构成通电回路。

继电器U111-C通电动作，其触点1和3闭合，向后走行电磁阀s6-a、s7-a和向后走行速度控制电磁阀s97-a、s98-a都通电动作，QS-650型清筛机向后走行。操作者只要操纵调速换挡手柄便可使QS-650型清筛机按照选定的运行方向和速度走行。

2）实施气压制动后

当需要进行气压制动时，制动缸内的气压会超过60kPa。压力开关b19动作，其触点1和2断开，所控制的那条线路断电。QS-650型清筛机将停止行走，绿色旁路信号灯会熄灭。气压制动缓解后，制动缸内气压降为60kPa以下，压力开关b19的触点1和2再次闭合。这时，液压驱动重新起作用，QS-650型清筛机开始运行。

2. 气压制动电气动作过程

1）手动制动

按下紧急制动限位开关b130和b131，继电器d67断电，其触点6和7、9和11断开；继电器U111-B断电，QS-650型清筛机停止走行，电磁阀B6断电，气压制动阀打开；继电器d67的触点1和4闭合，电磁阀B10通电动作，对机车实行直接气压制动。

2）停机制动

当按下停机按钮b3～b9、b156、b225、b226中的任何一个，继电器U107-B和继电器

U110-C 同时断电。U107-B 的触点 1 和 2 闭合,时间继电器 d6 的 2、5 脚是正电位通电动作,其触点 1 和 4 断开,继电器 d5 断电。马达离合器 s73 和停机阀 s1 断电,柴油发动机停止运转。U110-C 断电后,其触点 1 和 2 闭合,时间继电器 d279 的 2、5 脚呈正电位通电动作,其触点 1 和 3 闭合,信号灯 h393 发光。继电器 U108-A 也同时通电,其触点 1 和 3 闭合。制动电磁阀 B10 通电动作,对机车实施间接制动。

二、气压制动显示电路

在实施气压制动时,除了开关继电器和电磁阀动作外,还必须通过灯光将有关动作显示给操作者和机车周围的人员,使他们能明白机车的工作状况。

1. 制动信号电路

红色制动信号灯 h158、h159、h160、h161 的安装位置:

h158——安装在车尾、左标记灯 h25 中。

h159——安装在车尾、右标记灯 h26 中。

h160——安装在车头、左标记灯 h23 中。

h161——安装在车头、右标记灯 h24 中。

其控制电路由继电器 d302、d303 和气压开关 b219、油压开关 b682 组成。

气压开关 b219,在实施气压制动中,制动缸内的气压大于 60kPa 时动作,其触点 1 和 3 闭合。

油压开关 b682 由变量泵控制,油压超过 550kPa 后,其触点 1 和 3 闭合。

继电器 d302 和 d303 组成电气互锁电路,分为向前走行和向后走行两个动作过程,如图 6-10 所示。

2. 向前走行制动信号电气动作过程

将调速换挡手柄置于机车向前走行挡时,向前走行压力开关 b42 在正常工作油压下(550kPa 以上)触点 1 和 3 闭合。电磁阀 s6-b、s7-b、s97-b、s98-b 都通电动作,机车向前走行。

油压开关 b682 动作,触点 1 和 3 闭合,继电器 d302 通电动作,其触点 1 和 3、9 和 11 闭合,5 和 6 断开,因继电器 d303 未动作,其触点 5 和 6 闭合。继电器 d302 有两条通电回路:一条是 390 号线→d302 线圈→b682 触点 1 和 3→1;另一条是 390 号线→d302 线圈→d302 触点 1 和 3→d303 触点 5 和 6→1。在气压制动后,制动缸内的气压超过 60kPa 后,压力开关 b219 的触点 1 和 3 闭合,设在车尾部的信号灯 h158、h159 发光。气压制动时,液压驱动自动停止工作,变量泵的电磁阀断电,使液压压力减小,在小于 550kPa 后,压力开关 b682 断开,继电器 d302 由上述第二条回路保持通电。气压制动缓解后,制动缸压力下降到 60kPa 后,压力开关 b219 的触点断开,h158、h159 停止发光,表示制动过程结束。气压制动显示电路,如图 6-11 所示。

3. 后退走行制动信号电气动作过程

当调速换挡手柄置于机车向后走行挡时,压力开关 b43 在油压正常时(550kPa 以上),触点 1 和 3 闭合,使后退走行电磁阀 s6-a、s7-a、s97-a、s98-a 都通电动作。继电器 d303 通电动作,其触点 1 和 3、9 和 11 闭合,触点 5 和 6 断开,继电器 d302 因继电器 d303 的 5 和 6 触点断开失去通电回路而断电(压力开关 b682 接在向前走行油路中,在后退走行时不动作),其触点 5 和 6 闭合,构成继电器 d303 的两条通电回路:一条是 390 号线→d303 线圈→n12→b43 触点 1 和 3→另一条是 390 号线→d303 线圈→d303 触点 1 和 3→d302 触点 1 和 3→1。

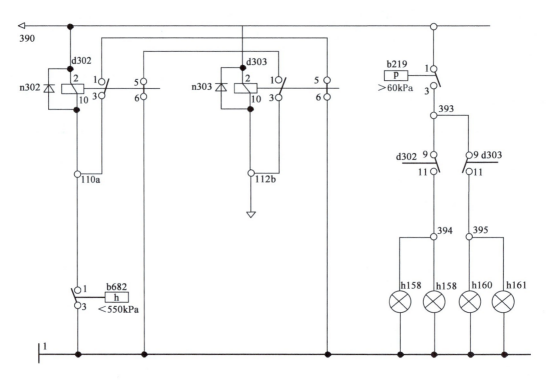

图 6-11 气压制动显示电路

装在车头部分红色信号灯 h160、h161 因 d303 触点闭合和压力开关 b219 在实施气压制动时,触点 1 和 3 闭合而发光。气压制动时,液压驱动自动转到"卸荷"状态。压力开关 b43 因油压减小到 500kPa 以下,其触点 1 和 3 断开,液压走行电磁阀均断电,不动作,机车停止走行。气压制动缓解后,气压降为 0,信号灯 h160、h161 因压力开关 b219 触点断开而熄灭。继电器 d303 由第二条回路保持通电。

由上述可知,清筛机向前走行,在气压制动后,继电器 d302 通电动作,而在向后走行时,在气压制动后,断电器 d303 通电动作,继电器 d302、d303 一旦通电动作,通过自锁点保持通电状态,只有在换向走行时,才会断电。

▶▶ 三、作业走行电气动作过程

QS-650 型清筛机的挖掘链位于前面,在作业时,操作人员位于中部的作业司机室内。机械的走行方向是向后走行的,电路是根据这一要求设计的。将作业运行挡手柄置于作业挡,在作业时,油压高于 1.2MPa,压力开关 b41 的触点 1 和 2 断开,1 和 3 闭合,使控制向前走行继电器 U111-B 所在线路断电。保证在作业时,QS-650 型清筛机不会向前走行,如图 6-10 所示。

作业时,走行液压压力使向后走行压力开关 b43 动作,其触点 1 和 3 闭合。继电器 U111-C 通电动作,其触点 1 和 3 闭合。后退走行电磁阀 s6-a、s7-a 和后退走行调速电磁阀 s97-a、s98-a 均通电动作,通电回路为:ST→b19→b128→b129→b21→b20→d67 的触点→101→U111-C 线圈→112a→n11→b43→1。

        ↳ n6→b41 →1

旁路指示灯 h17,h18、h19 通电发光,其通电回路为:ST→b19→b128→b129→b21→b20→d67 的触点→h17、h18、h19→n7→112a→n11→b43→1。
　　　　　　　　　　　　　　　　└─→ n6→b41→1

操作者可以手动调节作业运行速度。

学习项目五　液压作业控制电路

液压作业控制电路由起拨道装置电路、起道夹钳装置电路、道砟回填装置电路、回转污土输送带装置电路、振动筛装置电路、辅助装置电路组成,共有 36 个电磁阀,其编号和作用明细表如下:

(1)s41 前部起道下降调整电磁阀。
(2)s42 前部起道提升调整电磁阀。
(3)s43 前部拨道向左调整电磁阀。
(4)s44 前部拨道向右调整电磁阀。
(5)s49 左前起道夹钳夹紧调整电磁阀。
(6)s50 左后起道夹钳夹紧调整电磁阀。
(7)s51 右前起道夹钳夹紧调整电磁阀。
(8)s52 右后起道夹钳夹紧调整电磁阀。
(9)s64 左道砟回填输送带往内调整电磁阀。
(10)s65 左道砟回填输送带往外调整电磁阀。
(11)s66 左侧道砟分配板向前调整电磁阀。
(12)s67 左侧道砟分配板向后调整电磁阀。
(13)s68 右道砟回填输送带往内调整电磁阀。
(14)s69 右道砟回填输送带往外调整电磁阀。
(15)s70 右侧道砟分配板向前调整电磁阀。
(16)s71 右侧道砟分配板向后调整电磁阀。
(17)s99 后拨道向左侧调整电磁阀。
(18)s100 后拨道向右侧调整电磁阀。
(19)s124 变量泵控制电磁阀。
(20)s139 起道夹钳夹持控制电磁阀。
(21)s140 起道夹钳调整液压缸压力控制电磁阀。
(22)s161 回油分配控制电磁阀。
(23)s141 回转污土输送带提升调整电磁阀。
(24)s142 回转污土输送带下降调整电磁阀。
(25)s143 回转污土输送带控制电磁阀。
(26)s144 回转污土输送带左旋调整电磁阀。
(27)s145 回转污土输送带右旋调整电磁阀。
(28)s150 振动筛水平向上调整电磁阀。

(29)s151 振动筛水平向下调整电磁阀。

(30)s154 振动筛道砟导向板左旋调整电磁阀。

(31)s155 振动筛道砟导向板右旋调整电磁阀。

(32)s158 道砟导流闸板打开调整电磁阀。

(33)s159 道砟导流闸板关闭调整电磁阀。

(34)s160 道砟控制电磁阀。

(35)s170 道砟护罩升控制电磁阀。

(36)s171 右侧道砟护罩降控制电磁阀。

以上电磁阀分为在液压阀安装一个电磁铁和安装两个电磁铁两种类型。装一个电磁铁的液压阀通电后,电磁铁将阀杆推向前,断电后靠阀内弹簧使阀杆复位,如电磁阀s49。装两个电磁铁的液压阀,左边电磁铁通电,右边电磁铁必须断电,这样阀杆才能向右移动;左边电磁铁断电后,阀杆仍留在右边;只有当右边电磁铁通电后,阀杆才能移到左边,如电磁阀s64。在液压系统中,所有电磁阀都并接发光二极管,显示电磁阀动作情况,便于维修。

继电器 d286 是液压作业系统的总开关。作业运行挡手柄置于作业挡,液压压力高于1.2MPa,压力开关 b41 的触点 1 和 3 闭合。继电器 d286 通电闭合,其触点 4 和 7、5 和 8、6 和 9 闭合,接通液压作业系统的电源。

▶▶ 一、起拨道装置电路

起拨道装置电路由前起道、后拨道电磁阀和开关组成。

1. 前起道电磁阀动作过程

前起道调整液压缸的作用是将钢轨提升并做上下左右调整。调整控制由两个三位四通电磁阀 s41、s42 和 s43、s44 来完成。开关 b567、b568、b569/578 是三挡位双列开关,分别安装在开关箱 U74、U75、U145、U146 中,其控制过程完全一样。下面以开关 b578 为例说明动作过程。

如图 6-12 所示,当开关 b578 置于中间 0 挡时,电磁阀 s41、s42、s43、s44 均不动作。

当开关 b578 置于左边"←、↓"挡(按视图方向)其右中间位的两对触点 3 和 4(在 166 号线和 167 号线上)闭合,电磁阀 s41、s43 通电动作,通过二极管 n442、n443,电磁阀 s143 通电动作,使起拨道装置向左和向下调整钢轨。s143 是安装在液压油路上的控制电磁阀。

当开关 b578 置于右边"→、↑"挡时,其两侧边的两对触点 3 和 4(在 165 号线和 168 号线上)闭合,而右中间位的两对触点 3 和 4 断开,电磁阀 s42、s44 通电动作,通过二极管 n441、n444,电磁阀 s143 通电动作,电磁阀 s41、s43 断电,这样起拨道装置向右向上调整钢轨。

2. 后拨道电磁阀动作过程

后拨道液压缸的作用是对提升起的钢轨进行左、右方向的调整,调整控制由三位四通电磁阀 s99、s100 来完成,其动作过程如图 6-13 所示。

开关 b515、b516 是三挡扳钮开关,当开关 b515、b516 置于中间 0 挡位时,电磁阀 s99 和 s100 均不通电。

当置于左边"←"挡(按视图方向),左边的触点 3 和 4 断开,右边的触点 3 和 4 闭合,电磁阀 s100 通电动作,通过二极管 n532,电磁阀 s160 通电动作,s160 是接在液压油路上的控制电磁阀。这时,后起拨道装置将钢轨向左调整。

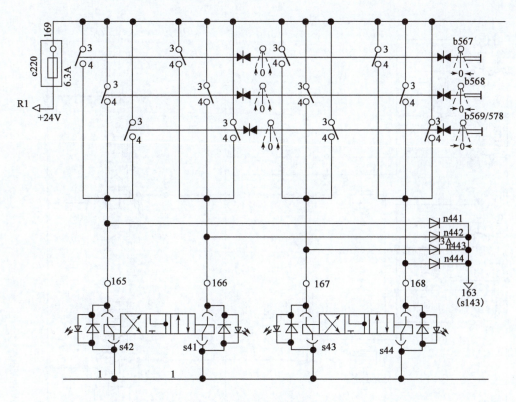

图 6-12 前起道控制电路图

当置于右边"→"挡时,左边的触点 3 和 4 闭合,右边的触点 3 和 4 断开,电磁阀 s100 断电,s99 通电动作。通过二极管 n531,电磁阀 s160 通电动作,使后拨道装置将钢轨向右调整。

▶▶二、起道夹钳装置电路

起道夹钳装置电路由前部左、右侧和后部左、右侧起道夹钳夹紧、松开、调整电磁阀和开关组成。

1. 起道夹钳夹紧、松开电磁阀动作过程

起道夹钳夹紧、松开液压缸的作用是夹紧、松开钢轨,调整控制由电磁阀 s49、s50、s51、s52 来完成。

继电器 U115-Re1、U115-Re2、U115-Re3、U115-Re4 是一种特殊动作的继电器,动作过程为:第一次继电器通电动作,触点闭合,断电后,触点仍闭合;第二次通电,继电器动作,触点断开,断电后,触点仍断开。继电器 U115-Re1 由

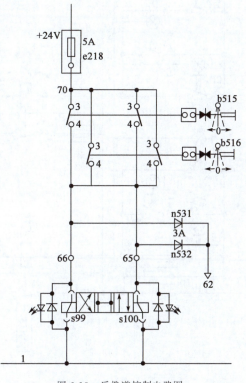

图 6-13 后拨道控制电路图

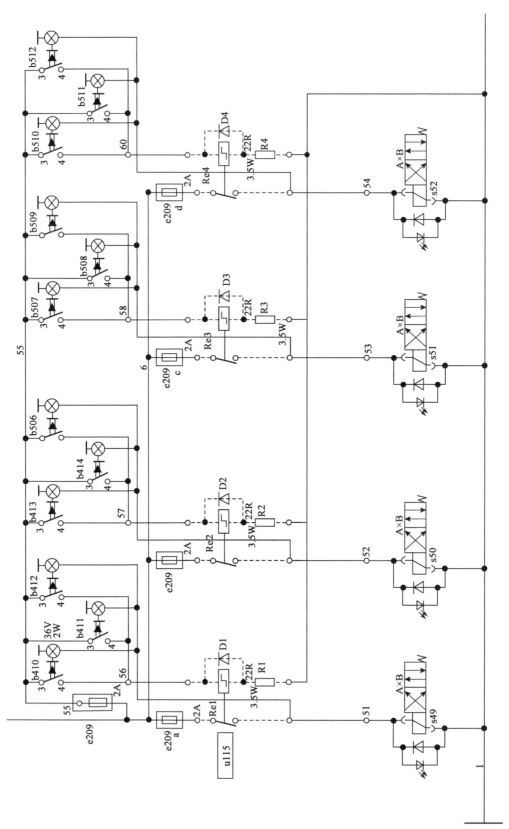

图 6-14 起道夹钳控制电路

开关 b410、b411、b412 并联控制，这些开关分别安装在开关箱 U145、U74、U75 上；继电器 U115-Re2 由开关 b413、b414、b506 并联控制，这些开关分别安装在开关箱 U145、U74、U75 上；继电器 U115-Re3 由开关 b507、b508、b509 并联控制，这些开关分别安装在开关箱 U146、U74、U75 上；继电器 U115-Re4 由开关 b510、b511、b512 并联控制，这些开关分别安装在开关箱 U146、U74、U75 上，如图 6-14 所示。

开关箱 U145、U146 在作业司机室内，其余两个开关箱分别安装在作业司机室外的左右两侧，可方便操作者下车在轨道旁进行操作。其运作过程如下：

按下开关 b410，继电器 U115-Re1 通电动作，触点闭合，电磁阀 s49 通电动作，前右起道夹钳夹紧，松开开关 b410，继电器 U115-Re1 触点仍闭合，再次按下开关 b410，继电器 U115-Re1 通电，其触点断开，电磁阀 s49 断电，起道夹钳松开。继电器 U115-Re2、U115-Re3、U115-Re4 和电磁阀 s50、s51、s52 动作与此相同。

2. 起道夹钳调整电磁阀动作过程

起道夹钳调整液压缸的作用是控制夹钳夹持压力，调整控制由电磁阀 s139、s140 来完成。旋钮开关 b594、b595 安装在开关箱 U146 上，如图 6-15 所示。

旋钮开关 b594 闭合后，电磁阀 s139 通电动作，调整（起拨道装置）的夹持压力。

旋钮开关 b595 闭合后，电磁阀 s140 通电动作，控制夹钳压力。

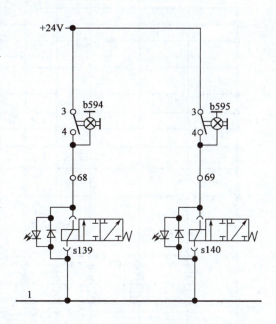

图 6-15 起道夹钳调整电路图

三、道砟回填装置电路

道砟回填装置电路由左、右道砟回填输送带调整液压缸电磁阀，左、右道砟分配板调整液压缸电磁阀和自动摆动开关组成。

左、右道砟回填输送带调整液压缸和左、右道砟分配板调整液压缸的作用是控制道砟回填位置、方向、数量。

左道砟回填输送带调整液压缸和左道砟分配板调整液压缸分别由电磁阀 s64、s65、s66、s67 组成，开关 b434、b435、b487、b513、b570、b680 分别安装在开关配电箱 U74、U75、U145、U169、U130、U129A 上。右道砟回填输送带调整液压缸和右道砟分配板调整液压缸分别由电磁阀 s70、s71、s68、s69 组成，开关 b436、b437、b488、b514、b572、b681 分别安装在开关配电箱 U74、U75、U146、U170、U129、U130a 上，如图 6-16 所示。

左、右道砟回填输送带和左、右道砟分配板的控制电路完全一样。现以左道砟回填输送带和左道砟分配板的控制电路为例说明动作过程。

开关 b434、b435、b487、b513、b570 是三挡位双列扳钮开关，动作情况相同。以 b434 为例说明动作情况。

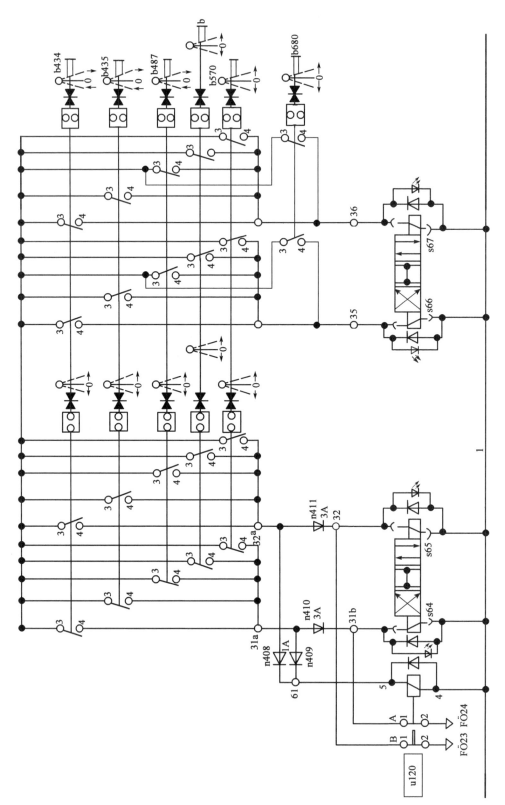

图 6-16 左道砟回填输送带和分配板控制电路图

开关 b434 置于中间 0 挡时，电磁铁均不通电动作。当开关置于左边"↑、←"挡时，开关中部两对触点 3 和 4 闭合（在 32 号和 35 号线上），电磁阀 s65、s66 通电动作，左道砟回填输送带向外摆动，使左道砟分配板向前伸出。通过二极管 n408 使继电器 U120-A、U120-B 通电动作，其两对触点 1 和 2 断开，切断道砟回填输送带自动摆动开关电路。通过液压操作手柄可调整摆动范围。

当开关置于右边"↓、→"挡时，开关两侧两对触点 3 和 4 闭合（在 31b 号和 36 号线上）电磁阀 s64、s67 通电动作，使左道砟回填输送带向内摆动，而左道砟分配板向后返回。通过二极管 n409 使继电器 U120-A、U120-B 通电动作，其两对触点 1 和 2 断开，切断道砟回填输送带自动摆动开关电路。通过液压操作手柄可调整摆动范围。

开关 b680 的作用是在左道砟输送带不摆动的情况下，调整左道砟分配板伸出和返回的位置。当开关置于中间 0 挡时，电磁阀均不通电，不动作。当开关置于左边"←"挡时，左边的触点 3 和 4 闭合（在 35 号线上）电磁阀 s66 通电动作，左道砟分配板向前伸出。当开关置于右边"→"挡时，右边的触点 3 和 4 闭合（在 36 号线上），电磁阀 s67 通电动作，左道砟分配板向后返回。

▶▶ 四、回转污土输送带装置电路

回转污土输送带装置电路由回转污土输送带水平调整电磁阀、回转污土输送带垂直调整电磁阀和开关组成，如图 6-17 所示。

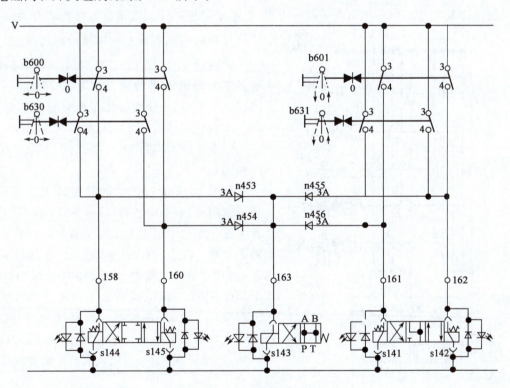

图 6-17　回转污土输送带控制电路图

回转污土输送带调整液压缸由五个电磁阀控制，s144、s145、s141、s142 是三位四通电磁阀，s143 是二位三通电磁阀。这些电磁阀的作用是：s144 和 s145 是回转污土输送带水平调整电磁阀,s144 向左调整,s145 向右调整;s141 和 s142 是回转污土输送带垂直调整电磁阀,s141 是向上调整,s142 是向下调整;s143 是液压油箱油路上控制电磁阀。

开关 b600、b601 在配电箱 U158 上,开关 b630、b631 在配电箱 U159 上。

开关 b600 和 b630 控制作用相同。b600 是三挡扳钮开关,当开关置于中间 0 挡时,其触点均不闭合,电磁阀 s144、s145 均不通电。在左边"←"挡时(按视图方向)其右边触点 3 和 4 闭合,左边触点 3 和 4 断开,电磁阀 s145 通电动作,经由二极管 n454,电磁阀 s143 通电动作。这时,回转污土输送带沿水平方向向右调整。

在右边"→"挡时,其左边触点 3 和 4 闭合,右边触点 3 和 4 断开。电磁阀 s144 通电动作,s145 断电。经过二极管 n453,电磁阀 s143 通电,这时回转污土输送带沿水平方向向左调整。

扳钮开关 b601、b631 控制作用相同。当开关 b601 置于中间 0 挡时,电磁阀 s141、s142 均不通电,电磁阀不动作。当开关置于左边"↓"挡时(按视图方向),右边的触点 3 和 4 闭合,左边的触点 3 和 4 断开,电磁阀 s142 通电动作,通过二极管 n455,电磁阀 s143 通电动作,回转污土输送带沿垂直方向向下调整。当开关置于右边"↑"时,左边的触点 3 和 4 闭合,右边的触点 3 和 4 断开,电磁阀 s142 断电,电磁阀 s141 通电动作,通过二极管 n456,电磁阀 s143 通电动作。回转污土输送带沿垂直方向向上调整。

▶▶ 五、振动筛装置电路

振动筛装置电路由振动筛水平调整电磁阀、振动筛道砟导向板调整电磁阀和开关组成。

1. 振动筛水平调整电磁阀动作过程

电磁阀 s150 和 s151 是三位四通电磁阀,是调整振动筛水平位置的。开关 b613、b614、b615、b619、b620 分别安装在开关配电箱 U74、U75、U169、U130、U129 内,如图 6-18 所示。

以 b613 为例说明其控制作用(其余开关作用相同)。

开关 b613 为三挡位的旋钮开关。当开关置于中间 0 挡时,电磁阀 s150、s151 都不动作。开关置于左边"↑"挡时(按视图方向),右边的触点 3 和 4 闭合(在 48 号线上)。电磁阀 s151 通电动作,通过二极管 n461,使电磁阀 s160 通电动作,振动筛向上调整水平位置。当开关置于右边"↓"挡时,左边触点 3 和 4 闭合(在 47 号线上),电磁阀 s150 通电动作,通过二极管 n460,使电磁阀 s160 通电动作,振动筛向下调整水平位置。

2. 振动筛道砟导向板电磁阀动作过程

电磁阀 s154、s155 是三位四通电磁阀,是使振动筛在回填道砟时,导向板向左右调整位

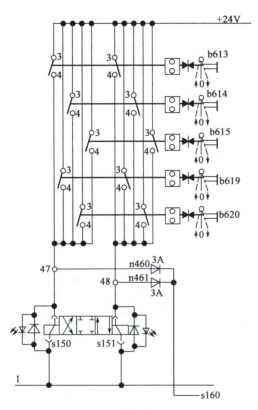

图 6-18 振动筛水平调整电路图

置的。开关b616安装在开关配电箱U169内,如图6-19所示。

当开关b616置于中间0挡时,其触点均不闭合,电磁阀s154、s155不通电。当开关置于左边"←"挡时,右边的触点3和4闭合(在46号线上),电磁阀s155通电动作,通过二极管n463,电磁阀s160通电动作,使导向板向左调整。当开关置于右边"→"挡时,左边的触点3和4闭合(在45号线上)。电磁阀s154通电动作,通过二极管n462,电磁阀s160通电动作,使导向板向左调整。

六、辅助装置电路

辅助装置电路由道砟导流闸板调整电磁阀、护罩控制电磁阀、变量泵控制电磁阀、回油分配控制电磁阀和开关组成。

1. 道砟导流闸板电磁阀动作过程

电磁阀s158、s159是二位四通电磁阀,是调整道砟导流闸板向上打开和向下关闭位置用

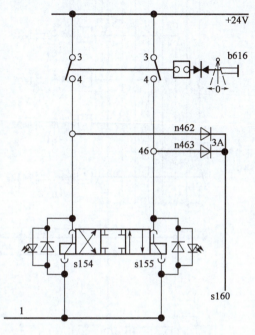

图6-19 振动筛道砟导向板控制电路图

的。开关b617、b621、b622、b632、b633分别安装在配电箱U169、U130、U129、U74、U75中,如图6-20所示。

b617是三挡位旋钮开关,当开关置于中间0挡时,其触点都不闭合,电磁阀s158、s159不动作。当开关置于左边"↓"挡时,右边的触点3和4闭合(即50号线上),电磁阀s159通电动作。通过二极管n467,电磁阀s160通电动作,道砟导流闸板向下调整动作。当开关置于右边"↑"挡时,其左边的触点3和4闭合,电磁阀s158通电动作,通过二极管n466,使电磁阀s160通电动作,道砟导流闸板向上调整。其余开关的作用与b617相同。

2. 护罩控制电磁阀动作过程

s170、s171是三位四通电磁阀,是调整护罩位置用的。

开关b635、b636分别安装在配电箱U169和U170上,b635和b636是三挡位旋钮开关,如图6-20所示。

当开关b635置于中间"0"挡时,其触点均不闭合,电磁阀s170、s171不通电。当开关置于左边"←"挡时,右边的触点3和4闭合(在44号线上),电磁阀s171通电,通过二极管n465,电磁阀s160通电动作,使护罩向下调整。当开关置于右边"→"挡时,左边的触点3和4闭合(在43号线上),电磁阀s170通电动作,通过二极管n464,电磁阀s160通电动作,使护罩翻转挡板向上调整。

3. 回油电磁阀和变量泵电磁阀动作过程

QS-650型清筛机有前、后两个液压油箱,回油电磁阀s161控制液压油回到哪个油箱去。回油电磁阀s161由继电器U108-C和U108-D来控制,它们的电源接在201号、401号线上,由柴油发动机发电供电。以下按前、后柴油发动机工作的三种情况给予介绍。图6-21为回油和变量泵控制电路图。

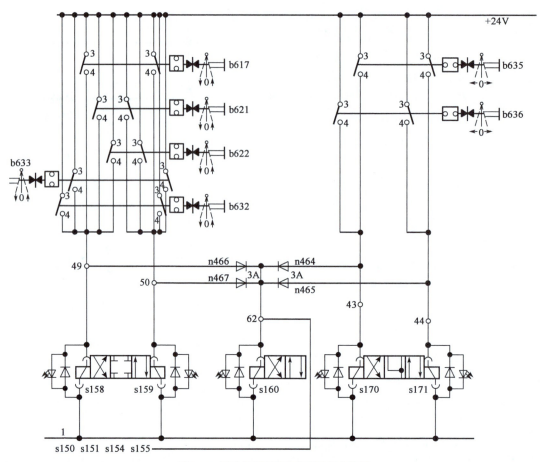

图 6-20 道砟导流闸板和护罩控制电路图

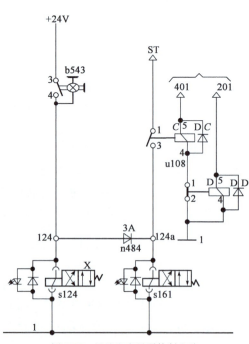

图 6-21 回油和变量泵控制电路

(1) 后柴油发动机运转，前柴油发动机停机。

201 号线有电，U108-D 通电动作，其触点 1 和 2 断开，U108-C 不动作，电磁阀 s161 不动作，同时向前、后液压油油箱回油。

(2) 前柴油发动机运转，后柴油发动机停机。

401 号线有电，U108-D 不动作，其触点 1 和 2 闭合，U108-C 通电动作，其触点 1 和 3 闭合，电磁阀 s161 通电动作，向前液压油箱回油。

(3) 前、后柴油发动机同时运转。

201 号和 401 号线同时有电，U108-D 通电动作，其触点 1 和 3 断开，U108-C 不动作，电磁阀 s161 不动作，同时向前、后液压油油箱回油。由于二极管 n484 的单向导电性，电磁阀 s124 在上述三种情况下不动作。

s124 是变量泵供油控制电磁阀，供油量的大小由操作手柄控制，动作过程如下：

按下开关 b543,电磁阀 s124 通电动作,操作者通过手动控制供油量。由于二极管 n484 的单向导电性,电磁阀 s161 通电动作,回油电磁阀 s161 打开,向前液压油箱回油。

学习项目六　照　明　系　统

QS-650 型清筛机电气照明系统分为走行照明、作业照明、工作照明、仪表显示和指示灯等电路。在柴油发动机不工作时,整车的一些必需的照明灯、指示灯,由蓄电池供电,但蓄电池的容量有限,因此在停车期间应尽量减少照明灯的开灯数量。

一、二极管 n100、n101 的工作原理

停车时照明系统由前、后蓄电池组并联供电,通过二极管 n100,n101 将两个蓄电池正极连在一起向 2 号线供电。两个蓄电池的负极通过接地极连在一起。二极管 n100、n101 最大工作电流为 450A。

(1)二极管的开关作用:二极管具有单向导电性。当二极管正极电位高于负极时,二极管导通,呈现低电阻,相当于开关闭合;当正极电位低于负极时,二极管截止,呈现高电阻,相当于开关断开。

(2)二极管 n100、n101 有三种工作方式,如图 6-22 所示。

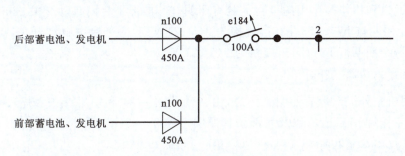

图 6-22　二极管 n100、n101 工作原理图

①当前、后蓄电池电压一样时,如图 6-22 所示,202 号、402 号线接在蓄电池的正极上,电位高于 2 号线的用电设备,二极管导通,两个蓄电池同时向 2 号线供电,相当于开关闭合。

②当蓄电池组的电压不一样时,例如,202 号线所接后部蓄电池组 n1 和 n2 电压低于 24V,二极管 n100、n101 的工作情况如下:

前部蓄电池 n3 和 n4 的电压为 24V,二极管 n101 导通后,在 2 号线上呈 24V 正电位。这样,对二极管 n100 来说,右边电位为 24V(按视图方向)左边电位低于 24V。二极管 n100 失去导通条件,变为截止(相当于开关断开)。整车的电气系统由后部蓄电池通过二极管 n101 来供电,只有当前部蓄电池的电压下降到与后部蓄电池的电压一样,二极管 n100 才会导通,前后蓄电池才会同时向供电系统供电。

(3)柴油发动机起动后,由前、后三相发电机 m2、m8 供电,当两台三相发电机发出的电压不一样时,电压高的线路上的二极管导通,由这台发电机向全车供电。而电压低的线路上的二极管被截止,这台发电机只向蓄电池充电。当蓄电池电压上升后,该发电机发出的电压也会上升,与另一台发电机发出的电压相同时,两个二极管才会同时导通。

这两个二极管可以保证不会出现以下现象：由于电压不一样，一台发电机向另一发电机、一组蓄电池向另一组蓄电池反供电。

在某一蓄电池电压过低的情况下，可以用发电机尽快地充电，恢复到正常电压。

二、停车时，供电范围

停车时，由蓄电池供电，供电范围为检修、清理作业环境、照明、仪表显示所必需的灯光。

1. 前、后司机室照明

前司机室由自动开关 e8 控制，下分三个支路：由旋钮开关 b51 控制两条支路，h355、h444 两个荧光灯管（规格为 24V、18W）和三个照明灯 h35、h36、h36a（规格为 24V、20W）；由开关 b64 控制仪表指示灯。

后司机室由自动开关 e7 控制，下分两个支路：蘑菇开关 b36 控制两个照明灯 h37、h38；蘑菇开关 b66 控制仪表指示灯 h442。

2. 前后发动机室照明

为了检修发动机，在发动机室内安装了照明灯。后发动机室由自动开关 e11 和蘑菇开关 b57 控制三个照明灯 h46、h47、h48，规格为 24V、21W；前发动机室由自动开关 e23 和蘑菇开关 b69 控制两个照明灯 h61、h62，规格为 24V、21W。

3. 平台照明灯

在行走通道和检修操作用的平台上装有照明灯。前部平台由自动开关 e20 和蘑菇开关 b63 控制三个照明灯 h75、h76、h367，规格为 24V、21W；后部平台由自动开关 e12 和蘑菇开关 b54 控制两个照明灯 h44、h45，规格为 24V、21W。

4. 前、后扶梯照明工作灯

前、后司机室外上部装有照明工作灯，由自动开关 e134 和钥匙开关 b376、b377 控制前部扶梯照明工作灯 h71、h72，以及后部扶梯照明工作灯 h73、h74 和指示灯 h114、h115。

5. 前、后转向架工作灯

在前司机室上方装有用于检修和作业时的工作灯，由自动开关 e21 和蘑菇开关 b67 控制前转向架工作灯 h60、h64，规格为 24V、70W。

由自动开关 e24 和蘑菇开关控制后转向架工作灯 h141、h43，规格为 24V、70W。

6. 作业工作灯

为了保证晚间清理作业现场照明不间断，将这些作业工作灯接在 2 号线上。这样，不管柴油发动机是否运转，都能使清理作业工作顺利进行。由于这些工作灯用电负荷大，均采用继电器触点作为开关的。总开关 b55 用于接通继电器线圈电路，其动作过程如下：

（1）按下开关 b55，其触点 3 和 4 闭合，继电器 U173、U174、U175 同时通电动作。继电器 U173 的触点 A(1 和 3)、B(1 和 3)、C(1 和 3)、D(1 和 3)闭合，下列工作灯开始照明：

①中后部道砟回填输送带工作灯 h40、h41。

②中部振动筛工作灯 h364、h42、h139、h140。

③中前部道砟回填输送带工作灯 h49、h50。

（2）继电器 U174 的触点 A(1 和 3)、B(1 和 3)、C(1 和 3)、D(1 和 3)闭合，下列工作灯开始照明：

①中部工作灯 h51、h52。
②前上部工作灯 h53、h54。
③前下部工作灯 h55、h56、h365、h366。
(3)继电器 U175 的触点 A(1 和 3)、B(1 和 3)、C(1 和 3)闭合,下列工作灯开始照明:
①前顶部工作灯 h58、h59。
②车前部工作灯 h57、h142。
③后拨道工作灯 h436、h437。
以上工作灯的规格均为 24V、70W。

三、三相发电机供电范围

在柴油发动机起动运转后,三相发电机在向蓄电池充电和通过 2 号线向全车供电的同时,通过起动开关 1 挡来控制一部分工作灯、照明灯、仪表显示和指示灯,动作过程如下:

将起动开关 b1、b2、b110、b111 置于 1 挡,因 4 个起动开关动作过程一样,以 b1 为例说明供电回路。

从 202 号线→开关 e250→开关 e1→起动开关 b1 的"1"分为两条支路:一条支路为 204a 号线→n102→5 号线供给柴油发动机起动电路;另一条支路为开关 e163→272 号线→n76→e234→369 号线。在 369 号线后,又分为两个分支路:一条分支路接在开关 b26~b32、b134、b135、b369;另一条分支路从 369 号线经过二极管 n94 到 387 号线。在 387 号线后再分成四条分支路。下面以继电器通电动作后供电范围来分析电路。

1. 继电器 d30 供电回路

387 号线经由继电器 d30 的线圈到 1 号线构成通电回路。继电器 d30 通电动作,其三对触点 3 和 9、5 和 8、4 和 7 闭合,合上自动开关 e6,使 2 号与 376 号线接通,为工作灯 h25~h29 提供电源通路。这些工作灯由继电器 U9 来控制,继电器 U9 由五个分继电器组成。这些分继电器与前面所介绍过的 U175 继电器型号相同,动作过程也一样。

按下开关 b30,其触点 3 和 4 闭合,分继电器 U9-Re1 通电动作,其触点闭合,后左大灯 h27 发光;松开开关 b30,分继电器 U9-Re1 仍然保持在通电位置,触点闭合,h27 发光。当再按下开关 b30 后,U9-Re1 通电,其触点断开,h27 不发光。按下开关 b31 后,分继电器 U9-Re2 通电动作,其触点闭合,后中大灯 h29 的近光灯发光,h27、h29 的规格为 24V、70W。远光灯由继电器 U208-C 控制。

开关 b32 控制分继电器 U9-Re3,使后中大灯 h28 发光,其规格为 24V、70W。

开关 b134 控制分继电器 U9-Re4,使后左标志灯 h25 发光,其规格为 24V、21W。

开关 b135 控制分继电器 U9-Ke5,使后右标志灯 h26 发光,其规格为 24V、21W。

2. 继电器 d263 供电回路

从 387 号线经由继电器 d263 线圈到 1 号线构成通电回路。继电器 d263 通电动作,其触点闭合。通过自动开关 e171,使 2 号线与 376a 号线接通,为工作灯 h20~h24 提供电源通路。这些灯由继电器 U10 来控制,继电器 U10 由五个分继电器组成,规格与 U9 相同。

开关 b25 控制分继电器 U10-Re1,使前左大灯 h20 发光。

开关 b26 控制分继电器 U10-Re2,使前中大灯 h22 的近光灯发光。远光灯由继电器

U195-D 控制。

开关 b27 控制分继电器 U10-Re3,使前右大灯 h21 发光。以上工作灯的规格为 24V、70W。

开关 b28 控制分继电器 U10-Re4,使前左标志灯 h23 发光。

开关 b29 控制分继电器 U10-Re5,使前右标志灯 h24 发光。

以上工作灯的规格为 24V、21W。

3. 分继电器 U9-Re6 供电回路

开关 b216 一端接电源 369 号线,一端接分继电器 U9-Re6 的线圈上,通过电阻 r6 到 1 号线构成通电回路。按下开关 b216,分继电器 U9-Re6 通电动作,其触点闭合,两个继电器 U195-D 和 U208-C 同时通电动作。U195-D 的一对触点 1 和 3 闭合,另一对触点 1 和 4 断开,使前中大灯 h22 的远光灯发光,近光灯不发光,U208-D 的一对触点 1 和 3 闭合,另一对触点 1 和 4 断开,使后中大灯 h29 的远光灯发光,近光灯不发光。

4. 继电器 U195-C 和 U10-Re6 的供电回路

开关 b369 一端接 369 号线,一端接分继电器 U10-Re6 的线圈,通过电阻 r6 与 1 号线相连构成通电回路。按下开关 b369,分继电器 U10-Re6 通电动作,其触点闭合,接通 387 号电源继电器 U195-C 通电动作,其触点 1 和 3 闭合,前、后黄色警示灯 h118、h119 发光。

学习项目七　辅 助 电 路

为了保证清筛机作业和运转的顺利进行,除上述电路外,还设置了各种辅助电路。

一、闸瓦磨损电路

闸瓦是易损件,除了人工定期检查外,在电路上也设计了显示电路。闸瓦磨损极限开关 b469、b470,在闸瓦磨损后,其厚度小于 12mm 时,就会被压合。红色信号灯(在前、后司机室仪表板)h382、h383、h384、h385 发光,提醒操作者去检查闸瓦磨损的情况,给予更换。

二、清洗设备

在前、后司机室和作业司机室中部装有风窗玻璃,当下雨和清洗风窗玻璃时,可将刮水器和冲水电动机打开进行清扫工作。

前司机室清洗设备:m24 冲水电动机,m17、m18 左右刮水器电动机。

后司机室清洗设备:m19 冲水电动机,m20、m21 左右刮水器电动机。

作业司机室清洗设备:m77 冲水电动机,m75、m76 左右刮水器电动机。

三、换气设备

为了保证司机室内空气清洁,在前、后司机室内都安装了换气扇。m3 为前司机室换气扇,m5 为后司机室换气扇。

图 6-23 为 m3 换气扇控制电路图。合上自动开关 e9,开关 b52 为三挡旋钮开关,当处于 0 挡时,m3 不动作。当开关 b52 转到左边挡"BEL"时,其左边两对触点 3 和 4 闭合,397 号线为正极,396 号线为负极。当开关 b52 转到右边挡"ENTL"时,其右边两对触点 3 和 4 闭合,396 号线为正极,397 号线为负极。在左边挡时,电流从 397 号线流入电动机,从 396 号线回到负极,而在右边挡时,电流从 396 号线流入电动机,从 397 号线回到负极,使直流电动机电枢和励磁线圈中的电流方向变化,电动机旋转方向改变,这样换气扇有进风和排风两种作用。

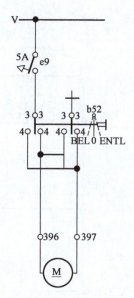

图 6-23 换气扇控制电路图

四、撒砂装置

为了防止机车在坡道上打滑,RM80 型清筛机设置了撒砂装置。撒砂装置由开关 b160、b161 和电磁阀 s13、s14 组成,其中开关 b160 安装在前司机室内,开关 b161 安装在后司机室内。

五、温度调节装置

在前、后司机室内各设一台空调机,控制电路为:继电器 d295 由 401 号线通过二极管 n250 提供电源,继电器 d296 由 201 号线通过二极管 n251 提供电源。在电路设计中规定了只有当前、后发电机发电时,才能使用空调机。继电器 d295、d296 通电动作后,其三对触点 1、3、5 和 2、4、6 闭合。这时,只要合上自动开关 e132、e133,前、后司机室内空调机便可以使用。

六、警笛提示装置

在 QS-650 型清筛机上设有三种警笛提示装置,如图 6-24 所示。
(1)蜂鸣器:可以提示司机室内的有关人员注意,表示操作即将开始。
(2)电喇叭:提示在 QS-650 型清筛机周围的行人和作业者注意开始作业。
(3)气喇叭:由于功率较大,可以提醒较远距离的人员注意清筛机行驶方向。

蜂鸣器 h30、h32,电喇叭 h144、h145,由开关 b150、b152、b153、b151 控制。这些开关分别安装在开关箱 U225A、U225B、U63 中。高频气喇叭(660Hz)和低频气喇叭(220Hz)由气压电磁阀 ls215、ls220、ls214、ls219 控制。在电路中装有二极管 n119、n120、n432、n433,二极管的单向导电性,使四个气喇叭和一个大功率电喇叭 h69 在发声的安排上有所不同。开关 b75、b76、b155、b70、b544、b545 是并联开关,按合其中一个开关,使上述五个喇叭同时发声。b679、b124、b666、b71、b72、b73、b74 为一组并联开关,按合其中一个开关,使两个高频气喇叭发声。按合开关 b154 可以使两个高频气喇叭和一个大功率电喇叭发声。

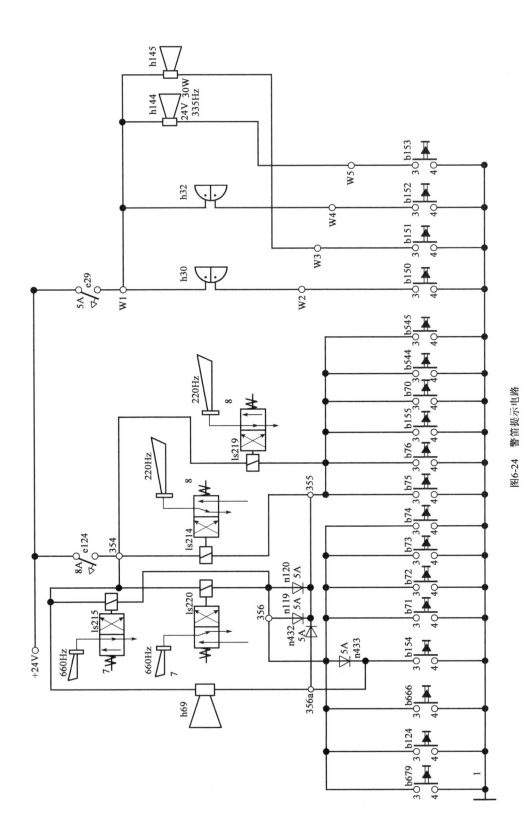

图6-24 警笛提示电路

练 习 题

1. 试比较 QS-650 型清筛机所用时间继电器与我国通用的时间继电器在电气动作上有什么不同?

2. 在柴油发动机起动后,为了防止起动机不能停止转动而烧毁,在 QS-650 型清筛机上采用了哪种保护措施? 试述电气动作过程。

3. 充电指示灯的作用有哪些?

4. 试述前部柴油发动机"1"的起动过程。

5. 为保证柴油发动机正常运转,QS-650 型清筛机采取了哪些监视仪表?

6. 旁路指示灯 h17、h18、h19 在什么状态下会点亮? 有什么指示作用?

7. 试述二极管 n100、n101 的工作原理?

8. 在实施气压制动时,液压系统为什么会卸荷?

单元七

制 动 系 统

【知识目标】

1. 掌握制动系统的组成与性能。
2. 掌握风源系统的组成和供气原理。
3. 掌握制动系统主要部件的结构与作用。
4. 了解制动机的综合作用。

【能力目标】

1. 熟知 QS-650 型清筛机制动系统的组成,并能够对制动系统进行日常检查和定期维护。
2. 熟知风源系统的组成及检修步骤。
3. 掌握空气制动阀、紧急制动阀、分配阀等主要部件的检修方法和步骤。
4. 具有处理一些简单制动故障的能力,如阀塞动作不灵引起漏气不止时,应了解正确清洗制动阀及 109 分配阀阀塞的整个工作过程。
5. 能独立完成大闸、小闸制动性能试验。
6. 能独立完成制动系统检查与试验。

目前,我国使用的清筛机有两种类型:一种是从普拉塞-陶依尔公司引进的清筛机;另一种是通过对引进样机的消化吸收自行设计制造的清筛机。对于制动系统来说,国产(清筛)机与引进机型的主要区别是:

(1)在风源部分,国产机增设了WABCO型双罐式空气干燥器,以清除压缩空气中的油分、水分、尘埃等机械杂质,从而提高压缩空气的质量。

(2)在制动机部分,国产机采用YZ-1型制动机,替代了引进机中的德国克诺尔公司制造的DB-60型控制阀。

(3)在基础制动部分,国产机用国产的高摩合成闸瓦替代了引进机的高摩合成闸瓦。

本单元将以国产机型为基础,对制动系统各主要部分做系统介绍,对YZ-1型控制阀的作用性能做重点阐述。

学习项目一　制动系统的组成与技术性能

▶▶ 一、制动系统的组成

清筛机的制动系统由风源、制动机和基础制动三个部分组成。图7-1所示为QS-650型清筛机制动系统的组成。

风源系统使总风缸储有一定压力范围的压缩空气,供制动机和作业系统使用。

制动机系统实施制动和缓解的控制,使制动缸充气或缓解。

基础制动系统接受制动缸的压力空气源,通过制动杠杆的传递,使闸瓦产生作用于车轮的制动力。另外,还附有手制动装置,通过机械的传动,把手制动力作用到车轮上。

整个制动系统可用于四种工况:

(1)具有牵引动力,作为动力车牵引单机或作业机组。

(2)作为无动力车被牵引或附挂回送。

(3)作业运行时的液压制动可以与其配合使用。

(4)停车时的手制动,可以与其配合使用。

▶▶ 二、YZ-1制动机作用原理

QS-650型清筛机制动系统采用YZ-1型制动机。YZ-1型制动机在自动制动作用时,自动制动阀实施均衡风缸的压力控制;中继阀根据均衡风缸的压力变化,使列车管的压力产生相应变化;分配阀响应列车管的压力变化,产生制动和缓解的控制。其制动控制路线,如图7-2所示。

YZ-1型空气制动机的控制过程如下。

1.控制全列车运行

空气制动阀(用作自动制动阀)→均衡风缸→中继阀→列车管压力变化→分配阀→制动缸。

YZ-1型空气制动机在控制全列车运行时,用作自动制动阀的空气制动阀实施均衡风缸的压力控制;中继阀根据均衡风缸的压力变化,使列车管的压力产生相应变化;分配阀响应列车管的压力变化,产生制动和缓解的控制。

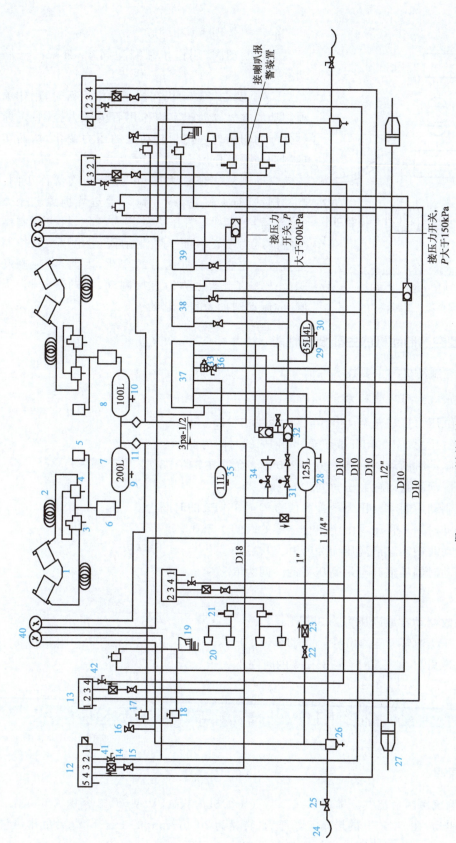

图7-1 QS-650型清筛机制动系统的组成

1-空气压缩机；2-冷却管；3-压力调节器；4-压力控制器；5-安全阀；6-空气干燥器；7、8-储风缸；9、10-放水塞门；11-空气过滤器；12-自动制动阀（大闸）；13-单独制动阀（小闸）；14-单向阀；15-调压阀；16-气控塞门；17-手动换塞门；18-电空阀；19-连接阀；20-砂箱；21、34-电磁阀；22-塞门；23-节流单向阀；24-制动软管连接器；25-排风折角塞门；26-排水集油阀；27-制动；28-制动风缸；29-双室风缸；30-安全阀；31-电磁阀；32-三通换向阀；33-离心过滤器；35-工作风缸；36-过滤器附件；37-分配阀；38-中继阀；39-紧急放风阀；40-双针压力表；41、42-球阀

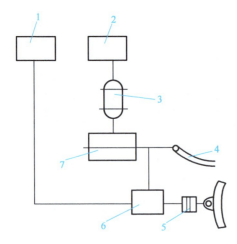

图 7-2 YZ-1 型制动机控制过程示意图
1-单独制动阀；2-自动制动阀；3-均衡风缸；4-列车管；5-制动缸；6-分配阀；7-中继阀

2. 控制单机运行

空气制动阀（用作单独制动阀）→分配阀→制动缸。

YZ-1 型空气制动机在控制单机运行时，用作单独制动的空气制动阀实施作用管的压力控制；再通过分配阀均衡地去控制制动缸的压力变化，从而实现制动与缓解作用。

自动制动阀俗称大闸，单独制动阀俗称小闸。自动制动阀（大闸）操纵控制须通过均衡风缸压力的变化转变成列车管压力的相应变化，再去控制制动缸的压力变化。而单独制动阀（小闸）操纵控制是直接去控制制动缸压力的变化，因此，单独制动阀（小闸）的制动也称为直接制动，自动制动阀（大闸）的制动则称为间接制动。

三、YZ-1 型空气制动机的主要技术性能

YZ-1 型空气制动机的主要技术性能如下：

1. 自动制动性能（列车管压力 500kPa）

(1) 均衡风缸压力自零充至 480kPa 的时间为 5~7s。
(2) 均衡风缸压力自 500kPa 减压至 360kPa 的时间为 5~8s。
(3) 常用全制动时制动缸最高压力为 360kPa（允许在 340~380kPa 范围内）。
(4) 常用全制动时制动缸升压时间为 6~9s。
(5) 常用全制动后制动缸压力由最高值缓解至 35kPa 的时间为 5~8s。
(6) 紧急制动时列车管压力由定值排至零的时间小于 3s。
(7) 紧急制动时制动缸最高压力为 (450±10)kPa。
(8) 紧急制动时制动缸升至最高压力的时间为 6~9s。

2. 单独制动性能

(1) 全制动时制动缸最高压力为 360kPa。
(2) 制动缸压力自零升至 340kPa 的时间不大于 4s。
(3) 制动缸压力自 360kPa 降至 35kPa 的时间不大于 5s。

学习项目二　风　源　系　统

一、供气原理

整个风源系统由两台空气压缩机供风。空气压缩机为双缸、V 型，汽缸容积为 $600cm^3$，由柴油发动机驱动，在 740kPa 的最高工作压力、转速为 2000r/min 的工况下，每台的排风量为 $0.9m^3/min$。QS-650 型清筛机供气原理图，如图 7-3 所示。

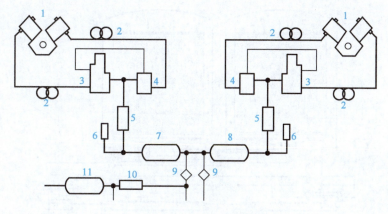

图 7-3 QS-650 型清筛机供气系统原理图

1-空气压缩机；2-散热器；3-压力调节器；4-压力控制器；5-干燥器；6-安全阀；7-主风缸(200L)；8-主风缸(100L)；9-空气过滤器；10-单向阀；11-制动风缸

为了缓冲振动，补偿空气压缩机温升带来的管系膨胀影响，空气压缩机的出风口与螺旋冷却管之间采用橡胶管弹性连接。冷却管用以冷却过热的压缩空气，以减少压缩空气的冷凝水。

▶▶ 二、WABCO 型空气干燥器

目前，铁路大型养路机械上所采用的双罐式空气干燥器系统，其原理如图 7-4 所示。该系统由空气干燥器、压力调节阀(90201)、气控阀、单向阀、压力开关、截断塞门、消声器等组成。

1. 双罐式空气干燥器系统组成

1）双罐式空气干燥器结构

双罐式空气干燥器是处理压缩空气的核心部件，它主要由过滤器、滤网、气阀、螺线管、片状阀等组成，其结构如图 7-5 所示。

双罐式空气干燥器的工作过程如图 7-5 中箭头所示，空气压缩机产生的压缩空气通过接头 1 流入，经过滤清器 m 进入孔道 E，压缩空气中可能含有的杂质和油雾等在过滤器 m 中被初步分离。压缩空气从孔道 E 经过自动开启的阀 I 进入气室 F 并进入右罐，经过环形间隙 A 流到装干燥剂的罐芯 d 的顶端。

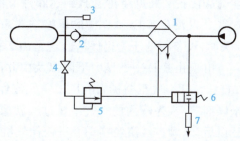

图 7-4 WABCO 型双罐式空气干燥器系统原理图
1-空气干燥器；2-单向阀；3-压力开关；4-截断塞门；
5-压力调节阀；6-气控阀；7-消声器

经过部分过滤的空气流经多孔的滤网 a 和毡垫 b，从上到下通过罐芯 d 内的颗粒型干燥剂 c，然后通过毡垫 e 和多孔滤网 f 进入孔道 G。

当空气从颗粒型干燥剂的颗粒缝隙中流过时，空气中的水分被附着在颗粒 c 表面。在片状阀 n 和单向阀 g 开启以后，这部分经干燥后的空气通过接头 2 给储风缸供风。与此同时，一部分空气则从孔道 G 流出，通过孔道 D 流到膜片 p 的背面，由此产生的压力把气阀 o 关闭，截断了从气室 H 到孔道 E 的连接通道。

另一部分干燥后的空气从孔道 G 流出，经过片状阀 n 和 q 上的节流孔来到另一个气罐，再从下到上流经颗粒干燥剂 r 后流到罐芯 s 的侧面。同时，干燥的空气带走附着在干燥剂颗粒 r 表面上的水分，流经环状间隙 K、气室 H 和气阀 o 到达排气口 3。这样，在左罐中原先已经吸收了水分的干燥剂就被还原。

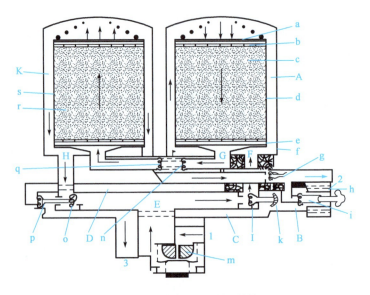

图 7-5 双罐式空气干燥器结构

1-阀；2-接头；3-排气口；a-滤网；b-毡垫；c-颗粒型干燥剂；d-罐芯；e-毡垫；f-多孔滤网；g-单向阀；h-螺线管；i-衔铁；k-膜片；m-过滤器；n-片状阀；o-气阀；p-膜片；q-片状阀；r-干燥剂；s-罐芯；A-环形间隙；B-孔道；C-孔道；D-孔道；E-孔道；F-气室；G-孔道；H-气室；I-阀；K-环状间隙

  在经过一段预设的时间以后，电子控制单元向螺线管 h 释放出电流。衔铁 i 缩回，压缩空气从接头 2 处流经孔道 B 到达膜片 k 的背面。气阀 1 关闭了从孔道 E 到气室 F 的通道，气室 F 以及孔道 G 和 D 中的压缩空气通过气阀 1 以及孔道 C、排气口 3 进入大气。单向阀 g 关闭，设备中的压力仍保持。这是由于孔道 G 中压力下降，片状阀 n 也关闭而造成的。

  由于孔道 D 中的压力下降以及由此而造成的膜片 p 处压力下降，孔径 E 中的压力把阀 o 打开。从空气压缩机来的压缩空气流经气室 H、左罐内的环形间隙 K 以及罐芯 s 的颗粒干燥剂 r。在左罐内的空气干燥过程就像前面所述的右罐内那样，在片状阀 q 和单向阀 g 打开以后，干燥空气流经接头 2 进入储气缸。干燥空气流经片状阀 n 上的节流孔到达颗粒干燥剂 c 的背面，因此进一次发生"冲洗"过程。

  又经过一段预定的时间以后，电子控制单元中断了向螺线管 h 供应的电流。电磁衔铁 i 把接头 2 处的通道关闭，而膜片 k 背面通过孔道 B 和螺线管的排气口与大气相通。孔道 E 内的空气压力把阀 1 打开，从而使孔道 E 到气室 F 的通道打开，同时，阀 1 把气室 F 到孔道 C 的通道关闭。从空气压缩机出来的空气则再一次进入右罐，经过环状间隙 A 流经罐芯 d 内的颗粒干燥剂 c。在流过罐芯 d 以后，空气流经孔道 D 到达膜片 p 的背面，阀 o 则反过来。以上所述就是双罐式空气干燥器的工作过程。

  为了便于理解双罐式空气干燥器的结构，可以画出如图 7-6 所示的双罐式空气干燥器工作原理图。电子控制单元按照设定的时间，控制二位五通阀的动作，来控制两个气室交替工作。图 7-5 中的片状阀 n 和 q 等效于图 7-6 中的单向节流阀。

  2）压力调节阀（90201 型）

  90201 型压力调节阀主要由主阀体、调压螺杆、调压螺套、锁紧螺母、主阀芯等组成，其结构如图 7-7 所示。它的作用是实现供风的压力控制，也即控制总风缸的压力空气经常保持在规定的压力范围之内。铁路大型养路机械制动系统的压力控制范围为 660～720kPa，它是通过检测总风缸的压力,控制气控阀的接通或切断来实现控制的。90201型压力调节阀的功用相当于前期生产的铁路大型养路机械制动系统中的压力调节器和压力控制器的组合。

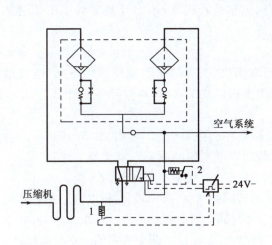

图7-6 双罐式空气干燥器的工作原理
1、2-压力开关

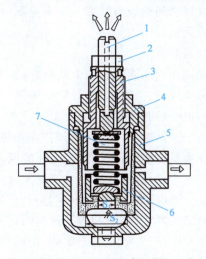

图7-7 90201型压力调节阀
1-调压螺杆;2-锁紧螺母;3-调压螺套;4-锁紧螺母;5-主阀体;6-主阀芯;7-调压弹簧

3) 气控阀(90202)

90202型气控阀为二位三通单气控截止式换向阀,如图7-8所示。图7-8a)是K口没有控制信号时的状态;图7-8b)是K口有控制信号时的状态,P与A口接通,A与O口断开;图7-8c)是二位三通单气控截止式换向阀的图形符号;图7-8d)为气控阀的结构。

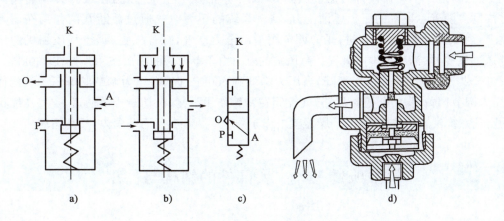

图7-8 90202型气控阀

当K口无信号时,A口与O口相通,气控阀处于排气状态;当K口有信号输入后,压缩空气进入活塞的上端,使阀杆下移,P口与A口相通。气控阀的作用主要是配合压力调节阀动作,控制空气压缩机的压力空气进入干燥器还是排向大气,从而调节总风缸的压力保持在规定的范围之内。

4) 单向阀

单向阀的作用是隔离干燥器回路与主风缸回路,防止空气压缩机不工作时,主风缸的压力空气向干燥器回流。

5）压力开关

压力开关是气动电器,利用空气压力的变化来实现电路的控制。图7-6中空气压缩机与干燥器之间的压力开关1用来检测空气压缩机工作是否正常;压力开关2的作用是用来检测总风缸的压力。

6）截断塞门

在调压阀前面设有一个截断塞门,平时处于常闭位,当有时出现调压阀切不断,空气调压阀常排风时,关断一下,帮助调压阀关闭。等调压阀恢复正常时,再打开截断塞门。

7）电子控制单元

电子控制单元(ECU)通过控制电磁阀来控制循环的周期(循环时间为25～110s)。当空气压缩机工作时,在设定的循环周期内,电磁阀的转换来控制两个气室交替工作。

在一个循环周期内,一个气室干燥压缩空气,而另一个气室实现气体的再生。

由于干燥器完成一个循环与空气压缩机停止运转同时结束,只是巧合,所以电子控制单元必须要记录当气空压缩机停止运转时,干燥器的循环时间。当空气压缩机下一次工作时,电子控制单元接着上一次的记录时间,继续工作。这种逻辑控制保证了两个气室的工作时间相等。

循环时间取决于空气压缩机、系统压力和空气干燥器的内部管路尺寸,它由出厂厂家设定,不允许自行调整。

8）消声器

消声器的作用是降低空气压缩机排风时的噪声。

2. 双罐式空气干燥器系统的工作原理

如图7-5所示,当空气压缩机工作时,输出高温潮湿的压力空气,经过散热器冷却,到达空气干燥器,通过干燥器内部过滤和吸附,输出干燥的压力空气,压力空气打开单向阀向总风缸供风。随着总风缸的压力逐渐上升,空气系统的压力空气通过截断塞门作用在压力调节阀上,当压力达到720kPa时,压力调节阀输出压力空气,打开气控阀,空气压缩机的压力空气通过气控器、消声器排向大气。总风缸的压力由于单向阀的隔离作用维持在720kPa。总风缸由于供气系统工作而压力下降,当压力降低到660kPa时,在压力调节阀调压弹簧的作用下,压力调节阀关闭,切断控制风路,气控阀在弹簧作用下复位,切断排风通道,空气压缩机接着为空气系统供风。这样,空气干燥器就工作于660～720kPa压力范围内,反复循环。

学习项目三　主要部件的结构与作用

▶▶ 一、空气制动阀(大闸、小闸)

1. 空气制动阀的构造

空气制动阀的外形如图7-9所示,内部结构如图7-10所示。它主要由三大部分组成:凸轮盒部分、阀体部分、阀座。

1）凸轮盒部分

凸轮盒部分包括手把1、转轴13、定位凸轮3、作用凸轮4、单独缓解阀6、连锁开关组2等零部件,如图7-10所示。凸轮盒5左侧与阀体11连接,右侧安装了连锁开关组2,下部为单独缓解阀6,中间安装了转轴13以及定位凸轮3、作用凸轮4,上部装有手把座与盖板。

图 7-9 空气制动阀外形
1-操纵手把；2-阀体；3-凸轮盒；4-转换柱塞拨杆；5-阀座

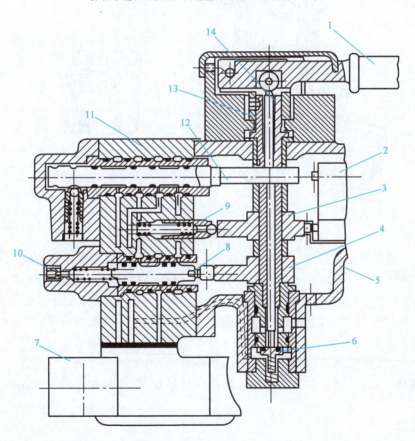

图 7-10 空气制动阀内部结构
1-手把；2-连锁开关组；3-定位凸轮；4-作用凸轮；5-凸轮盒；6-单独缓解阀；7-阀座；8-作用柱塞；9-定位柱塞；10-排气缩堵；11-阀体；12-转换柱塞；13-转轴；14-顶杆

(1)手把、转轴和凸轮。手把 1、转轴 13 和定位凸轮 3、作用凸轮 4 组成动作机构,实现不同工作位置的气路和电路通断,保证动作的准确可靠。手把只能在运转位取出。转轴 13 为空心方轴结构,外套定位凸轮 3 和作用凸轮 4,转轴中装有顶杆 14,顶杆上顶手把,下与排气阀 6 相连。由手工作位置范围小于 180°,所以定位凸轮有两个作用:与定位柱塞 9 组成定位机构,确保手把 1 工作位置的准确无误;与连锁开关组 2 构成电路的控制。作用凸轮根据各工作位置的行程变化来控制作用柱塞 8 的左右移动,实现气路的连通或切断。

(2)连锁开关组。连锁开关组 2 设在凸轮盒的空腔内,由微动开关、接线端子和安装座组成,如图 7-11 所示。它有两个微动开关,上微动开关是双断点微动开关,其弹簧杆触点正对转换柱塞后部,受转换柱塞 12 控制,一旦由"电空位"转到"空气位"时,转换柱塞被拉向后方,其柱塞杆尾端恰好压缩微动开关,可改变外电路的连通方向。下微动开关是常开的单断点微动开关,其位置恰好在定位凸轮 3 的后方,受定位凸轮的控制,当空气制动阀手把移至保压位和制动位时,定位凸轮内面的凸起圆(升程)即可压缩该微动开关,故下微动开关的触点闭合;当手把转至运转位或缓解位时,定位凸轮不再压缩微动开关,故下微动开关的触点开启。

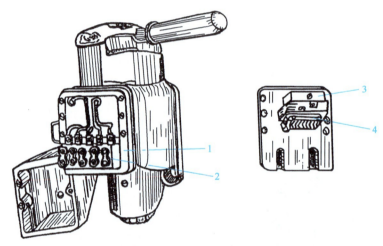

图 7-11 连锁开关组
1-安装座;2-接线端子;3-上微动开关;4-下微动开关

在 YZ-1 型空气制动机中,转换柱塞拨到"空气位",空气制动阀当作自动制动阀(大闸)使用时,仅利用了连锁开关组 2 中的下微动开关。在下微动开关背面的接线座上,连接有两根导线,一根与+24V 电源连通,另一根接到电空阀上。下微动开关处在常开状态。当定位凸轮压缩下微动开关时,电源线与电空阀线连通,向电空阀输出电信号,控制电空阀动作;当定位凸轮未压缩到下微动开关时,电源线与电空阀线断开,不输出连锁电信号。当转换柱塞拨到"电空位",空气制动阀当作单独制动阀(小闸)使用时,由于 YZ-1 型空气制动机不利用其电连锁功能,故连锁开关的接线座上没接任何导线,定位凸轮压缩下微动开关将不起任何作用。

2)阀体部分

阀体部分主要由作用柱塞 1、定位柱塞 7、转换柱塞 4 等零部件组成,如图 7-12 所示。

阀体为转换柱塞套、作用柱塞套以及定位柱塞、排气缩堵等零件的安装体,内部有安装转换柱塞套、作用柱塞套以及定位柱塞的空腔,还有许多暗道作为内部气路。

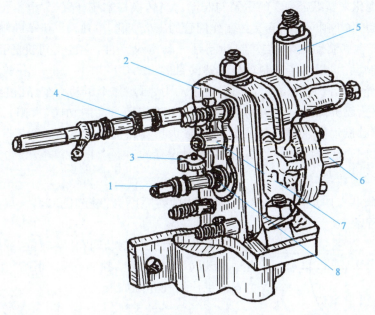

图 7-12 阀体部分

1-作用柱塞;2-阀体;3-支撑;4-转换柱塞;5-防动柱塞装体;6-端盖;7-定位柱塞;8-作用柱塞套

3) 阀座

阀座既是空气制动阀的安装座,也是管路的连接座。阀座上接三根 1/4in(1in=0.0254m) 的管子,接管根据空气制动阀的转换柱塞拨杆位置的不同而不同。

空气位(自动制动阀):1号管是调压阀管,2号管是单缓管,3号管是均衡风缸管。

电空位(单独制动阀):1号管是调压阀管,2号管是作用管,3号管空缺(不接)。

空气制动阀阀座外形及接管,如图 7-13 所示。

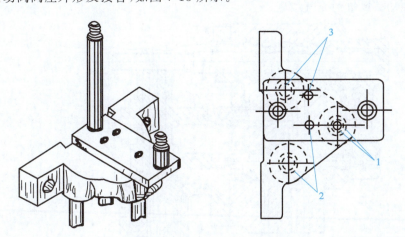

图 7-13 空气制动阀阀座外形及接管图

1-1号管;2-2号管;3-3号管

阀座为铸铁件,通过 2-M12 的螺栓、螺母与阀体紧固在一起,安装面上装有胶垫以防漏气。

2. 空气制动阀的作用

空气制动阀是铁路机车制动机使用的标准件。空气制动阀设有"空气位"和"电空位"两个位置。当转换柱塞拨杆置于"空气位"时,空气制动阀作为自动制动阀(大闸)使用,通过控制均衡风缸的压力变化来操纵全列车的缓解与制动。当转换柱塞拨杆置于"电空位"时,空气制动阀作为单独制动阀(小闸)使用,直接控制作用管的压力变化,单独操纵机车的制动或缓解。

在YZ-1型空气制动机中,空气制动阀是气动操纵元件,它接受司机的控制,使制动系统产生人为的制动力,最终实现制动与缓解的目的。

铁路大型养路机械属铁路工程车辆,自带动力,可用作牵引动力车,故相当于特殊的"机车"。一般铁路大型养路机械牵引其他车辆时,司机使用自动制动阀(大闸);而在单机运行时,司机使用单独制动阀(小闸)。因此,为适应大型养路机械的各种运行工况,在司机室内,自动制动阀(大闸)和单独制动阀(小闸)是同时设置的。

3. 空气制动阀的工作原理

空气制动阀共有四个作用位置,按逆时针排列顺序为:缓解位、运转位、保压位及制动位,如图7-14所示。

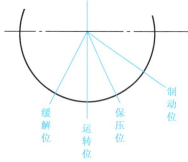

图7-14 空气制动阀工作位置示意图

下面分别就空气制动阀在"空气位"或"电空位"当作自动制动阀(大闸)或单独制动阀(小闸)使用时,各作用位置的工作过程介绍如下。

1) 空气位——大闸

当转换柱塞拨在"空气位"后,该空气制动阀作为自动制动阀(大闸)使用。此时,转换柱塞处在右极端位置,并压缩上微动开关(但无作用),同时,转换柱塞上O形圈将2号单缓管至作用柱塞通路阻断,而沟通3号均衡风缸管至作用柱塞的通路,从而使该制动阀能控制均衡风缸的充风和排风。

(1) 缓解位(图7-15)。在缓解位时,作用凸轮得到一个最大升程,推动作用柱塞左移至极端位,这时,1号调压阀管压力空气经作用柱塞凹槽、转换柱塞的固定凹槽进入3号均衡风缸管,实现均衡风缸的充气增压。

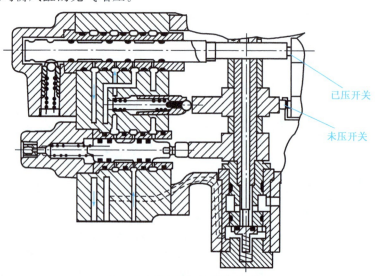

图7-15 缓解位(空气制动阀"空气位")

同时,定位凸轮有一个降程,使得该凸轮与右侧对应的下微动开关脱离,断开电源和电空阀导线间的连通,不输出电连锁信号。

(2) 制动位(图7-16)。在制动位时,作用凸轮有一个最大降程,在弹簧反力作用下使作用柱塞右移到右极端位置,1号调压阀管的通路被转换柱塞上O形圈阻断,同时,3号均衡风缸管的压力空气经转换柱塞的固定凹槽至作用柱塞右侧通道、作用柱塞尾部的排气缩堵通入大气,使均衡风缸排气减压。均衡风缸排气减压速度受排气缩堵限制。

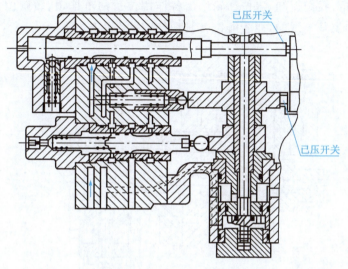

图 7-16　制动位(空气制动阀"空气位")

此时,定位凸轮有一个升程,使得凸轮与右侧对应的下微动开关接触,连通了电源与电空阀间的外接电路,输出电连锁信号。

(3)保压位(图7-17)。在保压位时,作用凸轮较制动位时有较小的升程,作用柱塞左移至中间位,此时不仅切断了缓解位连通的1号调压阀管与3号均衡风缸管的通路,同时也切断了制动位时连通的3号均衡风缸管与大气的通路,使均衡风缸的压力保持在原来状态,实现自动制动阀(大闸)制动或缓解后的保压。

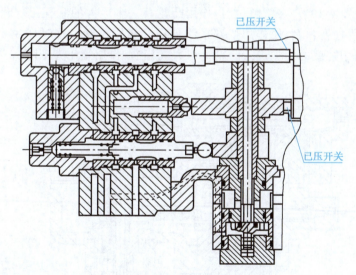

图 7-17　保压位(空气制动阀"空气位")

定位凸轮与下微动开关的位置关系与制动位相同,即连通了电源与电空阀间的外接电路,输出电连锁信号。

(4)运转位(图7-18)。在运转位时,作用凸轮与作用柱塞的位置与保压位相同,气路通断状况也与保压位相同,而电连锁在相位上正好相反。也就是说,运转位时定位凸轮与下微动开关脱离,断开电源与电空阀间的外接电路,不输出电连锁信号。

由于运转位与保压位的气路连通状态一样,故都具有保压作用。

通过以上分析,我们得知,定位凸轮给出各作用位置的电连锁,缓解位与运转位是一致的,保压位与制动位是一致的,而缓解位与制动位的状态正好相反。

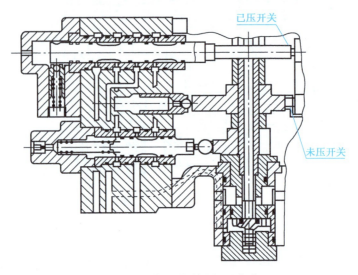

图 7-18　运转位(空气制动阀"空气位")

2) 电空位——小闸

转换柱塞拨在"电空位"后,空气制动阀就作为单独制动阀(小闸)使用。此时,转换柱塞处于左极端位置,并与对应的上微动开关脱离,同时转换柱塞上的 O 形圈将 3 号通路阻断,仅沟通 2 号作用管至作用柱塞的通路,从而使该制动阀能够控制 2 号作用管的排风和充风。

(1) 缓解位(图 7-19)。在缓解位时,作用凸轮有一个最大的升程,该凸轮推动作用柱塞左移,并压缩作用柱塞弹簧,使作用柱塞最终处在左极端位置。这时,2 号作用管经转换柱塞固定凹槽及作用柱塞的左端进入凸轮盒与大气相通,作用管压力下降。

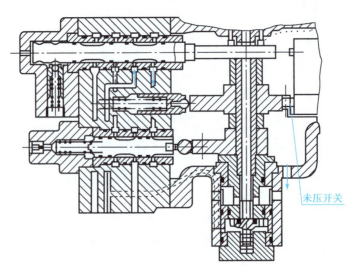

图 7-19　缓解位(空气制动阀"电空位")

定位凸轮与下微动开关的位置关系与空气制动阀电空位时的缓解位相同，即断开了外接电路。

（2）制动位（图7-20）。在制动位时，作用凸轮得到一个最大降程，作用柱塞在柱塞左侧弹簧的反力作用下，右移至右极端位置，2号作用管通大气的通路被阻断，此时1号调压阀管的压力空气经作用柱塞凹槽、转换柱塞凹槽进入2号作用管，作用管压力上升。

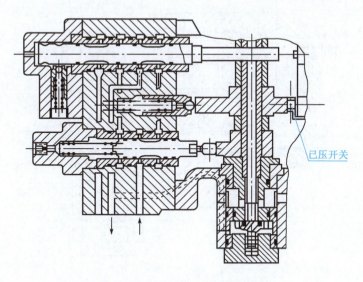

图7-20　制动位（空气制动阀"电空位"）

定位凸轮与下微动开关的位置关系与空气制动阀电空位时的制动位相同，即连通了外接电路（但无作用）。

（3）保压位（图7-21）。在保压位时，作用凸轮较制动位时有一个较小的升程，作用柱塞左移至中间位，此时，不仅切断了制动位时连通的1号调压阀管与2号作用管的通路，同时，也切断了缓解位时连通的2号作用管与大气的通路，使作用管压力保持在原来状态，实现了制动或缓解后的保压。

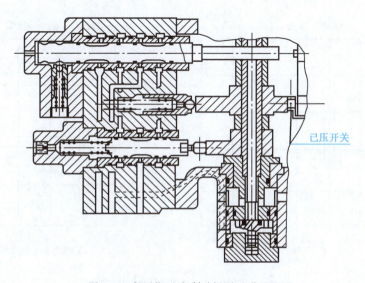

图7-21　保压位（空气制动阀"电空位"）

定位凸轮和下微动开关的位置关系与制动位时相同,即连通了外接电路(但无作用)。

(4)运转位(图7-22)。在运转位时,作用凸轮与作用柱塞的位置关系与保压位相同,其气路的通断状态与保压位也相同。而定位凸轮和下微动开关的位置关系与缓解位时相同,即切断了外接电路。

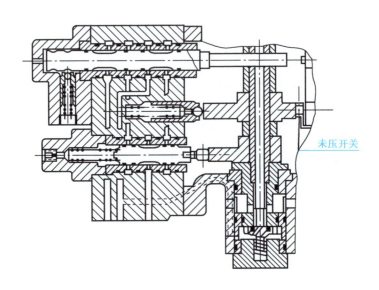

图7-22 运转位(空气制动阀"电空位")

把空气制动阀作单独制动阀——小闸使用时,由于不利用电连锁的功能,而运转位与保压位的气路通断状况又相一致,故两个位置的作用相同,均起保压作用。因此,单独制动阀(小闸)实际上只有三个作用位置,即缓解位、制动位与中立位(保压位、运转位)。

空气制动阀用作 YZ-1 型空气制动机的自动制动阀(大闸)和单独制动阀(小闸),虽然都有四个工作位置,但气路连通状况是不一致的,为了便于区别和记忆,我们把空气制动阀的气路通断用图7-23简单、明了地表示出来。

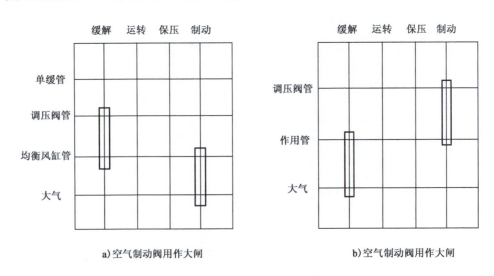

图7-23 空气制动阀的气路通断状况简示

二、紧急制动阀

1. 紧急制动阀的结构

紧急制动阀的结构如图 7-24 所示,它由阀体 1、阀 5、阀座 2、偏心轴 4 和手把 3 等组成。阀 5 的开启和关闭,是通过手把 3 转动偏心轴 4 来完成的。在阀体上开有两个较大的排气孔 8。

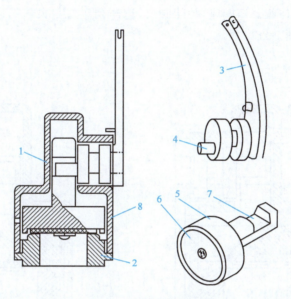

图 7-24 紧急制动结构图
1-阀体;2-阀座;3-手把;4-偏心轴;5-阀;6-胶垫;7-阀杆;8-排气孔

紧急制动阀安装在列车支管上,阀 5 的下部连通列车管。在正常情况下,手把 3 向上,偏心轴 4 向下,阀 5 被压紧在阀座 2 上,阀口密闭。

2. 紧急制动阀的作用

YZ-1 型空气制动机中,紧急制动阀是施行紧急制动作用的操纵部件。其作用就是控制铁路大型养路机械单机或所牵引的车列发生紧急制动作用,使之迅速停车。

机车制动机紧急制动作用是通过操纵自动制动阀(大闸)实现的,紧急制动阀只是空气制动机中的安全设施。它原来设置在客车和守车内,以便在列车运行途中,遇有紧急情况,需要立即停车时,可由行车有关人员在客车或守车内拉动紧急制动阀,使列车制动装置产生紧急制动作用立即停车。故紧急制动阀又称车长阀,应由司机以外的人来操纵。而 YZ-1 型空气制动机的自动制动阀(采用空气制动阀作大闸时)没有紧急制动的操纵功能,故在制动机设计时,采用客车紧急制动阀来补偿这一功能,它需由铁路大型养路机械的操作司机来操纵。

采用紧急制动阀来操纵紧急制动作用,无论是牵引运行还是单机运行,都能施行紧急制动,比在自动制动阀(大闸)设置紧急制动功能更为灵活,也更方便。同时,还能在出现制动机操纵失灵状况时,安全迅速地把列车停下。

有一点必须注意,当铁路大型养路机械作为动力车附挂回送时,此时紧急制动阀的作用就与客车或守车上的车长阀相当。若非遇到紧急情况,押运人员千万不能拉动紧急制动阀手把,以免影响牵引动力车上司机的正常操纵。

3.紧急制动阀的工作原理

在铁路大型养路机械牵引列车或单机运行中,遇到紧急情况时使用紧急制动阀。使用时,向下拉动手把,将偏心轴转到上方位置,使阀杆带动阀离开阀座上移,阀口打开,列车管内的压力空气通过开启的阀口以及阀体上的排气孔直接而迅速地排向大气,如图7-25a)所示。

要使列车管停止排气,则向上拉动手把,将手把放回原来位置,由于偏心轴转到下方位置,阀杆带动阀下移,使阀紧压阀座,关闭阀口,遮断列车管与大气的通路,从而停止排出列车管内压力空气,如图7-25b)所示。

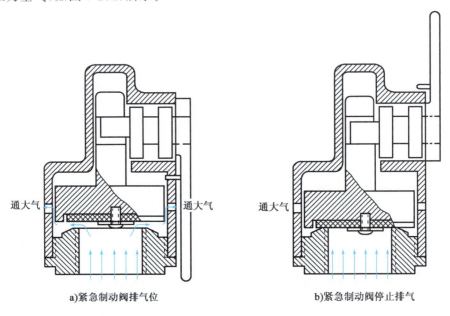

a)紧急制动阀排气位　　b)紧急制动阀停止排气

图7-25　紧急制动阀工作原理图

紧急制动阀是YZ-1型空气制动机中的操纵控制元件,它不是气动执行元件。紧急制动阀接受司机的操纵,通过排放列车管的压力空气,去控制其他的气动执行元件(如紧急放风阀、分配阀)动作,最终实现紧急制动作用。

我们知道,列车管排风将引起制动作用。由于列车管通过紧急制动阀排风的通道(阀口、阀体通孔)比常用制动时列车管通过中继阀排大气的通道(排气阀阀口、排风堵孔)大,由此而引起的列车管排风速率能达到触发紧急放风阀动作所需的降压速率,放风阀口打开,更多的列车管压力空气从紧急放风阀排风口排出,进而促使分配阀的增压阀上移到开启位置,把总风缸压力空气引入容积室,使分配阀均衡活塞下侧得到比常用制动时高得多的压力,达到紧急制动的目的。

三、调压阀

1.调压阀的结构

YZ-1型空气制动机可以采用不同规格、型号的调压阀。由于资料缺乏,现行制动系统装用的调压阀结构与QTY-15型调压阀基本相同,故以QTY-15型调压阀为例来剖析调压阀的结构、工作原理。QTY-15型调压阀主要由调压弹簧、膜板、调整手轮、进风阀、阀座及溢流阀等组成,如图 7-26 所示。

进风阀为平板橡胶阀。溢流阀为金属锥形阀口,与阀杆配合需研磨良好,才能保证密封。

安装时应注意下阀体上箭头指向,保证进、出风口的正确接管。

调压阀的输出压力值可通过调整手轮 1 进行调整,顺时针旋转调整手轮为调高压力;反之为调低压力。在静态和动态的不同工况下,调整值会有所变动,通常可根据正常工况进行调整。

压力调好后,应将紧固螺母 2 拧紧,以保证调定压力值的稳定。

2. 调压阀的作用

调压阀是为了满足系统对不同调定压力的需要并保证稳定的供风而设置的。

YZ-1 型空气制动机中空气压缩机所产生的压缩空气除要供给制动系统使用外,还要供给辅助系统去实现各种功能,所以,总风缸的压力空气应保持在较高压力范围内。又由于各处用风的不均衡,使得总风缸压力空气的压力很不稳定,在 660~720kPa 之间变动,这样的压力空气直接供给系统

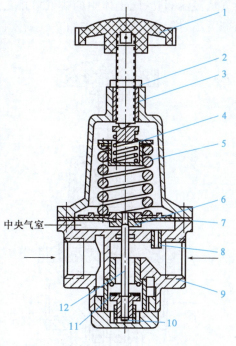

图 7-26 QTY-15 型调压阀
1-调整手轮;2-紧固螺母;3-上体;4- 一级弹簧;5-二级弹簧;6-溢流阀;7-膜板;8-小孔;9-下体;10-进风阀;11-阀弹簧;12-阀杆

使用,不但对制动机的缓解不利,而且也超过有关系统所用压缩空气的限定值。因此,往往在总风缸与有关使用压缩空气分支系统的管路上装设调压阀。

YZ-1 型空气制动机共设有四个调压阀,分别安装在前、后司机室制动操纵柜自动制动阀(大闸)和单独制动阀(小闸)的下面、总风进入制动阀前的管路中,但它们所控制的压力并不相同。自动制动阀(大闸)下的调压阀控制总风进入均衡风缸的压力,调定值为 500kPa;单独制动阀(小闸)下的调压阀控制总风进入作用管的压力,调定值为 360kPa。YZ-1 型空气制动机参与作用的压力还有列车管压力、制动缸压力、工作风缸压力、容积室压力等。虽然这些压力的值不同,但它们都不是总风进行直接定压充风的结果;列车管的定压充风是间接通过中继阀来实现的,制动缸的充风是通过分配阀的均衡部来间接实现的;而容积室、工作风缸的定压充风是通过各风缸间的容积配比间接实现的,它们均不必用调压阀就能满足要求。

3. 调压阀的工作原理

当调压阀左侧通入压缩空气时,由于调整弹簧 4、5 的作用,膜板 7 下凹,通过阀杆 12 顶开进风阀 10,使总风缸压力空气经过进风阀 10 的阀口通向右侧输出,同时经下阀体上的平衡小孔 8 进入膜板下方中央气室,如图 7-26 所示。调压阀供气状态,如图 7-27 所示。当输出压力逐渐增高,则膜板上下侧压力差逐渐减小,膜板将渐趋平衡而上移,进风阀在进风阀弹簧作用下也逐渐上移。在输出压力与调定压力相等时,进风阀阀口关闭,总风缸压力空气停止向右侧输出。该结构能使输出的漏泄得以补充,当输出端压力高于调定值时,膜板下方中央气室的压力高于弹簧压力,将膜板中央向上顶起,进风阀关闭,溢流阀开启,多余的压力

空气从溢流阀孔、阀上体中的排气口排入大气,直到膜板上下的压力再次趋于平衡,溢流阀重新关闭,排气通道切断,如图 7-28 所示。

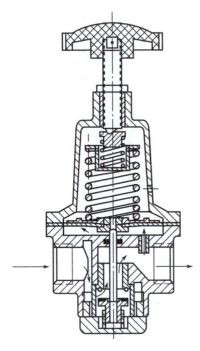

图 7-27 调压阀供气状态

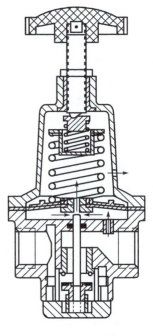

图 7-28 调压阀溢流阀关闭

四、手动换向阀

QS-650 型清筛机的 YZ-1 型空气制动机在每端的操纵机构中,设置有两个二位三通推拉式手动换向阀,它们都与气控阀组合,完成相应的功能。其中一个手动换向阀和常闭气控阀组合,完成紧急制动阀(车长阀)的功能;另一个手动换向阀则和中继阀前的常开气控阀组合,完成附挂回送时转换中继阀前列车管截断塞门的功能。

二位三通推拉式手动换向阀的外形及工作原理示意图如图 7-29 所示,它有三个外接口,P 为输入口,A 为输出口,O 为排气口。P 口与总风缸连通,A 口与气控阀的控制管连通,O 口与大气连通。

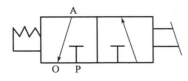

图 7-29 手动换向阀工作原理示意图

在正常状况下,A 口和 O 口相通,P 口截断,即总风不能进入输出口,而气控阀控制风路内的压力空气从排气口排入大气,气控阀保持正常的工作状态。当拉动手动换向阀的手把后,阀内柱塞转换位置,使 P 口与 A 口连通,截断 O 口通路,输入端的总风缸压力空气进入输出端气控阀控制风路内,促使气控阀转换工作状态:常闭气控阀变为常开,常开气控阀变为常闭,控制相应的气路通道。

手动换向阀同中继阀前常开气控阀的组合,是用来替代列车管上的截断塞门。在进行附挂回送的转换过程中,采用这种方式,操作人员就无须爬进车内或钻入车底去关闭中继阀前的列车管截断塞门,这就给机械的使用带来安全和方便。所以,现在生产的铁路大型养路机械上都采用了这种结构。

五、中继阀

中继阀作为自动制动阀的执行元件,通过均衡风缸的压力变化来控制列车管的压力变化。

中继阀具有供排风快和灵敏度高的特点。中继阀由双阀口式中继阀、总风遮断阀及管座等组成,其组成如图 7-30 所示。

1. 双阀口式中继阀

如图 7-31 所示,双阀口式中继阀由主活塞 19、膜板 22、排风阀 10、供风阀 4、供风阀套 1、排风阀套 16 及阀体等组成。

过充阀是为提高列车管的充风速度而设置的。但在 YZ-1 制动系统中,不利用中继阀的过充特点,故从略。

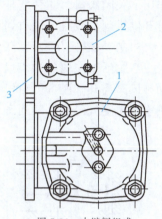

图 7-30 中继阀组成
1-双阀口式中继阀;2-总风遮断阀;3-管座

中继阀主要作用是控制列车管的充风和排风。主活塞 19 的左侧与均衡风缸管连通,其右侧与列车管相通。主活塞通过顶杆 20 与排风阀 10、供风阀 4 联动,排风阀室与大气通,供风阀室通总风管。

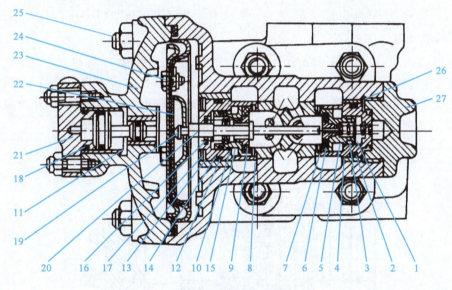

图 7-31 双阀口式中继阀
1-供风阀套;2、3、11、12、14-O 形圈;4-供风阀;5-供风阀弹簧;6-胶垫螺母;7-供风阀套挡圈;8-排风阀挡圈;9-排风阀胶垫;10-排风阀;13-定位挡圈;15-胶垫螺母;16-排风阀套;17-排风阀弹簧;18-过充柱塞;19-主活塞;20-顶杆;21-过充盖;22-膜板;23-中继阀盖;24-螺钉;25-螺栓;26-供风阀胶垫;27-螺盖

根据均衡风缸的压力变化,该阀共有三个作用位置,如图 7-32 所示。

1) 充气缓解位(图 7-32a)

主活塞 3 左侧均衡风缸压力增加,膜板活塞向右侧移动,通过顶杆将供风阀口 1 开启,总风管 6 压力空气经供风阀口 1 向列车管 5 充风,同时经 1mm 的缩孔 8 使列车管与主活塞右侧连通,列车管压力的增加,逐渐平衡主活塞左侧压力,活塞左移逐渐缩小供风阀口,直至关闭。

2) 保压位(图 7-32b)

当主活塞 3 两侧压力接近一致时,主活塞处于平衡状态。供风阀与排风阀均在其弹簧作用下关闭阀口。主活塞任何一侧压力降低或增高时,主活塞就向低压侧移动,从而相应地打开供风阀口或排风阀口,直至达到新的平衡,即保压位的主活塞最终处于平衡状态。

3)制动位(图7-32c)

当主活塞左侧的均衡风缸压力降低,右侧列车管压力推动主活塞左移,主活塞使顶杆带动排风阀离开阀座,开启排风阀,此时列车管的压力空气经排风口7排向大气,同时活塞右侧室压力空气经缩孔随列车管一同降压。

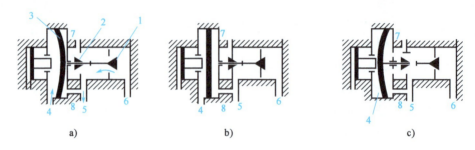

图7-32 中继阀各作用位置示意图

1-供风阀口;2-排风阀口;3-主活塞;4-均衡风缸管;5-列车管;6-总风管;7-排风口;8-缩孔

2. 总风遮断阀

如图7-33所示,总风遮断阀由阀体1、遮断阀5、阀座2、弹簧11等组成。总风遮断阀中的遮断阀与中继阀中的排风阀通用。该阀作为控制总风向列车管充风的一道关口,当遮断阀左侧无压缩空气时,总风压力克服弹簧的作用力使遮断阀左移,打开阀口,使总风向列车管充风;若在遮断阀左侧通入总风后,遮断阀阀口迅速关闭,切断列车管风源。

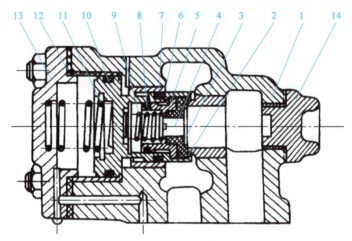

图7-33 总风遮断阀

1-阀体;2-阀座;3-胶垫;4-胶垫螺母;5-遮断阀;6-遮断阀套;7、8、10-O形圈;9-遮断阀弹簧;11-弹簧;12-胶垫;13-遮断阀盖;14-螺盖

3. 管座

中继阀管座是作为双阀口式中继阀和总风遮断阀的安装座,同时也是外接管的连接座,这样便于组装和检修。管座上有五根管子,分别为:总风遮断阀管(Dg8)、总风管(Dg25)、列车管(Dg25)、均衡风缸管(Dg8)和过充阀管(Dg8),其中过充阀管没有使用。

六、紧急放风阀

紧急放风阀的作用是在紧急制动时加快列车管的排风,使紧急制动的作用可靠,提高紧急制动灵敏度和紧急制动速率。

紧急放风阀主要由阀和安装座组成,安装座内有容积为1.5L的紧急室、列车管通阀安装座,将阀安装在安装座上。该阀的结构如图7-34所示,由紧急活塞1、夹心阀7、放风阀8、导向杆6、传递杆5和柱塞阀4等组成。紧急活塞由橡胶模板密封,导向杆和传递杆由O形橡胶密封圈密封。

紧急活塞的上侧经阀盖和阀体内的通道与阀座内紧急室连通,下侧经阀座内通孔与列车管连通;导向杆的下侧经阀下盖、阀体也与列车管连通。

阀有三个作用位置:充气位、常用制动位和紧急制动位。

1. 充气位(图7-34a)

当列车管充风时,紧急放风阀处于充气位。从列车管来的压力空气,经滤尘网进入紧急活塞下方,并推紧急活塞上移,直至活塞与上盖接触,并通过一个$\phi 16mm$的密封圈与上盖密贴。这时,进入活塞下方的列车管压力空气,经活塞尾部与夹心阀的间隙,通过活塞中心的空心杆和$\phi 1.7mm$的缩孔Ⅰ,再经上部横向$\phi 0.5mm$的缩孔Ⅱ向紧急室充风,直到紧急室压力与列车管压力相等为止。缩孔Ⅱ的通径最小,它起到了限制向紧急室充风的作用,使紧急室的压力不能与列车管压力同步上升,防止了列车管充风时因列车管压力的波动而引起的意外紧急放风。

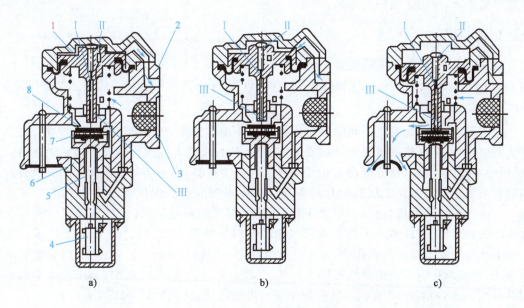

图7-34 紧急放风阀结构原理图

1-紧急活塞;2-紧急室;3-列车管;4-柱塞阀;5-传递杆;6-导向杆;7-夹心阀;8-放风阀

由列车管进入紧急放风阀的空气除一路进入紧急室外,还有一路从阀体下的暗道进入导向杆的下方,与导向杆6内的弹簧作用力共同使夹心阀7紧贴在阀座上,关闭了列车管的排风通路。

在充气位时,位于尾端的柱塞阀4处在复原状态。

2. 常用制动位(图 7-34b)

当列车管按常用制动速率排风时,紧急活塞下方的列车管压力也随之下降。但是紧急室的压力空气因受缩孔Ⅱ、Ⅰ的限制,来不及同步向列车管逆流,造成活塞上方的压力稍高于下方,使活塞缓缓下移,上方的密封圈与上盖分开,这就使缩孔Ⅰ成为紧急室向列车管逆流的限制孔。这个缩孔能保证在常用制动减压速率下,紧急室的逆流速率与列车管压力下降速率保持一致。使紧急活塞处于悬空状态。当列车管保压时,活塞在弹簧力作用下又恢复至充风位。但紧急室的压力与列车管压力均为制动保压后的压力。可见缩孔Ⅰ的大小直接影响该阀的性能,过大则会降低阀紧急制动的灵敏度,过小又会降低阀常用制动的稳定性。

3. 紧急制动位(图 7-34c)

紧急制动时列车管压力以紧急速率快速排向大气,但紧急室的逆流速率远低于列车管的减压速率,使活塞上方的紧急室压力远高于活塞下方的列车管压力,活塞继续下移,压下夹心阀,开放排风阀口,产生紧急制动。

因活塞杆尾部已紧贴夹心阀 7,紧急室压力已无法经活塞杆中心孔道排出,它只能经横向 $\phi1.2mm$ 的缩孔Ⅲ向外排出。可见缩孔Ⅲ的设计是为了限制紧急室在紧急制动时的排风速度,使其慢于列车管的排风速度,保证了排风阀口有足够的开放时间。

另外,放风阀下部的柱塞阀 4 也被压缩,使中继阀的遮断阀管充以总风,从而切断了中继阀向列车管充风的供风源。

紧急室压力排空后,在活塞弹簧的作用下,紧急活塞恢复至充气位。此时,放风阀关闭,柱塞阀复原,列车管才能恢复充风。

七、分配阀

YZ-1 型空气制动机采用的是 109 型分配阀,它包括主阀、安装座及安全阀三大部分,如图 7-35 所示。分配阀具有充风缓解位、常用制动位、保压位和紧急制动位四个作用位置。

1. 主阀

主阀用 M16 的双头螺柱和螺母安装在安装座垂直面上,安装面用橡胶垫密封,安装座坐式安装在支架上;将阀与接管通过安装座分离,使拆检极为便利。主阀控制不同通路的充风、缓解、制动和保压,是分配阀最主要部分。它由主阀部、均衡部和增压阀三部分组成。主阀部利用列车管与工作风缸的压力差来产生充风、局减、制动、保压和缓解等作用。

主阀体用铸铁铸成,内部有用来安装主阀部、均衡部和增压阀的空腔,并压装有与各部件相配的铜套,还有许多通道作为内部气路。主阀安装面上的通孔,如图 7-36 所示。其中有一个孔径为 $\phi0.8mm$ 的缩孔堵,在施行制动的第一阶段局减时,流入安装座内局减室的压力空气,经该缩孔沿胶垫槽路缓慢排入大气,实现列车管的局减。在主阀体上左侧中部有主阀部排风口 d_3(排容积室的风),其右侧中部为均衡部排风口(排制动缸的风)。

2. 安装座

安装座用灰铸铁铸成,座内铸有 1.85L 的容积室空腔和 0.6L 的局减室空腔。安装座背面和右侧面为接管面。背面接总风管 F、制动缸管 Z、作用管 R、列车管 L 及工作风缸管 G 五根管子。右侧面接单独缓解管,它经主阀安装面上的 r_5 孔,通分配阀均衡活塞的下侧。正面则为主阀安装面。顶面装有安全阀,与座内的容积室相通。安装座如图 7-37 所示。

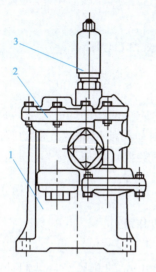

图 7-35 109 型分配阀
1-主阀；2-安装座；3-安全阀

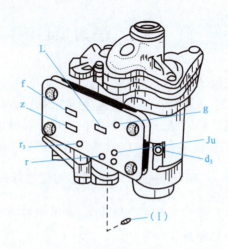

图 7-36 主阀安装面通孔
L-列车管；f-副风缸；z-制动缸；g-工作风缸；r-容积室；Ju-局减室；d_3-主阀部排风管；I-局减室排风缩堵孔（$\phi 0.8mm$）；r_5-均衡活塞下压室

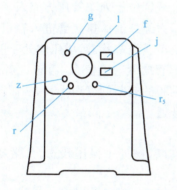

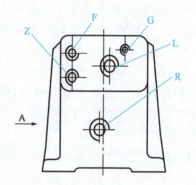

图 7-37 分配阀安装座
Z-制动缸；F-总风管；G-工作风缸；L-列车管；R-作用管；g-通工作风缸；l-通列车管；f-通总风管；z-通制动缸；r-通容积室；r_5-通均衡活塞下侧和单缓管；j-通局减室

3. 安全阀

安全阀主要由阀、阀杆、调整弹簧、阀体等组成，如图 7-38 所示。安全阀的功用是限制容积室的压力，从而控制制动缸的压力，防止紧急制动作用后制动缸压力过高，使其在规定的范围内（调定压力为 450kPa，无动力回送时定为 220kPa）。

当容积室压力超过调整弹簧压力时，阀口稍微离开座，压力空气进入较大的阀面上，使阀快速上升，阀杆上移，将通往阀上部的左侧直孔 a 通道关闭，同时开放排风口 b，使容积室压力降低。一旦容积室压力降低，调整弹簧又将阀稍微压下，此时左侧直孔 a 开放；压力空气进入阀的上部，使阀的上部受力增大，迅速将阀压下，关闭排风口 b。当容积室压力再度增加时，又重复上述过程。由于该全过程很快，所以安全阀的动作是跳跃式的。

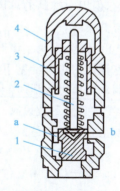

图 7-38 安全阀
1-阀；2-阀杆；3-调整弹簧；4-阀体；a-直孔；b-排风口

学习项目四　制动机的综合作用

制动机的综合作用是协调制动与缓解。

本制动机为双端操纵,两端的操纵方法完全一样。为防止两端的同时操纵,每台车仅备一组手把,手把只能在运转位取出。在操纵端作为自动制动阀使用的空气制动阀的转换拨杆应置于"空气位";作为单独制动阀使用的空气制动阀的转换拨杆应置于"电空位"。

▶▶ 一、自动制动和单独制动的综合作用

1. 单独制动阀在运转位,自动制动阀在各作用位置的作用

1)缓解位

减压阀管与均衡风缸管连通,使减压后的压力为 500kPa 的总风经自动制动阀的作用柱塞、转换柱塞充入均衡风缸。

(1)中继阀。因均衡风缸增压,中继阀处于充气缓解位,总风经开启的供风阀充入列车管,直至与均衡风缸压力一致后中继阀恢复到保压位。

(2)分配阀。列车管的增压使主阀部处于充气缓解位。列车管压力充入工作风缸;容积室压力由主阀排气口排出;均衡部均衡活塞下侧压力经外部的单缓管进入容积室,再由主阀排气口排出;制动缸压力由均衡部排气口排出。全车呈缓解状态,增压阀处于关闭状态。

(3)紧急放风阀。该阀处于充气缓解位。列车管向紧急室充风,直至两者压力相等,放风阀关闭;同时,放风阀下部的柱塞阀复原,使中继阀的遮断阀管通大气,从而使中继阀的总风遮断阀处于开启状态,保证了中继阀供风源的开通。

2)中立位

列车管减压后手把放于中立位,各通路均被切断,阀处于保压状态,且微动开关被制动阀的定位凸轮压缩,输出电连锁信号。

(1)电空阀。电联锁信号使电空阀得电,总风经电空阀到中继阀的总风遮断阀,使中继阀的总风被切断。

(2)中继阀。该阀主活塞呈保压状态。当列车管压力漏泄后,主活塞又转为充气缓解位,但因中继阀的总风已被切断,列车管的漏泄无法得到补偿,防止了长时间制动保压后的自然缓解。

(3)分配阀。该阀的主阀部处于保压状态,工作风缸停止向容积室充风而保压。与容积室连通的均衡活塞下侧也保压。当制动缸压力与容积室压力一致时,均衡部处于保压状态,制动缸压力漏泄时能自动得到补偿,增压阀仍处于关闭状态。

(4)紧急放风阀。该阀处于制动后的充气缓解位。紧急放风阀和其下部的柱塞阀状态同上述的缓解位。

3)运转位

运转位与中立位的气路状态完全一样,各通路被切断,不同之处是微动开关被定位凸轮压缩,故无电连锁信号输出,电空阀失电,中继阀、遮断阀通大气,总风被接通,因此制动保压后的列车管漏泄能自动补偿。中继阀、分配阀、紧急放风阀的状态位置与中立位完全一样。

由此可见,制动保压操纵时,当需要有列车管漏泄的自动补风功能时,自动制动阀手柄

置"运转位";反之,当不需要列车管漏泄的自动补风功能时,自动制动阀手柄置"中立位"。

4)制动位

均衡风缸经作用柱塞、转换柱塞和排气缩堵以常用制动排风速率排至大气,微动开关仍被定位凸轮压缩,输出电连锁信号。

(1)电空阀。电空阀与中立位状态相同。

(2)中继阀。因均衡风缸的减压,中继阀的排风阀开启,列车管压力经排风阀排至大气,直至与均衡风缸压力一致,中继阀呈制动中立位。

(3)分配阀。分配阀的主阀部处于制动位,使容积室压力增高,均衡部处于制动位,开放总风与制动缸通路,制动缸增压,直至手柄转为中立位后,列车管压力与工作风缸压力平衡时,主阀部转为制动保压位;容积室压力与制动缸压力平衡时,均衡部转为制动保压位。增压阀仍处于关闭位。

(4)紧急放风阀。紧急放风阀处于制动位。紧急室压力以接近列车管的减压速率排至列车管。当手柄转至中立位后,列车管压力与紧急室压力平衡时,转为制动后充风状态。紧急放风阀仍关闭,其下部的柱塞阀处于复原状态。

2. 自动制动阀在缓解位,单独制动阀在各作用位置的作用

自动制动阀在缓解位时,分配阀处于充气缓解状态,容积室压力经主阀排气口排大气,但容积室与均衡活塞下侧的连通被梭阀所切断,而单独制动阀的作用管通过梭阀与均衡活塞下侧连通,达到单独制动和缓解的目的。

1)缓解位

作用管经单独制动阀的作用柱塞、转换柱塞排大气,而均衡活塞下侧的压力空气又经外接的单缓管和梭阀与作用管连通,于是均衡活塞下移。制动缸压力经活塞杆中心孔排入大气,达到单独缓解的目的。

2)中立位

各通路均被切断,作用管保压达到单独制动保压的目的。

3)制动位

经减压阀调整后的 360kPa 总风压力,由减压阀管经单独制动阀的作用柱塞、转换柱塞通作用管,并再经梭阀和单缓管通均衡活塞的下侧,使均衡活塞上移,顶开均衡阀,总风经均衡阀口向制动缸充风,达到单独制动的目的。

3. 自动制动后的单独缓解

自动制动后,容积室压力空气经梭阀和单独缓解管至分配阀的均衡活塞下侧,由于梭阀的作用切断了单独制动阀作用管与分配阀均衡部的连通,因此无法达到用单独制动阀缓解的目的。此时可以下压自动制动阀手柄,顶开放风阀,使其与均衡活塞下侧连通的单独缓解管压力空气排大气,从而达到单独缓解的目的。

4. 紧急制动

YZ-1 制动系统的紧急制动不是由自动制动阀直接控制的,而是由紧急制动阀直接排列车管的风实现的。

(1)自动制动阀。手把在缓解位,总风以 500kPa 的调整压力向均衡风缸管充风。

(2)单独制动阀。手柄在运转位,各气路的联络被切断。

(3)紧急放风阀。因列车管急剧排风,紧急活塞下移,顶开紧急放风阀,列车管压力空气

经放风阀排入大气,放风阀下端的柱塞阀下移,使总风通中继阀的遮断阀管,直至紧急室压力空气排空后,紧急活塞恢复至缓解充风位,柱塞阀才复位。

(4)中继阀。因列车管减压,中继阀处于充气缓解位,供风阀开启。但是因柱塞阀下移,总风经梭阀充入中继阀的遮断阀管而使总风源被切断。因此,中继阀虽处于充气缓解位,但是列车管还是得不到充风,保证了紧急制动作用的产生。

(5)分配阀。分配阀的主阀部和均衡部的位置同常用制动时的位置一样。增压阀产生动作,总风经增压阀充气孔充入容积室,并受安全阀的限制,使容积室的最高压力达 450kPa。

5. 紧急制动后的单独缓解

紧急制动后的单独缓解与自动制动后的单独缓解类似,只需下压自动制动阀手把就能实现单独缓解。所不同的是紧急制动后的单缓时间比常用制动后的单缓时间长,且制动缸压力不能完全缓尽。这是因为紧急制动后,增压阀发生作用,总风将通过增压阀向容积室补风,以提高容积室的压力,当下压手把单缓时,因增压阀没有复位,出现了一面单缓排气而一面总风补充的现象,故单缓的时间将要延长,制动缸压力不能缓尽。

二、附挂回送时制动系统的转换手续

附挂回送时,一般挂在列车的尾部,整车处于无动力状态。要求制动系统起到车辆制动机的作用。为此,在挂车前须对制动系统办理一定的转换手续。

(1)两端的自动制动阀和单独制动阀手把均从运转位取出,以切除各制动阀的作用功能和可能发生的误操作。

(2)关闭中继阀的列车管截断塞门,使中继阀不再能控制列车管的压力变化。否则,中继阀不正常的充、排风将影响全列车的正常操纵。

(3)开放无动力回送塞门。由于该车处于无动力状态,空气压缩机停止运转,中止了向总风缸的供风。为此,必须开放无动力回送塞门,使总风缸从列车管那里得到充风,以作增压阀和制动缸的供风源。

(4)调整安全阀的最高压力为 220kPa,以减轻特种车在列车制动中所承担的制动负荷。

如分配阀出现故障,而又无法及时修理时,则可以关闭列车管支管塞门,使分配阀作关闭处理。

三、多机联挂时非操纵端制动系统的转换手续

铁路大型线路机械作业时,经常采用各型机械联合作业的方式,编组时,在非操纵端机械的制动系统原则上也需办理上述附挂转换的全部手续,但是如果空气压缩机正常运转,就不必执行其中第(3)项,即不需开放无动力塞门,而且第(4)项关于调低安全阀工作压力为 220kPa,也可不作硬性规定。

练 习 题

1. YZ-1 型制动机主要由哪几部分组成?
2. YZ-1 型制动机自动制动性能和单独制动机性能如何?
3. WABCO 型空气干燥器由几部分组成?

4. WABCO 型空气干燥器的工作原理是什么？
5. YZ-1 型制动机的作用原理是什么？
6. 空气制动阀由哪几部分组成？其四个工作位置各是什么？
7. 空气制动阀的作用是什么？
8. 紧急制动阀的作用是什么？
9. 调压阀的作用是什么？
10. 中继阀由哪几部分组成？其作用是什么？
11. 试说明分配阀在充风缓解位、常用制动位、保压位和紧急制动位的作用原理。
12. 清筛车在附挂回送时制动系统应办理的转换手续是什么？

单元八

运行与作业

【知识目标】
1. 熟悉清筛机运行前的各项准备工作。
2. 掌握区间清筛机运行条件、操作内容与步骤。
3. 掌握清筛机各工作装置的操作与调整。
4. 熟悉并掌握清筛机现场施工作业条件和程序。

【能力目标】
1. 能够协同做好清筛机运行前的各项准备工作。
2. 能够做好运行前工作装置检查、制动系统检查,正确进行运行操作。
3. 能够操作、调整清筛机各工作装置。
4. 能够协同做好施工封锁前慢行作业准备工作,并根据现场作业要求,及时准确地对清筛机的工作装置进行操作与调整。

清筛机的操作人员应懂得设备的操作知识和运用方法,经考试合格并持有操作证者,方准进行操作。操作者必须严格遵守有关安全制度,随时注意人身及设备安全。

学习项目一　柴油发动机的起动

▶▶一、起动前准备

机器只有在柴油发动机、液压部件和齿轮箱均注满油,温度适当的情况才能起动。如果主风缸内没有气压,则前、后发动机仅能分别在前、后司机室起动。一旦主风缸内气压达到500kPa后,则可随意在某个司机室内起动任意一台发动机。

▶▶二、在前司机室中起动前柴油发动机

机器初始起动,此时主风缸内没有建立起气压,前司机室只能起动前柴油发动机(同样,也适用在后司机室起动后柴油发动机)。前司机室运行位操作台面板如图8-1所示,后司机室运行位操作台面板如图8-2所示。

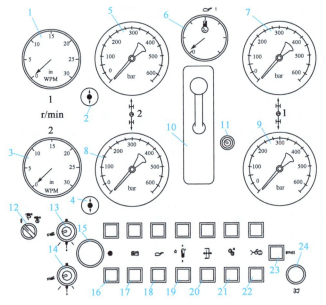

图8-1　前司机室运行位操作台面板

1-前发动机"1"转速表;2-前发动机速度调整杆;3-后发动机"2"转速表;4-后发动机速度调整杆;5-"2"正向运行压力表;6-前发动机"1"油压;7-"1"正向运行压力表;8-"2"反向运行压力表;9-"1"反向运行压力表;10-调速换挡手柄;11-调速换挡手柄锁定;12-刮水器及喷水器开关;13-前发动机"1"起动开关;14-后发动机"2"起动开关;15-发动机紧急停机;16-前、后发动机预热;17-前、后蓄电池指示灯;18-"1"、"2"发动机油压控制灯;19-"1"、"2"发动机温度控制灯;20-"1"、"2"发动机离合器控制灯;21-"1"、"2"主齿轮箱润滑控制灯;22-"1"、"2"补油压力控制灯;23-旁路控制灯;24-喇叭按钮

1. 起动操作

(1)将起动钥匙(E30)插入前柴油发动机的起动开关,并将它由0位顺时针转动至第一限位。

观察:前柴油发动机的红色指示灯发亮,柴油发动机油压指示灯亮,电池充电控制指示灯也会亮。

声响:指示补油压力和主齿轮分动箱油压的脉冲蜂鸣器发声。

(2)将前柴油发动机调速手柄压下约2s以获得发动机正常的怠速速度。

(3)在寒冷季节,应按下预热开关,进行预热(指示灯亮),并保持15~20s。

(4)用力踩下主离合器踏板。因为此时主风缸内无气压,助力缸不能工作,只能靠司机脚踏力使主离合器脱开,黄色指示灯亮。

(5)将起动钥匙继续转动并顶着弹簧转至最右端,这样,柴油发动机即可开始起动,一旦柴油发动机起动,就松开起动钥匙。如果柴油发动机在10s内还未起动,在重新起动前时间间隔至少为30s。

(6)柴油发动机起动后,将其转速调至1400r/min,并观察柴油发动机油压指示。即使空转,机油压力应高于200kPa。符合这一要求,则柴油发动机油压和电池充电控制灯熄灭。

(7)缓慢松开离合器踏板,主离合器接合,离合器黄色指示灯熄灭,前柴油发动机和相应的由它驱动的液压部件应在大约1500r/min转速下进行温车运转。

2. 起动成功且主离合器合上后,应观察项目

(1)补油压力红色指示灯和主齿轮分动箱指示灯会熄灭,脉冲蜂鸣器会停止发声。

(2)补油压力的指示压力表,在任何时候都应指示在2.5MPa以上。

三、在前司机室中起动后柴油发动机

当前柴油发动机起动后,主风缸气压达到500kPa时,就可以在前司机室中起动后柴油发动机(同样,也适用于在后司机室中起动前柴油发动机)。

当后柴油发动机离合器接合后,在后司机座上应观察:后柴油发动机油压表在柴油发动机空转时,油压至少达到200MPa;后补油压力的压力表,在任何时候的指示油压应大于2.5MPa。

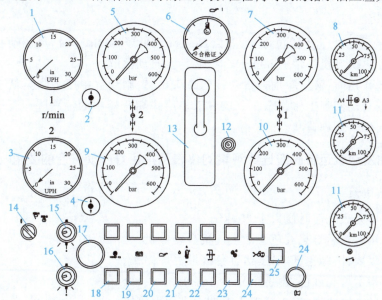

图8-2 后司机室运行位操作台面板

1-后发动机"2"转速表;2-后发动机速度调整杆;3-前发动机"1"转速表;4-前发动机速度调整杆;5-"2"正向运行压力表;6-后发动机"2"油压;7-"1"正向运行压力表;8-"4"车轴离合器油压表;9-"2"反向运行压力表;10-"1"反向运行压力表;11-"3"车轴离合器油压表;12-调速换挡手柄锁定;13-调速换挡手柄;14-刮水器及喷水器开关;15-后发动机"2"起动开关;16-前发动机"1"起动开关;17-"1"、"2"发动机紧急停车按钮;18-前、后发动机预热;19-前、后蓄电池指示灯;20-"1"、"2"发动机油压控制灯;21-"1"、"2"发动机温度控制灯;22-"1"、"2"发动机离合器控制灯;23-"1"、"2"主齿轮箱润滑控制灯;24-"1"、"2"补油压力控制灯;25-旁路控制灯

四、自动监测

对于柴油发动机、主离合器、气制动和液压回路，为保证安全，设有自动监测装置。其功能如下：

1. 起动

(1)主离合器必须彻底脱开。

(2)电路电压为 24V。

(3)液压油箱油量足够。否则，不能起动。

2. 起动后柴油发动机自动停机

(1)柴油发动机起动后，如果机油压力太低，15s 内会自动停机。

(2)如果主风缸气压小于 500kPa，4min 内也会自动停机。

3. 工作中柴油发动机自动停机

(1)工作中出现机油压力太低。

(2)电流被切断。

(3)液压油箱和液压部件中油面太低。

(4)主风缸中气压太低以及 STOP 键突然被压下的情况，两个柴油发动机就会同时自动停机。

如果柴油发动机在 15s 内重新起动，在起动前先将点火钥匙向左拧至 0 位，当气压足够，柴油发动机停机时，主离合器会自动松开。

4. 制动装置

如果大闸手柄处于运转位，当列车管压力降至低于 460kPa 时，风制动会自动起作用；当列车管风压再次升至正常值 500kPa 时，制动会自动缓解。

风制动起作用时，液压驱动会自动转到卸荷状态；制动缸中压力降至低于 60kPa 时，液压驱动会重新自动回到工作状态。一旦液压多层式离合器中的油压降至低于 1.2MPa 时，液压驱动会自动转到卸荷状态。

五、柴油发动机运转时应连续观察的仪表及指示灯必须符合的要求

1. 柴油发动机

(1)机油压力表任何时候大于 200kPa。

(2)机油压力指示灯亮红色柴油发动机自动停机。

(3)温度表表针：绿色区域正常，红色区域立即停机。

(4)温度指示灯亮红色，温度太高立即停机。

(5)温度脉冲蜂鸣器，发出蜂鸣声温度太高立即停机。

(6)空气滤清器指示灯亮红色，干式纸质空气滤清器应更换。

(7)转速表：最小 1250r/min，满载 2300r/min，最大允许 2500r/min。

2. 三项发电机组及蓄电池

(1)充电指示灯亮红色表示发电机不良，熄灭表示蓄电池组正在充电。

(2)电流表：指针"＋"充电，"　"放电。

3. 空气压缩机与气动部分

主风缸压力表观察最大工作压力和空气压缩机压力调节器的范围。切断压力即最大容许工作压力为 740kPa,开机压力即最小工作压力为 660kPa。

4. 主离合

主离合指示灯亮黄色,起动时短暂发亮,停机时常亮。

5. 主齿轮分动箱

油压指示灯亮红色,油压过低,立即停止发动机。

6. 液压系统

(1) 补油蜂鸣器、指示灯亮红色,补油压力过低,立即停机。

(2) 补油压力表指针范围,容许压力为 2.5MPa(热油)。

(3) 液压油滤清器红色指示灯,柴油发动机在运转时,当这些灯亮并且当液压油温度超过 40℃时还亮,必须更换:补油压力滤清器、控制压力滤清器、回油滤清器的滤芯。

(4) "控制压力":压力表指针范围,正常值大约为 6MPa。

(5) "旁通"指示灯绿色,表示机器准备运行,如风制动被缓解。

(6) 液压油箱油量观察窗,应高于油面刻度指示。

(7) 液压油箱油温,正常约为 60℃,容许短时 82℃。

7. 风制动

双针压力表:

(1) 白色指针表示总风管压力,正常值为 500kPa。

(2) 红色指针表示制动缸压力:缓解为 0kPa,全制动为最大压力 350kPa 和 420kPa(图 8-3)。

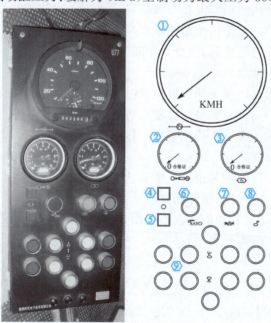

图 8-3 运行监控面板

1-速度表;2-压力表(白色指针-总风管压力,红色指针-制动缸压力);3-总风缸压力;4、5-前后制动控制灯;6-砂箱按钮;7-旋转警灯按钮;8-照明按钮;9-前后大灯、标志灯按钮

六、柴油发动机操作注意事项

1. 避免误操作的防范措施

气动控制、风制动、液压驱动均采取了一些预防措施以避免误操作。保留钥匙和手柄;在机器上锁定控制阀钥匙、司机制动阀手柄、速度换挡手柄,仅留存一个。

2. 柴油发动机操作规范

(1)机器上只有两把起动钥匙。

(2)点火开关上的起动钥匙只能在0位时插入或转动。

(3)蓄电池主开关只有在机器停止后才能操纵。

(4)主离合器在柴油发动机运转时,只有当机器不动时,能短暂脱离,时间约为30s;只有当液压驱动断开时(即空载)才能接合。

(5)柴油发动机调速器手柄一次操作时间最多3s,当机器运行时,柴油发动机转速不能改变。

学习项目二 区 间 运 行

一、运行条件

1. 运行前工作装置检查

清筛机运行时,所有不与机器呈一体的部件必须固定在吊钩或挂钩上。为保证QS-650型清筛机能符合我国铁路机车车辆装载限界,各部件应遵守下列要求:

(1)回转污土输送带用插销固定在中间位置。

(2)回转污土输送带的上部由插销固定在平台的尾部。

(3)双边挖掘链槽应完全提起并收回,用随带的链和拉杆固定。

(4)链条张紧液压缸伸出超过250mm。

(5)挖掘链必须固定在链槽下的滑板上,挖掘链的末端必须由随机的托架固定。

(6)水平导槽和吊钩的提升臂必须固定在各自的上位。

(7)水平导槽和吊钩的提升机构也必须固定在各自的上位。

(8)起吊机具应收回并固定。

(9)道砟回填输送带应收回并由安全链和连杆固定。

(10)后拨道装置应在中位收回并固定。

(11)轨枕清扫装置必须提起固定在提升位置。

(12)振动筛必须调平(与机架平行)。

2. 制动系统检查及试验

制动系统必须确保安全和动作准确。

在每次线路运行前和超过2h长距离运行停机后都必须进行全面检查。必须检查闸瓦的正确制动和缓解,同时观察制动缸的密封性能和制动传动装置的可靠程度。

将大闸、小闸(图8-4)手柄分别置于运转位和缓解位,制动系统检查时手制动必须松开。当机器有溜车危险时,要用止动器将车轮止住(试验后去掉)。

图 8-4 清筛机大闸、小闸

制动系统检查试验时,主风缸的风压不得低于 600kPa,列车管压力应有 500kPa。制动试验项目如下:

1)大闸检查试验

(1)制动动作在所有相关联的车轮上起作用。

(2)列车管中(通过减压阀)应有 500kPa 的压力,此压力不能超过。

(3)制动后车轮闸瓦必须可靠缓解,准确连接并调整。所有闸瓦除了有损伤的以外都可使用。使用中的闸瓦的最大磨耗超过 25mm 厚时,必须更换。

(4)检查泄漏:将大闸手柄置于保压位,并观察列车管的压力降,要求在 1min 内压力下降小于 20kPa。检查完毕,将大闸手柄置于缓解位后,列车管内压力应升至 500kPa。

(5)检查制动缸行程:大闸制动后,用锤子敲击每个转向架上的闸瓦来检验制动的情况。不能出现闸瓦松开。正常情况下,制动缸活塞行程应为 80~90mm;当活塞行程达到 90mm 时,就应调整闸瓦,使活塞行程为 80mm。

(6)灵敏度检验:将大闸手柄快速放在制动位后,再立即将大闸手柄置于运行位,缓解制动,观察是否所有制动闸瓦都离开车轮。

试验中,各动作、给定压力、检测项目应相互匹配,不匹配时应参照有关资料进行调整。

2)小闸检查试验

该项制动仅用在单机运行上。将小闸手柄放在缓解位直到制动缸压力降至 0。将小闸手柄置于制动位,制动缸中的压力必须升至 360kPa。

用锤子敲击检验每个转向架的闸瓦,观察是否所有闸瓦都抱死,然后将小闸手柄放在缓解位直到制动缸压力降至 0,并观察所有闸瓦是否脱离车轮。

3)手制动(停机制动)

检查手制动动作(制动闸瓦必须抱死),手轮转动必须灵活。

3.走行装置制动系统操作要求

(1)大闸、小闸要求:手柄必须安装在大闸、小闸上,以便于在相应的司机台上操作(安装在中位,压下并顶住弹簧转 90°至锁定位)。

(2)驱动控制阀要求:钥匙只有在锁定和调速换向手柄在中位时才能插入或取出;装置解锁后,控制阀方能被操纵(调速换向手柄可通过一个横向导板在任何位置上固定)。

(3)换挡手柄要求:只有在上挡位时,换挡手柄才能在三通阀"慢速—快速"上装入取出。空挡位时,换挡手柄才能在三通阀"区间运行"或"作业"上装入取出。

(4)风制动(包括小闸制动、大闸制动和紧急制动控制):当制动缸中压力超过60kPa时,液压驱动自动断开(即卸荷,绿色指示灯不亮)。

注意:当缓解风制动时,液压驱动自动接通,机器会加速或减速至调速手柄调定的速度。

▶▶ 二、运行操纵

(1)将小闸手柄置于制动位。

(2)按要求将前司机室中换挡手柄置于"低速走行"或"高速走行"位置。选择条件是:重载、坡道上运行并联挂拖车,用低速走行,最大速度为45km/h;在没有坡道的线路上用高速走行,最大速度为80km/h。

(3)将换挡手柄插入"区间运行"三通阀并转到终止位。

(4)松开手制动。

(5)开机。操作司机就位。将柴油发动机转速升到最大(约2300r/min)。缓解气制动,一旦制动缸压力降至小于60kPa,旁通绿色指示灯亮时,机器便可开始运行。此时,松开调速换向手柄并将其从中位慢慢调到所需运行方向,则清筛机将开始运行并增速至驱动控制所要求的速度。

(6)运行。

①运行方向和速度由调速换向手柄控制。调速换向手柄可以调节走行变量泵,当手柄处于中位时,机器便停下来;手柄偏转越大,机器的行驶速度就越高。

②在运行过程中,如果调速换向手柄朝运行反方向位置移动,则速度会降低。这表明液压制动起作用。但不管怎样,在运行过程中,调速换向手柄只能逐渐地重新回到中间位置。

③反方向运行只能等机器停机后再进行。

④走行变量泵会按调速换向手柄的调节自动调整,液压系统不会超出允许压力,而卸荷阀不工作。

⑤走行马达的自动控制。当前进阻力增加时,四个走行马达中液压系统压力会升高,走行速度会自动降低;相反,当油压降低时,速度会自动增加。但是走行最高速度受换挡手柄置于位置(即"低速走行"或"高速走行")的限制,即使在下坡时也不能超过。

(7)制动。

①一般情况下制动。在运行中,通过缓慢操作调速换向手柄,降低柴油发动机转速,实现液压制动马达制动。

②长大线路上制动。通过大闸、小闸进行间接、直接制动来实现。

③下坡运行时制动。柴油发动机转速必须保证不能超过最大转速(2500r/min),制动时用风制动即可。

在运行过程中制动应尽可能地平稳。

大闸、小闸在缓解位、运转位,大闸制动被缓解时,制动管中应充满压力调节器调节的500kPa压力空气。空气制动接通时,液压驱动被脱开,绿灯会熄灭。

需要注意的是,大闸制动仅用于调车情况,当空气制动缓解时,液压驱动重新起作用,调速换向手柄应立即置于中位"0",以防止制动缓解后溜车。

(8)紧急制动。在运行中出现紧急状态,可使用紧急制动阀。

(9)停车。将柴油发动机转速下降至怠速空转,通过操纵大闸或小闸使清筛机平稳地停车,然后将调速换向手柄拉回中位,尽量避免突然停车。

(10)换向运行。当机器停车后,缓慢地将换向手柄从中位推到换向运行方向。

(11)操作司机室转换。操作司机室转换时,应先停车、停机。待司机转换驾驶后,应重新起动柴油发动机,再进行操作。

①将两台柴油发动机置于1300r/min空转。

②先操纵小闸或大闸,使制动缸中风压达到350kPa,然后置于中位,取走手柄。

③将小闸置于运转位。

④柴油发动机停机前应空转一会儿,使之冷却。停机步骤:踩压踏板使主离合器分离,黄色指示灯亮,将起动开关钥匙由1位转到0位并取走,待柴油发动机停机后松开踏板。

⑤锁住手动速度控制阀并取走钥匙。

⑥将调速换向手柄置于中位锁住并取走手柄。

进行上述一系列操作后,才能实现操作司机室的转换。这样,司机在另一个司机室内按上述过程重新起动柴油发动机。

(12)停机。停机与司机转换时的①~⑥步骤相同,即当停止柴油发动机运转后,要停机时需施加手制动(注意:较长时间停放应加铁鞋防止溜车);取走换挡手柄;关掉蓄电池主开关,取走钥匙。

(13)在某些情况下可以使用一台柴油发动机,但在这种情况下机器的速度和牵引力都将相对降低。

三、联挂运行(非牵引工况)

1.联挂前的准备工作

联挂前应检查(运行前检查同前):4个车轴齿轮箱油位必须达到标准的上限;走行液压回路必须充满液压油;取走全部钥匙和手柄(如大闸或小闸手柄各1个,手动速度控制阀钥匙2把,主蓄电池组开关钥匙2把,起动开关钥匙2把,调速换挡手柄1个和换挡手柄1个)。

2.联挂制动要求

(1)将两个大闸手柄置于运转位后取走。

(2)单独制动必须处于缓解状态,三个小闸都处于运转位。

(3)两个手制动必须处于缓解状态。

(4)所有闸瓦必须缓解。

3.联挂速度

联挂时,最大允许速度为100km/h。

学习项目三　清筛施工作业

清筛施工作业是铁道线路大修的主要项目。在清筛施工作业中,清筛机、配砟整形车、捣固车、稳定车一般都采取紧密配合的流水作业方式,使道床在清筛后能及时得到配砟、整形、捣固,尽快恢复线路的稳定性。图8-5为清筛施工作业的流程简图。

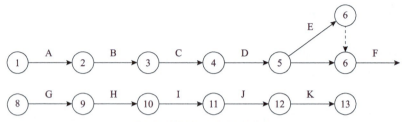

图 8-5 清筛施工作业流程简图

A-施工前调查和测量;B-施工前撤除障碍物;C-挖导槽坑;D-机械化清筛;E-风动卸砟车进行卸砟;F-配砟整形作业; G-捣固作业;H-稳定作业;I-各施工车辆编挂成列进入车站;J-开通线路;K-整理和巡养工作

QS-650型清筛机对道床进行作业时,作业方向的规定是:回转污土输送带处于机器的前方;挖掘链的运送侧在机器的左侧;挖掘链逆时针旋转(从机器顶部看)。作业时,应采取适当的安全措施,与邻线、电线杆、地下电缆等保持一定的距离,有火车临近时应预先发出警告信号。

一、清筛机的作业条件

(1)道床清筛施工时,应封锁线路。封锁前后的部分辅助作业需在列车慢行条件下进行。

(2)道床清筛施工时,清筛机后应配备捣固车、配砟整形车和动力稳定车。

(3)线路两侧建筑物(包括埋设在道床中的固定物体)至线路中线的距离必须大于或等于2100mm。

(4)作业地段线路的曲线半径应大于或等于250m。

(5)在无缝线路地段施工,作业中应严格执行对钢轨的测温制度,作业轨温应符合《铁路线路修理规则》的有关规定。

(6)道床翻浆冒泥严重地段不适合机械清筛。

(7)清筛机不能在桥梁及两端桥台范围内、道岔、两侧铺有硬质路面的道口和人行过道及宽轨枕线路上作业。

(8)施工领导人组织有关技术人员按线路大、中修设计文件进行调查和放样,并根据调查结果,开展施工组织设计,提报运输封锁计划和电务、供电、铁通等配合计划。

(9)按需预卸石砟,石砟不足时,禁止施工。

二、封锁前慢行作业准备

施工负责人发布慢行命令,不得超前施工准备。清除影响机械作业的各种障碍。根据《铁路工务安全规则》规定办理封锁。

1. 在慢行期间挖掘道床导槽坑的要求

清筛机挖掘链穿过枕底,作业前必须挖好放置水平导槽和挖掘链所需的导槽坑。作业前挖导槽坑现场施工,如图8-6所示。

(1)道床导槽坑尺寸。

①宽度:若用1.9m长标准水平导槽时,挖掘链清筛宽度为4.03m,挖掘宽度为4.3m。对于其他挖掘方式,沟槽宽度尺寸计算如下:

$$B = 挖掘宽度 + 0.3\mathrm{m}$$
$$B = 水平导槽长度 + 2.4\mathrm{m}$$

式中：B——挖掘沟槽宽度，m。

②长度：沿钢轨方向 1.0m，超出轨枕两端以外部分应与链导槽呈 30°斜度。

③深度：轨枕下 0.35m。

图 8-6　作业前挖导槽坑现场施工

(2)在决定挖掘导槽坑位置时，要考虑以下情况。

①在导向链 30°斜度范围内不应存在障碍物，如电缆槽、里程碑等。

②放入挖掘链时，从机器后车钩到沟槽的距离约有 20m。

③导槽坑严禁挖在钢轨接头或焊接接头处。

2. 机器整备

(1)操作司机如果是在前司机室座椅上就位，这时应准备向作业座转换；如果在后司机座椅上操纵运行，则应先完成操作司机室的转换。

(2)将作业座椅附近的小闸置于制动位，大闸置于缓解位；检查手制动是否缓解，因为作业时机器的牵引力要比停车制动力大得多。

(3)缓慢地将柴油发动机的转速提高到 2300r/min。

(4)前司机室的驱动控制阀锁定于中位并取下钥匙，移开调速阀换向手柄。

(5)在作业座椅上按以下步骤进行操纵。

①将调速换向手柄插入驱动控制阀并解锁。

②空挡时，将换挡手柄从三通旋阀"运行"位上取下。

③将"慢速—快速—驱动"三通旋阀置于慢速驱动挡。

④将换挡手柄插入"作业"挡三通旋阀，并扳到上挡位。

⑤严格按操作规程转换工作状态，遵守"一套钥匙一套手柄"制度。

3. 运行至挖掘道床导槽坑处并制动

在完成上述准备工作后，可运行机器到挖掘道床导槽坑处。

(1)缓解小闸(绿色"旁通"灯亮，表示机器准备就绪)。

(2)恰当地操纵调速换向手柄，将机器开至导槽坑处，直至链节能降至导槽坑槽内为止。

(3)将小闸置于制动位。

4.作业准备工作

作业准备工作如下:
(1)准备提升绳索、提升臂以及提升装置,以便水平导槽和挖掘链投入使用。
(2)从导向链的两端拉开链节。
(3)从挖掘链上取下保险带和销(在下降导槽上)。
(4)把安全链从回填道砟输送带的两侧取下。
(5)放下起拨道装置。
(6)放下后拨道装置。

三、安装挖掘链、调整工作装置

1.安装挖掘链

(1)借助于起升装置将水平导槽插入钢轨下的导槽坑内,图8-7所示为现场施工场景。

8-7 借助起升装置将水平导槽插入钢轨下的导槽坑内现场施工

(2)两侧链导槽均先水平伸展,然后同时下降与水平导槽相连接。
(3)用快速连接销和螺栓将水平导槽和两侧导槽连接起来。
(4)张紧液压缸收缩。
(5)将必要的零件插入挖掘链,使挖掘链连接起来呈封闭环状。
(6)将红色紧急停挖弦线系在机器两侧的紧急停挖开关上。

2.调整工作装置

(1)将振动筛置于水平位置。
(2)调整道砟导向。
(3)将振动筛上的道砟导向板置于中位。
(4)调整道砟的分布。

在作业时,全部清筛道砟应落在道床外侧,避免输送带范围内道砟堆积。开始操作时应注意:

①道砟分配板应位于使全部道砟落入回填输送带上的位置。
②道砟回填输送带都向外摆动,此时必须观察障碍物及接近邻线可允许的限度。

③过剩的道砟可部分通过打开道砟导流闸板输送掉。

(5)将回转污土输送带装置置于作业位置。

①从回转污土输送带上移开安全链。

②从平台上取下安全销。

③展开回转污土输送带的上部,按上部控制开关以调整垂直方向,在展开的过程中,要观察输送带的正确位置。

④解开水平调整装置(固定销),将回转污土输送带置于需要的位置上。

(6)调整前拨道装置。

(7)降下起道装置。

(8)闭合前后起道夹钳。在作业期间,四个控制起道夹钳的开关必须起作用。

(9)轻微起升起道装置,仅在作业期间将轨排起到所需的高度。

(10)按次序(链和振动筛的驱动次序)接通输送带和振动筛开关。

(11)作业中随时注意观察仪表和指示灯(表8-1)。

作业中仪表和指示灯显示　　　　表8-1

部件	仪表或指示灯		表示内容
	名称	显示标志	
马达油压	指示灯	发光、亮	发光时柴油发动机自动停机,停机时发亮
油温	指示灯	红色(闪烁)	灯闪烁时表示柴油发动机机油、液压油油温过高,应立即停机
电池充电控制	指示灯	红色	熄灭,电池正在充电
补油压力	指示灯	红色	灯闪烁及蜂鸣声,表示补油压力过低,应立即停机
	蜂鸣器	蜂鸣声	
主齿轮分动箱	指示灯	红色	发光时箱内润滑油油压过低,应立即停机
控制压力	压力表	指针范围	标准值为6MPa
输送带驱动	压力表	指针范围	压力值读数比泵内压力约低3MPa
振动筛驱动	压力表	指针范围	注意:开始作业时,压力可能超过限压阈值
压力表选择开关	压力表	指针范围	发生故障时,检验各液压缸末端处压力
前、后液压油缸	油量指示器	刻度	应高于油面刻度
	油温表	指针	标准温度50℃
主齿轮分动通风装置	液压油散热器		标准温度为80℃,油温上升时,检查其功能
	润滑油散热器		

四、作业程序

(1)缓解空气制动。

(2)发出短音警报。确保主挖掘链的危险区内无人时,方可开始作业。

(3)向上推起主挖掘链控制阀的锁定挡片以及挖掘用的滑阀。主挖掘链的运行方向取决于控制阀操纵的方向。

(4)调节挖掘链的张紧力。

(5)挖掘链运转后,适当起道(起道量为30～50mm),操作作业控制手柄,控制速度进行正常的清筛作业。

(6)按需调整挖掘深度。应注意挖掘深度的调整只能在作业过程中,不能在机器静止时。

(7)检查链导槽的内侧面,不应破坏轨枕。主操作手在作业中应根据振动筛马达驱动压力、各输送带的马达驱动压力以及挖掘系统中马达驱动压力来调整走行速度;回填道砟的不洁率升高时,应降低清筛走行速度。

(8)按要求调整道砟分配闸板。

(9)调整回填道砟输送带。若有必要,打开摆动自动装置。

(10)按要求控制筛网上的导向板。

(11)按要求控制道砟分配板。

(12)振动筛应始终保持水平(目测)。

(13)调节前起拨道装置。

(14)调整后拨道装置。

五、作业速度的选择

1. 选择速度

在作业过程中,挖掘链有四种可供选择的作业速度。

(1)最低速度,链速约为 2.0m/s(慢速挡,辅助泵最小排量)。

(2)低速Ⅰ,链速约为 2.6m/s(慢速挡,辅助泵最大排量)。

(3)低速Ⅱ,链速约为 2.8m/s(快速挡,辅助泵最小排量)。

(4)高速,链速约为 3.6m/s(快速挡,辅助泵最大排量)。

2. 选择方法

经验表明:在挖掘链驱动液压系统中压力保持为 20MPa 时,能获得最佳的作业效率。

司机在作业操作室中,应当始终对挖掘链驱动系统压力表进行观察。该压力值应保持小于 35MPa。当挖掘道床遇到的阻力发生变化时,该压力也会发生变化。如果油压达到 35MPa 时,液压系统中的溢流阀动作,挖掘链将停止工作,在这种情况下,控制阀应立即置回中位。

六、特殊地段作业

1. 平交道口的校整

铁路平交道口的校整可用装在后轴上的一台气泡水平仪来检查。通过道砟分配槽的调节可以影响到平交道口。应当注意的是:通过在某点进行道砟补偿量的调节只能对该点及该点前 14m 长度范围内的轨道起作用。

2. 道砟污染非常严重时(非回填的道砟挖掘)

通到道砟污染非常严重的地段,需将污砟全部抛弃时,将道砟分配阀置于最低位置,即液压缸全部缩回,导流板全部开启。由挖掘链带上的污砟将全部被送至主输送带,再由回转污土输送带抛出。

在作业中,可以不影响挖掘链的工作而关闭道砟导向阀。另外,也可置其于中位而仅仅清理部分污砟。

3. 紧急停挖

如果紧急停挖按钮被按下,挖掘链则会自动停止转动,液压驱动会断开,直接作用的空气制动系统立即动作,走行停止,同时响起警鸣声。

注意在按下紧急停挖按钮后,应立即将单独制动阀置于"制动位",只有在这种情况下,才能将紧急停挖开关置于断开位。

七、暂停作业

(1)将作业速度降至0。
(2)将挖掘控制阀置于中位并用折板将其锁定。
(3)将风制动置于制动位。
(4)由于作业条件所致,停机后可能造成道砟堆积,在最糟糕的情况下,例如最大的挖掘量,且道砟回填输送带处于非摆动状态或者钢轨处于降低状态,这些道砟和污土堆积在道砟回填输送带和主输送带上,不能被道砟回填输送带前端的刮砟板所处理,因此在下一次起动之前必须进行人工清理。
(5)原则上应尽量避免在作业过程中的暂时停机,因为这样会破坏线路的几何形状。

八、重新作业

(1)缓解气制动。
(2)鸣笛并确认危险区内无人。
(3)打开挖掘链驱动控制阀侧的锁定折板,将控制阀置于挖掘位。
(4)选定作业速度。

九、作业结束

(1)将作业速度降至0。
(2)将挖掘链控制阀置于中位并锁定。
(3)将气制动置于制动位。
(4)按顺序关闭输送带驱动和振动筛的驱动。
(5)降下起道装置。
(6)将起道夹钳的所有控制开关置于中位。
(7)关闭道砟输送带的摆动装置。
(8)将道砟回填输送带旋转到位并锁定。
(9)折叠回转污土输送带并锁定,降低其伸出部分。
(10)所有作业装置恢复到区间运行位置并锁定。
(11)换挡手柄置于空挡位,将其取下并置于"快速—慢速—驱动"的三通阀上。

十、实现机器由作业走行到区间运行的转换

机器清筛某段后作业结束返回宿营地时,需进行由作业走行到区间运行的转换。
(1)检查全部作业装置复位及锁定情况并均应符合装载标准。
(2)开动机器越过作业区。
(3)锁定驱动控制阀并拔出钥匙。

(4)将调速换挡手柄置于中位并拔出。

(5)将司机座椅旁边的小闸保持在"制动"位置,直至制动缸内压力达到最大值,再将其置于运转位。

(6)将换挡手柄置于空挡位并将其从"作业挡"三通阀中拔出。

(7)将三通阀中的操作手柄推至指定的位置后拔出。

(8)将换挡手柄插进"区间运行挡"三通阀并推至上挡位。

(9)按运行方向选择适当的司机室。

(10)在司机室内按运行方向进行操纵。

学习项目四　工作装置操作与调整

QS-650型清筛机作业时,操纵作业司机要与地面作业人员相互配合。工作装置的操纵控制装置,即操纵控制阀、手柄、按钮等,不仅安装在前司机室作业位,也配置在各工作装置的有关部位上,所以掌握现场操纵程序,首先要了解各工作装置操纵控制装置的功能和操作要点。

▶▶ 一、前司机室作业位控制阀的操纵

前司机室作业位操作台面板,如图8-8所示。

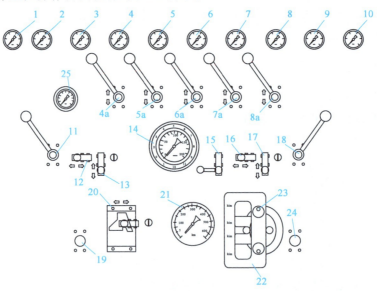

图8-8　前司机室作业位操作台面板

1-离合器压力表车轴1;2-离合器压力表车轴2;3-冷却风扇驱动;4-右道砟分配输送带驱动压力表;4a-右道砟分配输送带三通阀开关;5-污土输送筛驱动压力表;5a-污土输送筛驱动三通阀开关;6-主输送带驱动压力表;6a-主输送带三通阀开关;7-振动筛驱动压力表;7a-振动筛驱动三通阀开关;8-左道砟分配输送带驱动压力表;8a-左道砟分配输送带三通阀开关;9-空调器压力表;10-主控压力表;11-挖掘链马达快慢三通阀;12-下降导槽水平调整手控阀;13-下降导槽垂直调整手控阀;14-压力选择开关表;15-链张紧手控阀;16-上升导槽水平调整手控阀;17-上升导槽垂直调整手控阀;18-区间运行快慢三通阀;19-区间运行挡三通阀;20-挖掘链驱动开关;21-挖掘链驱动压力表;22-调速换挡手柄(向前—向后);23-调速换挡手柄锁定;24-作业运行挡三通阀;25-制动器液压缸压力表

1. 左、右侧链导槽

1)链导槽的垂直方向调整

用于调整链导槽垂直方向的控制阀,即确认两导槽弯角处水平差不超过 900mm。

只要链导槽的安全链及销确保安全,用于调整链导槽的水平及垂直方向的控制阀便可操纵,直至链导槽放至合适的位置上。

链导槽调整伸展或收回时,必须确认不会碰到障碍物。一般方法是:在伸展时,先短时间水平伸展,然后收回;降低收回时,先提升,然后收回。当链导槽被完全提起并收回时,振动筛的支撑臂必须与机架平行。

2)左、右链导槽横向调整

当左、右链导槽由水平导槽连起来时,横向调整应由面向控制柜右面的控制阀来实现,另一面的控制阀可用来辅助横向调节。

2. 链的张紧

链张紧控制阀:向下按动控制阀手柄,使挖掘链张紧;向上推动手柄则链松弛。

如果挖掘链太紧,将导致连接销、中间链节、转角滚轮加速磨损。由于挖掘链自身重量,要求在水平导槽的中部,非作业时其下垂度约为 125mm。在挖掘过程中,链被拉紧压向水平导槽,因而被挖掘的道床底面平坦。

3. 链的驱动

为确保安全,当挖掘链不作业时,挖掘链控制阀必须用锁片锁住。只有当链导槽连接及挖掘链连接均可靠时,才可以驱动挖掘链。在驱动挖掘链前,必须发出警告信号(鸣喇叭)并确保无人在危险的地方。

4. 链和振动筛的驱动次序

为避免道砟堆积,推荐按下列次序操纵。

(1)起动:左、右道砟回填分配输送带——→回转污土输送带——→主污土输送带——→振动筛——→挖掘链。此时,应当注意:

①只有当振动筛可以自由地振动并处于水平状态时,才能开始驱动振动筛。

②当柴油发动机转速没有达到 2300r/min 时,才可调节液压马达转速,使振动筛平稳地运行(避免临界转速,产生共振)。

③在开动回转污土输送带时,必须确认没有人站在污土将要抛弃到的地方。

(2)停止:挖掘链——→振动筛——→左、右道砟回填分配输送带——→主污土输送带——→回转污土输送带。

注意:只有在振动筛停止振动时才能停止输送带装置。

5. 起拨道装置

(1)起道液压缸在起道装置下降时,必须确认拨道轮的滚动表面接触到钢轨上,起道夹钳必须打开,避免较大的力压在轨道上。在起动起道装置时,必须避免与链导槽碰撞。

(2)前拨道装置在作业过程中,逐渐调整拨道装置,当起道装置完全收回时,拨道装置应处于中位。

(3)起道夹钳滚轮在应用于起道作业时,必须留心滚轮的轮缘应位于钢轨轨头之下。

6. 空气制动

机器作业期间停车时采用单独制动阀制动。制动的同时,调速换挡手柄必须置于中位,保证机器绝对停稳。

注意：空气制动缓解与液压驱动自动连锁,便于机器能以所需速度起动运行。

二、回转输送带控制开关的操作

(1)回转输送带垂直调整开关,当回转输送带上部处于垂直位置时,将两个安全销取下,便可操作。

(2)回转输送带水平调整开关,只有在回转输送带的上部升起及固定销被取下时,才可操作。

三、远离作业司机位的控制阀和截止阀的操作

(1)水平导槽的起升绳索、起升装置以及起升臂的控制阀可单独操作。

(2)当后拨道装置由气动下降时,必须非常小心地使拨道滚轮的滚动表面落到钢轨面。在作业期间,仅允许逐渐调整拨道装置。当拨道装置被提升时,拨道滚轮必须处于中位。在上位时,拨道滚轮不可以从中位移开。为了运输安全,用于拨道装置作业时的锁销,在下降前要拉出(两端),提升后,要装好。

(3)当道砟清扫装置的安全带从两端移开后,气动三通阀才可以置于"下降"位。在运输过程中,三通阀应置于"提升"位。

四、后液压油箱左右侧及下部开关的操纵

1.道砟导向板(在振动筛上)、道砟导向阀和振动筛调整

(1)这些控制开关都应独立操纵。

(2)道砟导向和调整筛的控制开关仅在链导槽处于作业位置时才能操作。

(3)振动筛不能碰到链导槽和道砟分配板。

2.道砟分配板

道砟分配板控制开关操作时间很短,操作时,其他辅助控制阀不要工作。

3.道砟回填输装置及其摆动自动控制机构(图8-9)

(1)将自动摆动开关从0位(手动)转向1位(自动),然后按下按钮选择起动方向(向内—向外)。

图8-9 道砟回填输装置及其摆动自动控制机构

(2)当用手动控制时,自动摆动失效。
(3)开关作用时间可调,摆动范围用"POXIMITY"感应开关,从外部调整。
(4)当道砟分配输送带处于运输状态时,不可操作控制开关。
(5)在操作该开关时,必须观察分配输送带实际的摆动范围。

五、道砟导流闸板的调整

位于上升导槽上端的道砟导流闸板,用来调节振动筛进料量和进料位置。

(1)道砟倒流控制阀在上位,液压缸活塞杆全部伸出,道砟导流板关闭,闸板使道砟进入振动筛的右侧。

(2)道砟导流控制阀在中位,液压缸活塞杆部分缩回,道砟导流闸板虽关闭,但闸板位置可使道砟被送入振动筛上的前端左侧。

(3)道砟导流控制阀在下位,液压缸活塞杆全部缩回,道砟导流闸板打开,全部道砟将落入主污土输送带上弃掉。

(4)道砟导流控制阀也可以部分地打开道砟导流闸板,在作业开始时可将多余的道砟输送到道床之外。

六、道砟回填输送带摆动自动装置的调整

(1)将控制开关置于1位。
(2)通过连接杆上的叉形螺栓调整内部指针。调整完毕后,应重新拧紧沉头螺栓。
(3)摆动范围的调整:通过调整控制杆的扇形角来调整摆动范围,调整后,需拧紧蝶形螺母。
(4)摆动延时的调整:通过设置的延时继电器可实现由内摆向外摆的延时时间,最长为6s。

七、起拨道装置的调整

1.起道装置的调整

当清筛挖掘深度 $h<280$mm 或在前方的轨道位置较高时,则需要用起道装置。在道床较硬或发生板结时,推荐使用起道装置。

调整要求如下。

(1)一般来说,起道装置主要按长期使用状态来调整。
(2)清筛机作业运行时,在前起道夹钳到达钢轨接头的时候,后起道夹钳必须仍然夹住轨头,以保证前起道夹钳的高度位置,使得前起道夹钳在通过接头以后仍能夹住钢轨。
(3)前侧的两个夹钳位置应当调整一致,在通过钢轨接头以后,前起道夹钳又将起到控制后起道夹钳高度位置的作用,使后起道夹钳在通过接头以后仍然夹住轨头。
(4)起道装置上的拨道轮不应对轨道施加纵向力。
(5)每只起道液压缸上方的调节限位螺钉用于限制起道量,最好处于前后夹轨轮之间的连接处。
(6)调节限位螺钉,降低起道装置,直至拨道轮作用于钢轨的踏面上。

2.调整起道夹轮

(1)开关:起道夹钳置于"ON",夹钳液压缸置于"OUT"。

(2)合上一对夹轨钳进行检查:在合拢过程中,夹轨钳合拢液压缸的连接部分必须推动(压力)缓冲控制阀。首先调节起道轮的高度(螺纹),使轨道和拨道轮之间约有1cm宽的空隙。

(3)按顺序关闭所有夹轨钳。

(4)将夹钳提升液压缸置于"ON"。

(5)按要求升起起道装置。

(6)打开前夹钳检查:在打开过程中,夹轨钳合拢液压缸的控制头应释放(顶出),而且夹钳上升液压缸应上升。

(7)检查关闭前夹轨钳,前夹轨钳这时应再次夹紧钢轨接头,后夹钳也应再次降下,若前夹轨钳未能夹紧轨头,那么应增大轨道与拨道轮之间1cm宽的空隙,整个调整过程要重复进行。

(8)按照调整前夹轨钳的过程调整后夹轨钳。

学习项目五　QS-650型清筛机岗位作业标准

根据《大型养路机械使用管理规则》的规定,每台QS-650型清筛机须配备9名操作人员,但各机械化段在实际运用过程中,往往设置6~9个号位,共同完成清筛机的操作和作业。在这里,本文将详细介绍配置8个号位操作人员的岗位作业标准。

QS-650型清筛机各操作号位分布(图8-10)如下:

(1)1号位:在前司机室作业位,负责导槽的收放、各工作装置的驱动控制以及作业走行。

(2)2号位:在前司机室内,负责回转污土输送带的收放。

(3)3号位:在机器的右前部,负责上升导槽的收放、对接,挖掘链的连接和拆除,起拨道装置的收放以及监控挖掘装置工作过程。

(4)4号位:在机器的左前部,负责下降导槽的收放、对接,挖掘链的连接和拆除,水平导槽的收放以及监控挖掘装置工作过程。

(5)5号位:在机器的右后部,负责右回填输送带的收放、后拨道装置的收放、清扫装置的收放以及道砟的分布。

(6)6号位:在机器的左后部,负责左回填输送带的收放及道砟的分布。

(7)7号位:在机器的作业平台上,负责振动筛的控制与调节。

(8)8号位:在机器的前部,负责防护和监视回转污土输送带的工作状况。

图8-10　QS-650型清筛机各操作号位分布图

一、1号位作业标准

1. 作业准备

1)作业地点停机

(1)停车。清筛机运行到指定地点停机,使导槽下端正好对齐导槽坑。实施直接制动,大闸置于运转位,小闸置于制动位。

(2)取下调速换向手柄。将前司机室调速换向手柄恢复中位,锁定高速运行驱动控制阀并取出钥匙,取下调速换向手柄。

(3)将前后发动机转速缓慢地提高到额定转速2300r/min。

2)转换工作状态

(1)就位。在作业座椅上就位,用钥匙打开作业走行驱动控制阀,装上调速换向手柄。夜间施工时打开所有作业照明灯。

(2)换挡操作。将换挡手柄从运行三通阀上取下,脱开高速运行离合器。将"快速—慢速—驱动"三通阀置于慢速挡位,将换挡手柄插入作业三通阀转换到"作业"挡并逆时针旋到底,闭合作业走行离合器。

(3)打开压力开关。将起道压力开关和夹钳压力开关置于"1"位,压力开关被打开,指示灯亮。

3)导槽的对接

(1)提升导槽。操纵两导槽提升、下降换向阀到提升位,放松两导槽的安全链,便于3号、4号位操作人员摘除安全链。

(2)下放导槽。根据3号、4号位操作人员的指挥手势,先向外扳动上升、下降导槽水平控制手柄,使导槽向外摆出。然后向下扳动上升、下降导槽垂直控制手柄,使上升、下降导槽下降至导槽坑两侧。

(3)对接水平导槽。根据3号位操作人员指挥手势,操纵上升导槽水平、垂直控制手柄,使上升导槽上、下、左、右移动至合适位置,配合3号、4号位操作人员,实现上升导槽与水平导槽的对接。

(4)根据4号位操作人员指挥手势,操纵下降导槽的水平、垂直控制手柄和张紧液压缸控制手柄,使下降导槽上、下、左、右移动至合适位置,配合3号、4号位操作人员,实现下降导槽与水平导槽的对接。

(5)调整导槽。根据3号、4号位操作人员的指挥手势,将对接的导槽下放到挖掘面,使水平导槽处于水平位置,并且不得压住挖掘链。

(6)调整挖掘链。待3号、4号位操作人员连接好挖掘链后,操纵挖掘链张紧液压缸控制手柄,张紧液压缸伸出,使挖掘链张紧。

4)起动各运转机构

确认各工作装置已安全解锁,在得到2号、3号、4号、5号、6号、7号、8号位操作人员的明确回应后,起动各运转机构。必须按回填输送带——回转污土输送带——主污土输送带——振动筛——挖掘链的顺序,以免石砟堆积。

(1)将左、右回填输送带控制手柄扳至"1"位,使左、右回填输送带运转。

(2)鸣笛一长声,将回转污土输送带控制手柄扳至"1"位,起动回转污土输送带。

(3)将主污土输送带控制手柄扳向"1"位,起动主污土输送带。

(4)将振动筛控制手柄扳向"1"位,起动振动筛。

(5)确认3号、4号位操作人员安全绳已挂好,无人在危险区后,解除挖掘链控制手柄的锁片,鸣笛二长声后,将控制手柄向右扳,正向起动挖掘链,空转时操作张紧液压缸控制手柄,调节挖掘链张紧程度至合适程度。

挖掘链张紧程度以下降导槽上部的拐角滚轮似转非转状态为合适(非作业时挖掘链在水平导槽的中央处约有125mm下垂量)。

2. 作业

1) 进入作业状态

挖掘链空转1min,确认各运转机构的仪表显示正常后,鸣笛一长声,缓解空气制动,缓慢压下调速换向手柄,操纵作业驱动控制阀,清筛机边作业走行,边进入正常的清筛作业。

2) 调节挖掘速度

(1)操纵挖掘链速度控制手柄,使挖掘链驱动压力保持在20MPa左右。

(2)观察振动筛、道砟回填输送带、主污土输送带、回转污土输送带压力。振动筛压力必须低于22MPa,道砟回填输送带压力低于18MPa,主污土输送带压力低于26MPa,回转污土输送带低于18MPa,以上压力有一个超标,就必须降低作业速度。

3) 调节挖掘深度

(1)根据3号、4号位操作人员指挥手势,操纵上升、下降导槽垂直控制手柄,调节挖掘深度,防止挖掘链上端打轨枕或下端挖到砂垫层。

(2)挖掘链不转动或清筛机不走行时,不准调节挖掘深度。

4) 拐角滚轮打润滑油脂

正常作业后,每隔30min对导槽拐角滚轮压注润滑油脂。

5) 紧急情况停止作业

(1)作业时,一旦发生挖掘系统过载卸荷,应立即进行空气制动,关闭挖掘系统,并把运行操作调速换向手柄置于中间位。

(2)有紧急情况时,停止作业并实施空气制动,待情况处理完后重新作业。

(3)在确认机器完全停稳后,改变运行操作调速换向手柄位置,使机器后退一定的距离后制动,然后再次使调速换向手柄回到中间位,这样才可以重新起动挖掘系统进行清筛作业。

3. 作业结束

1) 停车

(1)到达收车地点后,根据指挥手势,在指定位置停止作业,使速度换向手柄退回到中位,停稳后实施空气制动。

(2)收车地点应避开钢轨接头或焊头处。

2) 停止各工作装置运转

(1)各工作装置空转30s后停止运转,应按停止挖掘链→振动筛→回填输送带→主污土输送带→回转污土输送带的顺序进行,清除工作装置上的污土、余砟等。

(2)挖掘链驱动速度从高速转换到低速后,空转10s再操纵挖掘链控制手柄回中位,停止挖掘链运动,并立即把控制手柄锁定,以免发生危险。

(3)将振动筛控制手柄扳向"0"位,停止振动筛的振动。
(4)将左、右回填输送带控制手柄扳向"0"位,停止回填输送的转动。
(5)将主污土输送带控制手柄扳向"0"位,停止主污土输送带的转动。
(6)将回转污土输送带控制手柄扳向"0"位,停止回转污土输送带的转动。

3)拆卸水平导槽、挖掘链
(1)将挖掘链放松,便于3号、4号位操作人员拆卸挖掘链。
(2)鸣笛一长声,操纵整车往作业反方向后退一定的距离。
(3)根据3号、4号位操作人员的指挥手势,操纵导槽水平和垂直控制手柄,协助3号、4号位操作人员拆卸水平导槽。

4)收回上升、下降导槽
(1)收回上升导槽。根据3号位操作人员的指挥手势,操纵上升导槽垂直控制手柄,将上升导槽升至最高。
操纵上升导槽水平控制手柄,收回上升导槽至锁定位。
(2)收回下降导槽。根据4号位操作人员的指挥手势,操纵下降导槽垂直控制手柄,将下降导槽升至最高。
操纵下降导槽水平控制手柄,收回下降导槽至锁定位。
(3)收回导槽时必须注意邻线来车,导槽严禁侵入限界,且两导槽之间高度差不得超过900mm。

5)缓慢驶离收车地点
(1)缓解空气制动。
(2)操纵作业调速换向手柄,缓慢地将清筛机开出收车地点。
(3)将调速换向手柄扳回中位,停车。
(4)施加空气制动。

6)转换工作状态
(1)压力开关断电。将起道压力开关置于"0"位,断电;将夹钳压力开关置于"0"位,断电。
(2)从作业挡中取出换挡手柄。将换挡手柄向上拧到顶后,从三通旋阀中取出。
(3)转换快慢挡。用换挡手柄将"慢速—快速—驱动"三通阀置于"快速"挡。
(4)换成运行挡。将换挡手柄插入运行挡中并向上拧到底。当作为无动力附挂车时,换挡手柄应取下,使走行离合器处于空挡位。
(5)锁闭作业走行。锁闭作业走行驱动控制阀并取出钥匙,从中位取下调速手柄。

二、2号位作业标准

1.作业准备
(1)根据现场情况确定抛砟点和抛砟方位。
(2)回转污土输送带的操作。
①解锁。解开回转污土输送带的安全链;拔出回转污土输送带的上升安全销;将旋转安全销手柄从锁定位打到解锁位。
②操纵回转污土输送带垂直调整开关,将回转污土输送带折叠部分展开升至最高位置。

③操纵回转污土输送带水平调整开关,将回转污土输送带回转至水平所需位置。

④复线区间,禁止回转污土输送带摆向邻线,将回转限位销设置在邻线侧。

⑤向1号位操作人员汇报准备完毕。

2. 作业

(1)作业过程中严密监视回转污土输送带的运转情况。

(2)随时注意高柱信号机、接触网立柱等影响回转污土输送带的障碍物,必要时操纵回转污土输送带水平调整开关,改变旋转角度。

(3)听从8号位操作人员的指令,随时调整回转装置的水平位置。

3. 作业结束

(1)待1号位操作人员停止回转污土输送带的运转后,确认回转污土输送带不再运转。

(2)操纵回转污土输送带水平调整开关,将回转污土输送带调至与车平行位置,锁上水平转动锁销。

(3)操纵回转污土输送带垂直调整开关,降下回转污土输送带折叠部分,锁上安全链和垂直锁销。

(4)向1号位操作人员汇报回转污土输送带回收完毕。

三、3号位作业标准

1. 作业准备

1)准备接链对导槽工具

(1)到达作业地点前,准备好连接挖掘装置的所有工具及T形螺栓、连接销、连接紧固螺栓。

(2)到达作业地点后,将准备好的工具从车上拿到导槽坑旁。

2)挖掘链操作

将挖掘链从车下工具盒中取出,放入导槽坑内,使扒齿方向与挖掘链转动方向一致。

3)连接挖掘装置

(1)上升导槽解锁。解开上升导槽的垂直安全链和水平安全杆;解开挖掘链与上升导槽的安全扣带。

(2)导槽对接。与1号、5号位操作人员共同配合,将上升导槽与水平导槽连接好,并用连接螺栓紧固。

(3)挖掘链连接。与5号位操作人员配合,将导槽坑内挖掘链和导槽内的挖掘链连接好,用T形螺栓紧固。

(4)确认4号位操作人员将下降导槽、挖掘链接好后,指示1号位操作人员张紧挖掘链。

(5)连接挖掘装置时,严禁手、脚放在链与导槽之间。

4)下放起拨道装置

(1)操纵起拨道装置升降开关,将起拨道装置提起,取出安全锁销。

(2)按下夹钳控制按钮,指示灯亮,夹钳张开。

(3)根据线路状况放下起拨道装置,使夹钳对准钢轨,再按夹钳控制按钮,指示灯灭,使夹钳夹住钢轨。

5)其他操作
(1)在人员全部撤出挖掘区域后,系上红色紧急停挖安全绳。
(2)将工具放入工具盒内。
(3)向1号位操作人员汇报准备完毕。

2.作业

(1)监视挖掘装置的运转情况。监视挖掘链的工作状况,一旦发现扒板上的T形螺栓丢失、T形螺栓上螺母脱落、连接销断裂、扒板或中间链节开裂等情况,立即拉红色安全绳,紧急停挖,处理完后才可继续作业。监视时,3号位挖掘方向上不准站人,不得已在此操作时,操作完后马上离开。

(2)监视挖掘区域。在挖掘区域内发现大石块、钢轨、枕木头等障碍物时,立即拉红色安全绳,紧急停挖,待障碍排除后继续作业。

(3)调整起拨道装置。
①作业开始,操纵起道控制装置,给予基本起道量20mm。
②过接头夹板时,操作夹钳开合开关,将前面夹钳张开,等前面夹钳通过夹板后,把前面夹钳闭合,再把后面夹钳张开,通过夹板后再闭合后夹钳。
③作业结束前不必顺坡,在收车时一次性降道降至打开夹钳为止。

3.作业结束

(1)到达作业结束地点后,给1号位操作人员指示,停止作业走行。
(2)待1号位停止挖掘装置运转后,将红色紧急停控安全绳解开,收起。
(3)拆开挖掘装置。
①将工具从工具盒中拿到导槽坑旁边。
②指示1号位操作人员操纵张紧液压缸,放松挖掘链。
③与5号位操作人员配合,用棘轮扳手将挖掘链T形螺栓上的螺母卸下,取下T形螺栓。T形螺栓为一次性使用,拆下后不能再使用。
④用钩子将挖掘链连接销钩出。
⑤与5号位操作人员配合,用棘轮扳手将水平导槽紧固螺栓卸下,拆开水平导槽与下降导槽的连接。
⑥上好挖掘链与上升导槽的安全扣带。

(4)回收上升导槽。
①给1号位操作人员发出指示,垂直提升上升导槽,水平回位。
②导槽收到位后,上好上升导槽垂直安全链及水平安全杆。

(5)回收起拨道装置。
①操纵夹钳开合开关,将4个夹钳全部张开。
②操纵起拨道升降开关,提升起拨道装置。
③锁定起拨道装置,上好固定销。

(6)整理工具。
①将所有工具从车下收回车上,整理好归位。
②将挖掘链收回清筛机下部的工具盒内。
③将连接用的T形螺栓、连接销、连接紧固螺栓等收回清筛机下部的工具盒内。

(7)确认无误后,向1号位操作人员汇报作业完毕。

四、4号位作业标准

1. 作业准备

1)准备接链对导槽工具

到达作业地点前准备好连接挖掘装置的所有工具及T形螺栓、连接销、连接紧固螺栓。到达作业地点后,将准备好的工具从车上拿到导槽坑旁。

2)水平导槽和挖掘链操作

解开锁定水平导槽的安全锁。向下扳液压缸控制阀,将水平导槽放在钢轨上;收起水平导槽提升装置并加以锁定,与3号位操作人员配合,将水平导槽放入导槽坑内。

配合3号位操作人员将挖掘链从车下工具盒中取出,放入导槽坑内,使扒齿方向与挖掘链转动方向一致。

3)连接挖掘装置

(1)下降导槽解锁。解开下降导槽的垂直安全链和水平安全杆;取出下降导槽下方伸缩导板的固定销;解开挖掘链与下降导槽的安全扣带。

(2)导槽对接。与1号、6号位操作人员共同配合,将下降导槽与水平导槽连接好,并用连接螺栓紧固。

(3)挖掘链连接。与6号位操作人员配合,将导槽坑内挖掘链和导槽内的挖掘链连接好,用T形螺栓紧固。

(4)连接挖掘装置时,严禁手、脚放在链与导槽之间。

4)其他操作

(1)在人员全部撤出挖掘区域后,系上红色紧急停挖安全绳。

(2)将工具放入工具盒内。

(3)向1号位操作人员汇报准备完毕。

2. 作业

(1)监视挖掘装置的运转情况。监视挖掘链的工作状况,一旦发现扒板上的T形螺栓丢失、T形螺栓上螺母脱落、连接销断裂、扒板或中间链节开裂等情况,立即拉红色安全绳,紧急停挖,处理完后才可继续作业。

监视时,4号位挖掘方向上不准站人,不得已在此操作时,操作完后马上离开。

(2)监视挖掘区域。在挖掘区域内发现大石块、钢轨、枕木头等障碍物时,立即拉红色安全绳,紧急停挖,待障碍排除后继续作业。

3. 作业结束

(1)到达作业结束地点后,给1号位操作人员指示,停止作业走行。

(2)待1号位停止挖掘装置运转后,将红色紧急停控安全绳解开,收起。

(3)拆开挖掘装置。

①将工具从工具盒中拿到导槽坑旁边。

②用撬棍扒开已松扣件处的轨枕。

③与6号位操作人员配合,用棘轮扳手将挖掘链T形螺栓上的螺母卸下,取下T形螺栓。T形螺栓为一次性使用,拆下后不能再使用。

④用钩子将挖掘链连接销钩出。

⑤与6号位操作人员配合,用棘轮扳手将水平导槽紧固螺栓卸下,拆开水平导槽与上降导槽的连接。

⑥上好挖掘链与下降导槽的安全扣带。

⑦插上下降导槽下滑板固定销。

(4)回收下降导槽。

①给1号位操作人员发出指示,垂直提升下降导槽,水平回位。

②导槽收到位后,上好下降导槽垂直安全链及水平安全杆。

(5)回收水平导槽。

①与3号位操作人员配合,将水平导槽从导槽坑内提升到钢轨上。

②向上扳提升装置液压缸控制阀,将水平导槽举起。

③锁定水平导槽连同提升装置。

(6)整理工具。

①将所有工具从车下收回车上,整理好归位。

②配合3号位操作人员将挖掘链收回到清筛机下部的工具盒内。

③将连接用的T形螺栓、连接销、连接紧固螺栓等收回到清筛机下部的工具盒内。

(7)确认无误后,向1号位操作人员汇报作业完毕。

五、5号位作业标准

1. 作业准备

(1)解锁。

①解除右回填输送带的安全链。

②将道砟清扫装置右侧的安全链解除,取出安全锁销。

③将后拨道装置解锁,取出安全销。

(2)操纵工作装置。

①操纵分配导板开关,使分配导板处于最后位,便于作业开始时减少石砟落入后部清扫区域处。

②操纵右回填输送带外摆开关,使输送带摆动到合适位置。

③张开后拨道装置夹钳,扳下后拨道升降控制手柄,放下后拨道装置,并使后拨道夹钳夹紧钢轨。

④操纵清扫装置控制手柄,放下道砟清扫装置到轨枕合适的位置。

⑤如作业开始地点正好在桥头或道口处,等整车通过以后再放下清扫装置和后拨道装置。

⑥根据现场线路脏污情况,操纵排砟闸板处于合适位置,按需增加或减少排砟量。

(3)配合3号位操作人员完成挖掘装置的对接。

(4)向1号位操作人员汇报准备完毕。

2. 作业

(1)操纵回填输送带。

①操纵分配导板开关,慢慢调节配砟导板,使道心的石砟符合要求,落砟量以与轨枕中部顶面平行为好。

②操纵右回填输送带控制开关,调节回填输送带的水平摆出角度,使石砟回填到轨枕端部。

③观察后拨道工作装置情况,根据要求,进行精确拨道。

④操纵道砟导向板调节开关,使左右两侧石砟均匀。

(2)监视工作机构。

①监视右回填输送带运转情况,如有异常,停车排除故障后再继续作业。

②监视回填道砟的不洁率,如不洁率大于5%,通知1号位,降低作业速度。

3. 作业结束

(1)回收工作装置。

①操纵右回填输送带控制开关,将回填输送带回摆到原锁定位,上好安全链,并拧紧。

②操纵清扫装置控制手柄,将清扫装置收到位后,上好右边安全链和安全销。

③张开后拨道装置夹钳,向上扳后拨道升降控制手柄,回收后拨道装置,插上后拨道安全锁销。

④操纵排砟闸板开关,使其处于关闭状态。

⑤如果道心内石砟过多,必须等整车通过收车地点后才可收起道砟清扫装置。

(2)配合3号位操作人员完成挖掘装置的拆卸。

(3)向1号位操作人员汇报作业完毕。

六、6号位作业标准

1. 作业准备

(1)解锁。

①解除左回填输送带的安全链。

②将道砟清扫装置左侧的安全链解除,取出安全锁销。

(2)左回填输送带操作。

①操纵分配导板开关,使分配导板处于最后位,便于作业开始时,减少石砟落入后部清扫区域处。

②操纵左回填输送带外摆开关,使输送带摆动到合适位置。

(3)配合4号位操作人员完成挖掘装置的对接。

(4)向1号位操作人员汇报准备完毕。

2. 作业

(1)操纵回填输送带。

①操纵分配导板开关,慢慢调节配砟导板,使道心的石砟符合要求,落砟量以与轨枕中部顶面平行为好。

②操纵左回填输送带控制开关,调节回填输送带的水平摆出角度,使石砟回填到轨枕端部。

③观察后拨道工作装置情况,根据要求,进行精确拨道。

④操纵道砟导向板调节开关,使左右两侧石砟均匀。

(2)监视工作机构。

①监视左回填输送带运转情况,如有异常,停车排除故障后再继续作业。

②监视回填道砟的不洁率,如不洁率大于 5%,通知 1 号位,降低作业速度。

3.作业结束

(1)回填输送带回收。

①操纵左回填输送带控制开关,将回填输送带回摆到原锁定位,上好安全链,并拧紧。

②待 6 号位将清扫装置收起后,上好左边安全链和安全销。

(2)配合 4 号位操作人员完成挖掘装置的拆卸。

(3)向 1 号位操作人员汇报作业完毕。

七、7 号位作业标准

1.作业准备

(1)操纵翻转挡板开关,使翻转装置处于适当位置。

(2)操纵振动筛调节开关,使振动筛处于水平位。

(3)操纵石砟分配导流板开关,使其处于中位。

(4)向 1 号位操作人员汇报作业准备完毕。

2.作业

(1)根据现场线路,随时调整振动筛水平位置。

(2)操纵翻转装置,合理调整筛网上的布砟情况,使其均匀筛分。

(3)根据 5 号、6 号位操作人员的要求操纵导流板,合理分配落入回填输送带上的回填石砟量。

(4)监视振动筛,如有异常,停车处理后继续作业。

3.作业结束

(1)将振动筛调平,使其与车体平行。

(2)向 1 号位操作人员汇报作业完成。

八、8 号位作业标准

1.作业准备

(1)根据现场线路情况,清除作业方向障碍物。

(2)观察作业方向前方情况,做好防护。

(3)指挥 2 号位操作人员摆动回转装置,确定抛砟点。

(4)观察线路上的水、电等设施,以及影响作业安全的地方,做好适当处理。

(5)向 1 号位操作人员汇报作业准备完毕。

2.作业

(1)严密观察回转污土输送带前端运转情况。

(2)遇到接触网立柱、高架信号机等障碍物时,指示 2 号位操作人员操作避开这些障碍物。

(3)做好作业方向的防护工作,如禁止人员站立在回转污土输送带下方和抛砟区域。

(4)监视回转污土输送带。

监视回转污土输送带发现异常情况时,指示 1 号位停车,排除故障后再继续作业。

污土中可用石砟增多时,通知1号位操作人员降低作业速度。

3. 作业结束

(1)到达作业结束地点前,将结束地点处的左右轨枕固定螺母拧松,便于作业完成时移动两轨枕,使挖掘装置顺利拆卸。

(2)指挥2号位操作人员回收污土输送带。

(3)向1号位操作人员汇报作业完成。

练 习 题

1. 柴油发动机起动前应做哪些准备工作?
2. 清筛机的柴油发动机在无气压助力时,如何起动? 如果在前司机室里起动后柴油发动机,如何起动?
3. 柴油发动机起动后有哪些自动监测装置? 其监测装置的作用及要求是什么?
4. 柴油发动机运转时应观察哪些仪表及指示灯? 为什么?
5. 柴油发动机操作注意事项有哪些?
6. 清筛机在区间运行前应该检查哪些工作装置?
7. 清筛机在区间运行时如何操作?
8. 联挂运行应做好哪些工作? 有什么要求?
9. QS-650型清筛机各操作号位是如何分布的?
10. 清筛机作业司机室内有哪些控制装置? 如何操纵?
11. 回转污土输送带如何安装?
12. 后拨道装置与轨枕清扫器如何工作? 运行中如何锁定?
13. 道砟导流闸板有哪几种调整方法?
14. 起拨道装置有哪些要求? 如何调整?
15. 挖掘导槽坑位置时,要考虑哪些情况?
16. 清筛机进入现场作业前应做哪些准备工作?
17. 挖掘链如何安装? 工作装置是如何调整的?
18. 清筛机在作业中应注意观察哪些仪表和指示灯? 有什么要求?
19. 清筛机作业程序有哪些?
20. 清筛作业时,挖掘链速如何选择?
21. 清筛机在特殊地段如何作业?
22. 清筛机在作业过程中为什么不应暂时停机? 停机后重新作业有什么要求?
23. 清筛机在作业结束时如何停机? 如何进行作业走行向区间运行的转换?

单元九

检查与维护

【知识目标】
1. 掌握清筛机检查与维护的基本要求和方法。
2. 掌握柴油发动机的日常维护内容和定期维护内容。
3. 掌握 QS-650 型清筛机的日常维护内容。
4. 掌握 QS-650 型清筛机的定期维护内容。
5. 掌握针对性检查维护的内容。

【能力目标】
1. 能够对柴油发动机进行日常维护和定期维护。
2. 能够对 QS-650 型清筛机的各系统(装置)进行日常维护。
3. 能够对 QS-650 型清筛机的各系统(装置)进行定期维护。
4. 能够对 QS-650 型清筛机的各系统(装置)进行针对性检查维护。

学习项目一　检查与维护的基本要求和方法

▶▶ 一、清筛机的检查

清筛机使用一段时间后,往往会造成零件损坏。零件的损坏直接影响到清筛机的寿命和行车安全,如不及时地进行检查和维修,清筛车的车况就会下降,危及行车安全,不仅会由此而引发多种事故,甚至还会造成更为严重的损失。因此,要求机组人员应按有关规定认真检查和维护,发现不良处及时修理,防止零件过分损耗,确保清筛机运用安全。

机组人员必须了解清筛机的性能,熟悉运用状况。进行检查需做到:明确检查要求、检查顺序和检查方法合理。

1. 检查的基本要求

清筛机的使用人员应非常熟悉本车的构造原理、各部件名称、位置及工作状态,掌握本车的特点及容易出现故障的部件和关键部位,了解常见故障的现象与检查方法,正确使用各种检查工具,根据声音、形态、颜色、温度、气味,准确及时地判断故障位置及故障程度。

(1)各螺母、销子不能有松缓、脱落;各电动机、电器与导线不应有断裂或虚接等不良现象。

(2)燃烧、冷却、制动、润滑、电器及仪表部分等工作状态良好。

(3)各保护装置作用良好,并不得任意改变其动作参数。对于加铅封部件,观察是否良好,有无变动。

(4)在检查中发现不良现象时,要及时处理,因故不能及时处理,而又不影响行车安全的则应做好记录,以便在定期检修或年修时处理。

(5)检查完毕后,必须恢复至规定位置或恢复原状。

2. 检查注意事项

(1)检查作业前,必须先确认清筛车已经制动,无压缩空气时,使用手制动机,做好安全防护工作。

(2)检查带电及转动部件时,禁止手触,以防触电和挤伤。

(3)机械动力间禁止烟火,上、下车时,手应把牢,脚应站稳,要注意人身安全。

(4)禁止反方向敲击螺栓、螺母,或击打在螺栓、螺母的棱角上。

(5)检查摩擦工作面和表面粗糙度值较低的部件时,禁止使用锤敲击。

(6)各部件检查完毕后,必须恢复正常状态和原始位置,并须防止异物落入电器、阀、泵等装置内部。

(7)对加封的零部件(如铅封、漆封),严禁随意破坏。各保护装置,不得随意改变其动作参数。

(8)进行各种试验时,必须执行联系和呼唤制度,与本机组人员密切配合,保证安全。

(9)禁止用检查锤触、拨电器部件。

3.检查的常用方法

检查方法很多,一般有锤检法、手检法、目视法、测量法等。

1)锤检法

锤检法分为锤击、锤触、锤撬,所用工具为检查锤。

(1)锤击。锤击是靠检查锤敲击零部件时发出的声响及手握锤柄的振动感觉来判断螺栓的紧固程度或部件是否发生断裂。锤击适用于检查 M14 以上的紧固螺栓、弹簧装置,以及适宜用锤击判别发生断裂的部件。

使用锤击检查时,应根据螺栓的大小、部件的状态和位置,用力适当,掌握好"轻重缓急",不可用力过大以免损伤部件。敲击螺栓或螺钉时,应向拧紧的方向敲击,以免把紧固的螺栓敲松。不准敲击常有压力的管接头,M14 及以下的螺栓、螺钉禁止用锤击法检查。

(2)锤触。对一些较细的管路、卡子和脆弱部件,以及不宜锤击(M14 以下)的螺栓、螺钉,可用检查锤轻轻触动,检查是否泄漏、松动或裂损。

(3)锤撬。用锤柄或锤尖拨动、撬动一些零件,以检查零部件间的跳动量、横动量及间隙等。

2)手检法

手检法分为手动检查法和手触检查法两种。

(1)手动检查法。对锤击容易损坏的部件应用手动检查,如较细的螺钉、管接头、各种阀门及仪表、电器等。手动检查包括晃、拍、握、拧等方式,采用"晃动看安装、手拧看松漏"的方法,检查是否有松缓、泄漏、安装不牢固等现象,并判断各油、风、水、风路中阀门的位置是否正确。

(2)手触检查法。用手掌、手指或手背触及部件,用感觉来判断是否正常,适用于检查有关部件的温度、管路的振动、高压油管的脉冲等。

在运行中不能进行手触温度检查的部件,应在停车后马上进行。手触时应先用手指感觉温度,温度适合用手触时,再用手背判断温度。检查时应注意避免烫伤或碰伤,手背触及部件表面时间与相应的温度可参照表 9-1。

手触温度判别 表 9-1

热　别	相应的温度	判断的方法
平热	40℃左右	能长时间手触
微热	70℃左右	手触能持续 3s
强热	90℃左右	不能手触
激热	近 150℃	变色
烧热	150℃以上	生烟

3)测量法

使用塞尺、钢直尺、游标卡尺、卷尺及专用工具测量有关部件的间隙、距离、行程等尺寸限度;使用万用表测量电压、电流、电阻的数值;使用密度计测试蓄电池电解液的密度,如图 9-1、图 9-2 所示。

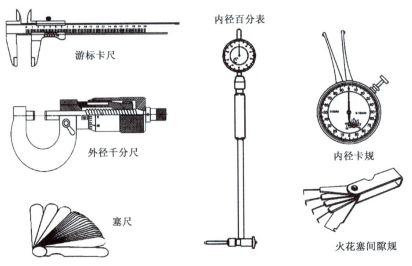

图 9-1 测量法常用的量具

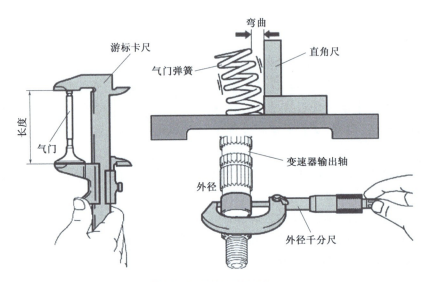

图 9-2 用测量法测量零件

4) 耳听法

凭听觉判断部件的运装,或借助锤柄、听振棒等倾听部件的声响是否正常。

5) 鼻嗅法

通过嗅觉检查判断部件有无发热、烧损现象,可用于检查当摩擦件发热严重,橡胶部件、电器线圈、电动机绕组烧损时所发出的异味。

6) 目视法

使用手电筒、检查灯等工具,用眼睛进行检查判断的方法,主要用于检查各种仪表显示是否正确;各种部件有无裂纹、变形、折损、丢失、脱落、擦伤、老化、剥离、泄漏、磨损、缺油等。在使用锤检和手检的同时也要进行目检,做到手、眼、锤灯配合协调,动作一致。

▶▶ 二、清筛机的维护

清筛机的使用与维护是不可分割的统一体,维护是为了更好地使用,使用也必须注重维护。只有对机械进行良好的维护,才能保证机械正常运转,减少零部件正常磨损,防止机械损坏,延长机械使用寿命。同时,维护的好坏关系着整车功率的发挥和运用的可靠性,也直接影响到施工质量及燃料的消耗。

清筛机检查维护主要内容包括清洁、润滑、紧固、调整、防腐等。清筛机检查维护分为日常检查维护、定期检查维护和针对性检查维护。

1. 日常检查维护

日常检查维护,每天由设备操作者例行维护,又称例行维护。这类维护的项目和部位较少,大多数在设备的外部。日常维护应做到"四勤"、"二净"。所谓"四勤"是指勤清洗、勤检查、勤紧固、勤调整;所谓"二净"是指油净、空气净。日常检查的目的在于检查和调整机械各部间隙,改善各部润滑条件,以减少零件的磨损。合理的润滑方式和方法是日常检查维护的重要内容,图 9-3、图 9-4 是清筛机维护采用的润滑方式。

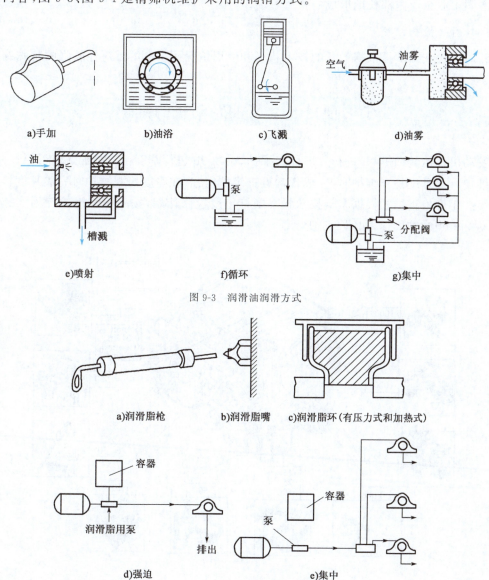

图 9-3 润滑油润滑方式

图 9-4 润滑脂润滑方式

2.定期检查维护

定期检查维护包括月度检查维护、季度检查维护和年度检查维护。

(1)月度维护。主要内容是：普遍地进行拧紧、清洁、润滑、紧固,还要部分地进行调整。日常维护和月度维护一般由操作工人承担。

(2)季度维护。主要内容包括内部清洁、润滑、局部解体检查和调整。

(3)年度维护。主要是对设备主体部分进行解体检查和调整工作,必要时对达到规定磨损限度的零件加以更换。此外,还要对主要零部件的磨损情况进行测量、鉴定和记录。季度维护、年度维护在操作工人参加下,一般由专职维护检修工人承担。

在各类维护中,日常检查维护是基础。维护的类别和内容,要针对不同设备的特点加以规定,不仅要考虑到设备的生产工艺、结构复杂程度、规模大小等具体情况和特点,同时要考虑到不同工业企业内部长期形成的检修习惯。

3.针对性检查维护

针对性检查维护是根据设备的技术状况和使用情况而采取的针对性较强的特殊维护。

学习项目二　柴油发动机的维护

发动机每运转约100h进行月度检查维护,约300h进行季度检查维护,每年进行一次年检查维护。在月度检查维护时,完成日常检查维护内容,在季度检查维护时完成月度检查维护内容。年度检查维护根据车辆技术状态制订年度检修计划,按照检修维护计划实施。柴油发动机检查维护周期,如图9-5所示。

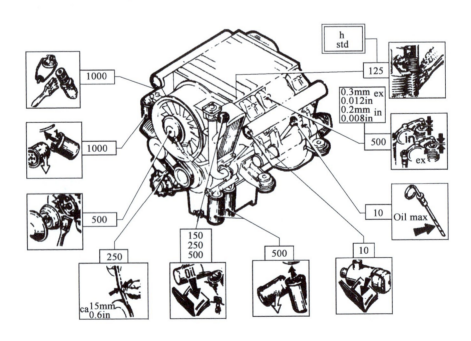

图9-5　柴油发动机检查维护周期图

一、日常维护

(1) 检查发动机机油位。用油标尺检查发动机机油位,应在油标刻度尺正常范围内。机油标尺刻有点刻度和线刻度两种,对于长时间停放的发动机,在起动前应按点刻度检查机油油面;一般情况下,发动机在急速运转1~2min后停机,等待1~2min,马上按线刻度检查机油油面。

(2) 检查和清洗空气滤清器。空气滤清器作用良好,安装牢固。对于干式空气滤清器,应及时排出滤清器中的灰尘,不允许滤清器集满一半以上的灰尘。在含尘量很大的情况下,应每天清理滤清器。滤筒的指示器或指示灯显示正常。

(3) 检查发电机的V带张紧状态。在V带中间用手指下压10~15mm为正常。

(4) 检查柴油滤芯,及时清洗或更换。

(5) 蓄电池及起动电动机连接线牢靠。

(6) 检查柴油油箱油位及连接油管状况。

(7) 每周检查一次蓄电池电解液密度,全充电状态下,密度为1.28~1.30g/cm³,半放电状态下密度为1.25g/cm³,全放电状态下密度为1.10~1.15g/cm³。逐个检查蓄电池中各单格蓄电池的电解液液面,液面高度为极板上缘10~15mm,不足时,应补加蒸馏水,如图9-6所示。

(8) 发动机起动正常,运转平稳、无异响,各仪表显示正常。

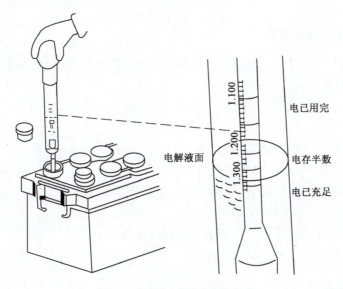

图9-6 蓄电池电解液密度的检查

二、定期维护

1. 月度检查维护

(1) 取样化验发动机机油,机油应符合使用标准。若需更换机油,必须在热机状态下进行。放油时,等全部机油流出后再把放油螺塞拧紧。

(2) 清洗发动机外表面和中冷器的外表面(若施工环境灰尘较多,应经常清洗),特别应保证散热片、汽缸盖垂直散热片间通道的通畅和清洁。

(3)更换机油滤筒或机油滤清器的滤芯。
(4)发动机紧急停车装置的作用灵活可靠。
(5)清洗发动机冷却风扇液力耦合器的机油滤清罩。
(6)检查发动机上的各螺栓紧固情况。
(7)检查进、排气管固定连接情况。
(8)给液压油散热器冷却风扇轴承加注润滑脂。

2.季度检查维护

(1)更换机油和机油滤清器(或滤芯)。
(2)更换发动机燃油精滤器滤芯。
(3)清洗或更换燃油粗滤器滤芯。
(4)清洁发动机空气滤清器(或滤芯),必要时进行更换。
(5)检查清洁或更换空气干燥过滤器(或滤芯)。
(6)每年进行的第二次季度维护,增加以下内容:
①检查汽缸盖温度报警器的外观状态,并拆下进行动作值的测试。
②检查直流发电机,电刷磨耗不超限,并清洁换向器。
③进、排气管与汽缸盖的连接密封状态良好,必要时应进一步紧固连接螺栓。
④在冷机状态下,用厚度为 0.2～0.3mm 的塞尺检查气门间隙,达到进气 0.2mm、排气 0.3mm 的标准。

▶▶ 三、初次运用后的发动机

新发动机或经大修后的发动机,初次运用 50h 后,必须更换机油,在更换机油的同时应进行下列检查维护工作。

(1)更换机油。更换机油,必须在热机状态下进行。放油时,等全部机油流出后再把放油螺塞拧紧。
(2)更换机油滤筒或机油滤清器的滤芯。
(3)拧紧汽缸盖上进、排气管连接螺钉。
(4)检查空气滤清器的橡胶管、卡箍等处应紧固无泄漏。
(5)检查并调整进、排气门间隙。
(6)再次拧紧油底壳螺栓和发动机支座的固定螺栓。
(7)检查各部件。

▶▶ 四、发动机的封存

根据发动机停放时间的长短,柴油发动机的封存可分为短期封存和长期封存两种。短期封存适于试验合格即将装车的发动机,储备时间在一个月以上、六个月以下;长期封存适用于停止使用的发动机或包装外运的发动机,储备时间在六个月以上。

1.发动机的短期封存

(1)封存工作必须在发动机停止工作后 72h 内、在清洁的房间内进行,室温应为 10～35℃,机油温度应为 20～35℃。
(2)用干燥压缩空气吹净柴油发动机外表面,擦净油污和水,用浸油的细纱布清除锈蚀。

(3)放出全部机油和柴油。

(4)打开发动机全部检查孔盖,检查发动机能看到的零部件,发现有锈蚀的零件时,用浸油纱布(200号)将锈蚀处擦净,再用浸过汽油的细布擦净,然后涂上规定的油质。对于铝制件,应用刮刀除去腐蚀,处理过程中,应避免弄脏周围其他零件。

(5)对发动机短时间停放可不做特殊处理。有条件时,可每隔一段时间用机油泵向机油系统注油1~2min,并甩车或盘车2~3圈。

(6)对不能用机油泵泵油的发动机,可用带喷头的油枪从喷油嘴安装孔处向每个汽缸喷注一定量的封存机油,并盘车2~3圈。

(7)安装各观察孔盖及接头堵盖,并盖堵增压器进排气口、机油进口及主机油泵出口。

(8)传动齿轮和配气机构用油壶浇油润滑。机体外部的非油漆零件表面用刷子涂一层工业凡士林或溶剂置换型防锈油。

2.发动机的长期封存

(1)用90%~95%燃油和5%~10%的防锈油的混合油,通过燃油输送泵注满整个燃油系统。

(2)往发动机油底壳注入5%~10%防锈油。

(3)起动发动机,空载运转10~20min,使含有防锈油的燃油和机油分别充满整个燃油系统和机油系统。

(4)发动机停机后,趁热放净全部燃油和机油。

(5)经喷油器安装孔向每个汽缸中喷注一定量的防锈油。

(6)从油底壳中取出各滤网,并用清洁柴油清洗滤网及油底壳。

(7)机体内腔用航空机油防锈,将此油经110~120℃加热1~2h脱水处理后,喷涂在机体内腔表面。

(8)经检查后,封闭发动机各罩盖、检查孔盖和孔堵,并打好铅封。

(9)用干燥压缩空气吹净发动机外表面,擦净油污和水,用浸油的细纱布清除锈蚀。

(10)机体外部的非油漆零件表面用刷子涂一层工业凡士林或溶剂置换型防锈油。

(11)尽量将整个发动机用塑料布罩住。对外露的凸缘管口应用塑料布或板类加以封闭。

(12)发动机封存完毕后,禁止再盘动曲轴,并将封存情况详细记入柴油发动机履历簿。

▶▶ 五、发动机的启封

经过长期封存的发动机,启封时按以下顺序进行:

(1)用浸有汽油的软布擦净发动机外部的封存油,再用干净的干软布擦净机体表面。

(2)从被包扎的零部件上取下蜡封纸。

(3)打开放油阀,放出所有的封存机油,再向机油系统注入50~60℃的机油,同时盘车5~10圈,然后从系统中将这些机油放掉,并清洗油底壳。

(4)在放油清洗前,应检查发动机内可见零部件有无锈蚀,如有锈蚀,须进行处理,然后将放油阀关闭好。

(5)将工作机油加入发动机机油系统内,起动发动机前,对发动机进行必要的检查,甩车清除汽缸内的封存油和其他物质后再起动发动机。

学习项目三　QS-650型清筛机的日常维护

日常检查维护在清筛机施工期间每日进行一次,由机组人员实施。日常维护应以塞门的开、关位置以及泄漏、裂损为主(目视为主),检查清筛机各部泄漏、作用状态等是否良好,发现问题及时处理,确保清筛机的正常运用,完成当日施工任务。

一、动力传动系统及走行机构

(1)车钩及缓冲装置无异常。
(2)车轮、车轴、轴箱无异常。
(3)车轴齿轮箱、分动齿轮箱油位在正常尺度,无漏油现象。
(4)离合器动作状态良好。
(5)传动轴无裂纹,转动时无异常,传动轴螺栓无松动和断裂。
(6)转向架部分的螺栓紧固,各种销轴、开口销无窜出。缓冲弹簧和液压减振器状态良好。车轴齿轮箱每半个月往端盖的油嘴加注润滑脂,各种螺栓无松动。液压泵—液压马达组件良好。

二、制动系统

(1)空气压缩机的工作正常,总风压力上升迅速,总风缸风压显示正确(660～740kPa)。
(2)每日工作结束,排尽储风缸内积水。
(3)闸瓦间隙符合标准(5～10mm)。
(4)用小闸制动,制动缸压力由零升至340kPa的时间不大于4s,最终压力为360kPa;缓解时,制动缸压力缓解至35kPa的时间不大于8s(DB60型制动机为15s)。
(5)制动系统充满风后,用大闸实行50kPa的减压,机组中所有机械应产生制动作用,制动缸压力达50～70kPa,保压1min不产生自然缓解。
(6)风管无漏风现象,道砟犁和后拨道装置能正常升降,风喇叭响亮。
(7)手制动有效。
(8)基础制动部分的拉杆、闸瓦托、制动缸等安装部位正确,各个销轴及开口销无脱落。
(9)旁路制动性能良好,作用正常。
(10)空气干燥器,正常工作时其指示灯闪烁。

三、液压系统

(1)液压油箱油液充足。
(2)各液压油路的压力应在规定的范围内。
(3)液压软管、钢管及管接头无泄漏,各软管无破损。
(4)各液压泵、液压马达、液压缸应安装牢固,运转时无异常响声。
(5)滤清器无报警。
(6)液压油油温不超过82℃。

四、工作装置

(1)挖掘链每节的 T 形螺栓、链销、链节的状态良好,磨损过的扒指不短于 25mm。

(2)导槽顶部、中部和底部的滚轮每挖掘 15~20min 注润滑脂,拐角轮与拐角轮轴无严重磨损、裂纹,润滑脂管无断裂。

(3)上升导槽和下降导槽内的磨耗板无严重磨损,导槽无严重变形。磨耗板连接螺栓无松动。

(4)各个输送带无破裂,输送带无跑偏现象,输送带压条胶皮无破损,托辊无丢失。

(5)配砟罩内磨耗板无破损,胶皮完好,振动筛无破损、松动。

(6)各种锁定装置中安全锁链、钢丝绳、锁箱、锁扣、开口销等应完好,无缺损。

(7)检查伸缩液压缸固定螺栓。

(8)检查水平导槽提升液压缸、燕尾槽、水平导槽。

(9)检查润滑系统。

(10)检查道砟犁及后拨道装置控制手柄。

(11)每周检查振动筛激振器和挖掘链驱动减速器油位。

(12)检查分砟导流板。

五、车体及其他部件

(1)各仪表显示正常,仪表板面、控制面板无灰尘。

(2)各操纵手柄、旋钮及开关动作灵活、位置正确。

(3)作业灯、照明灯、风扇及标志灯作用良好。

(4)司机室无开裂、脱焊、变形等现象。

(5)防护用品的数量齐全、可靠有效,无线列调及信号监控装置状态良好。

(6)玻璃无破裂。

(7)清扫各作业装置的污土。

六、电气系统

(1)电气弹跳保险无弹跳现象,熔断式保险无烧断。

(2)各电气开关动作灵敏可靠,指示灯正常。

(3)柴油发动机起动、调速、熄火、走行电气系统正常。

(4)各种指针仪表及监视报警信号工作正常,显示正确。

(5)各指示灯的显示正确。

前司机室熔断式保险及照明控制箱,如图 9-7 所示。

图 9-7　前司机室熔断式保险及照明控制箱

学习项目四　QS-650型清筛机的定期维护

定期检查维护在清筛机施工期间每月或每季进行一次,由专职人员和机组人员共同完成。定期检查维护是机械使用过程中较为全面的检查维护,从中发现一些隐形的问题并加以解决,避免造成重大设备事故。由于清筛机各组成部件工作状况不同,定期检查维护的周期也各不同,可参照《大型养路机械检修规则》和《大型养路机械使用管理规则》中的规定执行。

▶▶ 一、月度检查维护

1. 动力传动系统及走行系统

(1)各车轴齿轮箱的油位及油质应符合规定。

(2)向前后传动轴的万向接头加注润滑脂。

(3)转向架摇枕、侧梁和侧梁连接杆应无裂纹和明显变形,各处焊缝无开焊,转向架构架与各零部件间的紧固螺栓、螺钉不得松动。

(4)圆减振弹簧应无裂纹、折损,安装位置不得倾斜。

(5)液压减振器无漏油、异常噪声和卡死现象,两端的橡胶垫无老化和破损,连接销、开口销、保险钢丝应完好,无折损。

(6)旁承连接螺栓无松动,旁承表面应无严重偏磨、划伤现象。

(7)心盘紧固螺栓、开口销应齐全完好,螺栓无松动。

(8)排障器、扭矩支座、车轴齿轮箱安装支架等应安装良好。调整排障器距轨面高度符合规定要求。

2. 制动系统及风路

(1)基础制动装置各连接销、开口销应完好,制动杠杆和制动梁无严重损伤和变形。闸瓦无裂纹和严重偏磨,闸瓦间隙均匀,符合规定要求。

(2)手制动机各部润滑良好,手轮回转灵活,手制动作用正常。

3. 液压系统

(1)吸油滤清器及回油滤清器的指示表针在正确的位置。

(2)各种压力阀、方向阀的安装及连接牢固,阀体表面无油污。

(3)橡胶软管无老化、损伤、龟裂。

(4)各液压缸的活塞杆无损伤、弯曲。

4. 工作装置

(1)挖掘链无严重磨损,挖掘链驱动液压马达的紧固螺钉无松动,挖掘链齿盘无断齿和严重磨损。

(2)振动筛固定螺栓、扣碗、压条无脱落,分砟板动作灵活,无严重磨损。振动筛振动导向平面涂润滑脂。

(3)道砟犁胶皮无严重磨损,道砟犁滚轮正常。

(4)振动筛下尼龙板无破损,阻尼弹簧无裂纹。

(5)向前后滚筒加注润滑脂。
(6)清洗车轴离合器滤网。

5.电气系统

(1)各电气控制箱内无灰尘,并进行清扫。
(2)各线路板的插装可靠。
(3)各继电器、接触器的安装牢固。
(4)各接线端子板上线头的连接可靠。
(5)维护各限位开关、接近开关及闸刀。

6.附属装置及司机室

(1)彻底清扫全车卫生,检查车体有无裂纹,连接有无松动。
(2)擦拭空调及取暖器,在非使用季节,每月运转一次,时间为 10~15min。

二、季度检查维护

1.动力传动机构及走行机构

(1)化验车轴齿轮箱、分动齿轮箱润滑油。
(2)向各种连接杆件的铰接处加润滑脂,向液压缸、气缸的安装和连接铰接处加注润滑油。
(3)心盘紧固螺栓、开口销应齐全完好,螺栓无松动。
(4)砂箱应安装良好,无破损、漏砂现象。撒砂阀及砂管应安装良好,无堵塞。

2.制动系统及风路

(1)向手制动齿轮箱加注润滑油。
(2)向基础制动各铰接部件加注润滑油。

3.液压系统

(1)检查各电磁换向阀、电液换向阀应动作良好,必要时拆开解体清洗。
(2)检查各液压缸密封状况,泄漏时更换密封。
(3)各液压缸的活塞杆有轻微划伤、拉伤时可用细油石、金相砂纸打磨修整。拉伤、划伤严重时应更换。
(4)液压缸缸口裂纹、活塞杆弯曲变形及液压缸泄漏时加以修补或更换。液压缸两端的连接销和开口销等应完好无损,关节轴承转动应灵活。
(5)散热器应安装牢固,外部清洁。散热器泄漏时焊补修复或更换,对散热器进行冲洗、清洁。

4.工作装置

(1)详细检查各部件、紧固件的技术状态,发现有裂纹、磨耗、弯曲变形、折断、丢失者,应修复或更换。
(2)修复磨耗销轴、销孔。

5.电气系统

(1)各限位开关的动作正确,必要时按操作要求进行调整。
(2)检查紧固各搭铁线。

(3)各压力开关、压力传感器、温度开关、温度传感器安装牢固,接头无松动、搭铁等现象。

(4)各感应开关和紧急行程开关动作准确、灵敏,安装牢固。用金属物体接近感应开关的感应头指示灯应亮。

6.车体及其他部件

(1)检查车钩、缓冲器和风管等。
(2)紧固各部螺栓。
(3)检查随车工具、应急救援器材及防护备品。
(4)制动系统每半年进行一次校验。

学习项目五　针对性检查维护

针对性检查维护包括机械的临时停放、工地转移、长期封存及磨合期的检查维护。

一、机械临时停放时的检查维护

(1)每周进行一次全面的日常检查维护工作。
(2)起动发动机并运转 15～20min。
(3)在作业工况状态下,使各工作装置在空载状态下运转,直至各摩擦零件表面保持有一定的油膜为止。

二、工地转移时的检查维护

(1)工地转移前按下列内容进行检查维护。
①机组人员应对动力传动及制动系统按一级检查维护所规定的项目进行一次检查维护。
②检查闸瓦状态,并按要求调整闸瓦间隙。
③进行单车制动试风和联挂车制动试风。
④对各车型工作装置的锁定进行加固。
(2)工地转移后,按下列内容进行检查维护。
①解除各车型工作装置锁定机构的加固设施。
②检查捣固车和动力稳定车的方向和水平检测记录系统的检测精度,必要时重新进行标定。
③根据将要进行施工作业区段的钢轨类型调整夹轨钳的伸出长度。

三、长期封存机械的检查维护

对长期封存的机械,需由机组留守人员每月进行一次检查维护,其工作内容与机械临时停放时的检查维护相同。

四、机械磨合期的检查维护

(1)起动发动机,怠速运转不少于 10min,待机体温度上升后,带负荷运转。所带负荷不得超过额定负荷的75%～80%,最高自行速度不得超过60km/h。

(2)应经常检查各连接部分的松紧程度是否符合要求,传动部件的润滑状态及运转是否正常。

(3)新发动机或大修后的发动机,工作50h后必须更换机油,在更换机油的同时应进行下列检查维护工作。

①更换机油滤筒。

②检查缸盖上进、排气管的紧固状态。

③检查空气滤清器的橡胶管和卡箍是否连接紧密。

④再次拧紧机油的放油螺塞和发动机支架固定螺栓。

练 习 题

1. 清筛机的检查注意事项有哪些内容?
2. 清筛机检查维护分为哪几种?
3. BF12L513C型风冷柴油发动机需进行哪些维护?各种维护的具体内容是什么?
4. BF12L513C型风冷柴油发动机初次运用后,在更换机油的同时应进行哪些检查维护工作?
5. QS-650型清筛机日常维护内容有哪些?
6. QS-650型清筛机定期维护有哪些项目?
7. 针对性检查维护包括哪些?

附 录

附录Ⅰ 清筛及换砟施工作业流程图
附录Ⅱ 清筛机的行车安全
附录Ⅲ 清筛机的作业安全
附录Ⅳ QS-650型清筛机操作台面板图形符号说明
附录Ⅴ QS-650型清筛机配电箱分布示意图

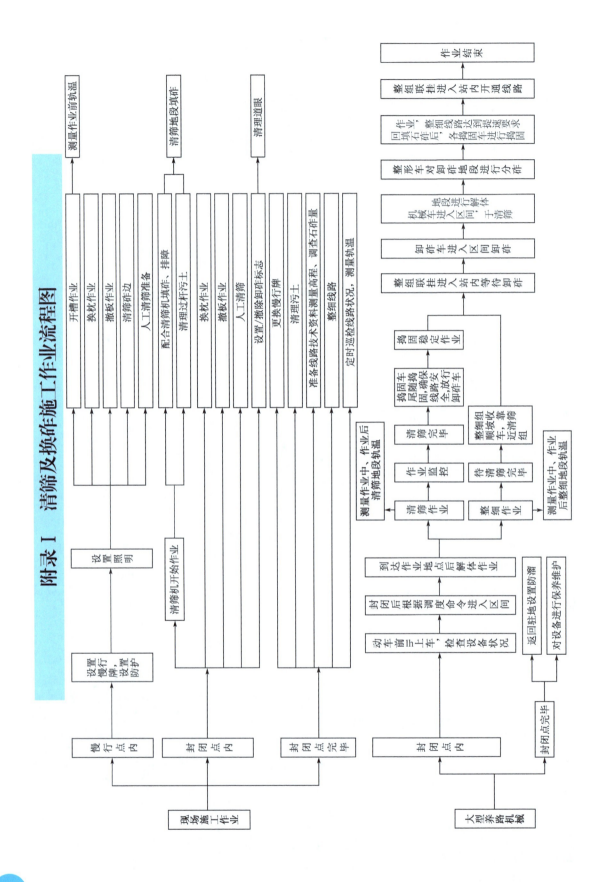

附录Ⅱ 清筛机的行车安全

大型养路机械的运行包括自轮驱动和动力牵引两种情况,QS-650型清筛机既可以自轮驱动又可以作动力牵引。清筛机的运行安全是车组人员在运行过程中必须遵守的工作规定以及安全防范措施。

一、施工运行安全

(1)大型养路机械运行前,各车司机长应对本车的制动系统、折角塞门、安全锁(链)、油位等有关部位进行全面检查、确认,试风试闸,各工作装置、检测装置锁定到位、可靠,安全链拴挂有效。

(2)施工负责人接到调度命令并经确认后,立即向各车司机长传达,以便做好起动准备。本务车驾驶员凭调度命令(站方发车时凭值班员发车手信号)确认信号,鸣笛一长声,待被联挂各车回示一长声后,本务车即刻再鸣笛一长声,方可开始动车。

(3)大型养路机械运行时,驾驶员要集中精力,严格执行"十六字令",即:彻底瞭望、确认信号、高声呼唤、手比眼看;严禁酒后开车、臆测行车;进出站要使用无线列调电台与车站联系,禁止关机运行。

(4)严禁任何人争抢上、下大型养路机械或在大型养路机械运行时将身体探出车外,需要瞭望运行时应抓紧扶牢,不允许在车帮上或架空物上坐卧,不允许头脚伸出车外,不准在车上打闹。

(5)各车联挂运行时,本务车驾驶员与各动力车驾驶员应经常用对讲机保持联系,通报前方信号开放情况以及提出加速、减速或制动的要求。

(6)严禁超速运行。遇天气不良或瞭望条件差和线路状态不良的地段,要降低运行速度,确保行车与大型养路机械的安全。

(7)机组进入封锁区间后,各机械车在施工地段前后的摘挂方式和顺序由施工负责人决定,并通过对讲机通知各车司机长。原则上,由被摘车上的指定专人负责摘车作业;挂车时由被挂车指定专人手持信号负责联挂作业。严禁两个车同时挂一个车。

(8)摘车时必须严格执行一关折角塞门、二摘风管、三提钩的作业程序。挂车时,动车必须在被挂车2m前停车,联挂人员检查钩销及风管,确认良好后方准挂车。两车联挂后必须试拉才能连接风管,并打开折角塞门。

(9)各机械车在封锁区间独自运行时,续行间隔不得少于300m,续行速度不得超过40km/h,并做好随时停车的准备。遇正常制动失效时,应及时采用旁路制动。

(10)施工结束后,机组返回车站前应先与驻站联络员联系或用无线列调电台向返回站呼叫。征得车站同意后,当正方向返回车站时,凭信号机显示进站;当反方向返回车站时,凭站方手信号引导或调车信号进站。原则上机组应全列一起返回,特殊情况下需要分批返回时,应临时与站方联系。

(11)机组返回车站在停留线停稳后,应采取驻车制动,并按规定设置防护,完成当日维护工作。机组人员撤离前,各车必须联挂制动,上好止轮器,防止车组溜逸,并锁好车门。

二、调车作业安全

(1)大型养路机械及附属车辆在基地或施工作业现场进行调车作业时,应由专人负责。根据与站方确定的调车作业方案,调车负责人应及时向各车有关人员布置作业计划和注意事项。

(2)调车作业计划下达后,中途不得变更作业计划。如需变更,应由调车负责人将变更内容向有关人员传达清楚,再开始调车。

(3)调车作业前,调车负责人应指定专人(各车司机长)撤除车下止轮器,检查各车联挂情况。

(4)调车作业应施行单一指挥,其他任何人员不得参与指挥。如发现问题,应直接向调车负责人报告。

(5)摘挂车时,应按照前述摘挂车作业要求办理。

(6)调车时,在未挂好停留车前,停留车不得提前撤除防溜措施。摘车时,必须先设好停留车的防溜措施再摘车。

(7)调车时,前方车司机和副司机负责瞭望和确认信号,本务机司机应严格按照调车人员、扳道员的手信号或调车信号操纵机械车,信号不明和联络不清时,严禁臆测行车。遇手工扳道时,应严格执行要道还道规定。

(8)在空闲线路上调车,牵引运行时,速度不得大于 40km/h,推进运行时,不得大于 30km/h,瞭望不清或天气不好时,应降低调车速度,确保行车安全。

(9)在有车线调车,牵引速度不得超过 15km/h,推进速度不得超过 10km/h。

(10)在空线上调车,牵引速度不得超过 40km/h,推进速度不得超过 30km/h。

(11)严禁利用大型养路机械进行非本段车辆的调车作业。

三、长途挂运安全

(1)大型养路机械无火回送或远距离转移施工地点时,应将其编挂在列车尾部(有守车时应位于守车前)。为保证长途挂运的安全,要指派专人负责行车安全事项。

(2)机车牵引长途挂运自行编组时,应将重车、轴距大的车编在前面,并逐一连接风管,试风良好。

(3)运行前,各车司机长负责检查本车的装载及与相邻车的联挂、各作业装置的锁定等情况,并确定各操作手柄处于联挂状态。

(4)运行时,每车要设两名押车人员,严密监视本车状态。在车站内停车时,押车人员要下车检查轴温及制动闸瓦的情况,并巡查全车。

(5)在列车运行中,押车人员一律在司机室内并要关好车门,身体不得探出车外。一旦发现走行系统有异响或制动缓解不良时,应立即用对讲机通知押车指派负责人,以便采取应急措施。

(6)严禁押车人员在列车停留间隙离开车组。

(7)在电气化区段运行时,严禁押车人员攀登车顶或在拖车装载物上站立;押车人员下车检查时要避免与接触网支柱及其附近的金属接触。

(8)机组长途挂运时,必须由本段(公司)列检人员对挂运车组的走行制动部分进行全面检查,并派列检人员、技术人员随车添乘。大型养路机械摘挂应由专人负责,并与机车保持联系,以防止意外事故发生。

(9)当车组到达停留线后,各车要及时采取驻车制动,上好止轮器并设专人守车。

附录Ⅲ 清筛机的作业安全

一、清筛机作业安全

（1）大型养路机械在作业中采取紧密流水的作业方法，故作业机组解体后，各机械车需保持适当的安全间距，最少不得小于10m。线路上的防爬设备、道口、轨道电路、接触网地线等，应由工务段、电务段等配合单位提前拆除。

（2）操作人员必须熟悉机械性能；严格按操作规程、作业程序及要求操作清筛机，遵守有关的安全操作规定；作业后应对设备进行认真维护，确保设备状态良好。

（3）机组人员应按岗位作业标准的规定上岗到位，监视作业情况，发现机械故障或线路上有障碍物时，应及时停车或通知有关操作人员进行处理。

（4）收放提升、下降导槽时，应确认邻线无列车通过，方可进行。

（5）放下和收回提升、下降导槽时，高差不能超过900mm，并且在导槽升降时不应触及任何障碍物，在两侧导槽下放前，禁止起动振动筛。

（6）起动挖掘链前，在挖掘区域两侧要接好红色安全绳。鸣笛警告并确认导槽坑两侧危险区无人后，才可以起动挖掘链。

（7）挖掘链未运转和清筛机没有作业走行时，不允许增加挖掘深度。

（8）道砟回填输送带外摆不得侵入邻线，影响邻线列车通过。

（9）应密切注意挖掘链的工作状况，一旦发现扒板上T形螺栓丢失、T形螺栓上螺母脱落、连接销断裂、扒板或中间链节开裂等直接影响作业安全和人身安全的情况，必须立即停车检查、更换或补充。

（10）清筛作业时，应注意各仪表的情况，确保设备状态良好。

（11）清筛作业时，要求每隔清筛15~20m向导槽各角滚轮压注润滑脂。

（12）经常检查各输送带的运转情况，跑偏严重的应及时调整。

（13）随时注意高柱信号机、电气化线路接触网立柱等影响旋转污土输送带作业的建筑物，必要时调整旋转角度。

（14）严禁在清筛机没有停稳、速度控制手柄偏离中间位的情况下，立即改变清筛机的运行方向。

（15）清筛作业中，当发现危及人身、行车、设备安全的情况时，应立即触动红色紧急停机按钮。

（16）在任何情况下停机，应给予空气制动，保证其不发生溜车，各操作手柄恢复至中间位。

（17）发现道床中有大石块或短钢轨等障碍物时，应立即停止作业，锁定挖掘链控制手柄，待障碍物排除后，再在低速下重新起动。

（18）清筛作业时，在危险区域内禁止有人。

（19）严格执行"一套钥匙和一套手柄"制度。在转换司机室时，必须先把原司机室的操作手柄恢复至中间位加以锁定，再取走所有控制手柄和钥匙到指定操作室进行操作。

（20）清筛机上必须配备5t级手拉葫芦两只，以利清筛机在作业状态下丧失动力后，恢复工作装置符合运行的"装载标准"。

(21)在作业中,现场施工防护人员应和驻站联络员保持联系,通报作业情况和邻线列车通行情况。

(22)导槽坑开挖应避开钢轨接头或长钢轨焊缝,作业终点也应避开上述处所前后3m。

(23)作业时,在清筛机旋转平台上,靠近邻线一侧的销孔内,插入限位销。

(24)作业人员下车时应先瞭望临线是否来车或车下有无障碍物,然后再下车。

(25)在车下作业的人员,要注意邻线来往的车辆。穿越线路时,要"一停、二看、三通过",并不得跨越地沟,不得钻越停留的机车车辆。

(26)在电气化线路上施工时,应区间断电。

(27)应对作业地段的通信信号电缆和水管埋设情况了解清楚,并作出标记。需要其他部门配合的应提前联系,有关人员必须到场。

(28)在施工作业中发生机械故障,能及时排除的要积极组织抢修,不能及时排除的应将所有工作部件收至车辆限界之内,并按要求锁定牢固,返回停留车站待修。机械发生脱轨事故要积极组织人员起复。

(29)施工作业中发生机械故障或其他有碍行车安全问题不能按时开通线路时,施工负责人要及时与车站值班员联系,讲明情况,驻站联络员要与分局有关部门联系,以采取必要的补救措施。

二、无缝线路作业安全

(1)施工负责人及机械操作人员,必须掌握无缝线路特点和机械性能,并认真执行有关的规章制度、作业程序和操作规程。

(2)在无缝线路上施工时,如轨温超过规定的作业温度范围,应先进行应力放散,严禁超温作业。

(3)作业轨温应在实际锁定轨温-15~+15℃范围内,木枕无缝线路及混凝土枕地段的伸缩区和半径小于800m的曲线,作业条件按上述要求轨温上下限各缩小5℃。

(4)在无缝线路地段施工时,机组应采取紧密流水的作业方法,以便及时稳定线路。作业中一旦发现胀轨迹象,应立即停止作业,不能盲目动车,应在工务段配合下采取措施,安全退出胀轨现场,保证机械设备完好。

(5)清筛机作业时,不得为了减少挖掘阻力而盲目起道,应根据挖掘深度调整适当的起道量。

附录Ⅳ QS-650型清筛机操作台面板图形符号说明

1	RM80/920H	2 液压气压		3 电器控制装置		4 测量技术		5 安全装置		6 冷却，加热		7 作业装置	
驱动油液			液变速驱动	⌒	开关	km/h	速度表	前灯	尾灯 STOP		冷却风扇		排砟（起枕）
	马达		作业挡	SYSTEM	系统控制开关	⋀	记录仪		工作灯		空调换气		提升绳
℃	油压	A1-4	区间运行挡		钥匙开关				方向灯				提链
	温度		1-4挡离合器油压	关	开				警示灯				拨砟板
min/r	转速		工作压力	BAT	蓄电池充电指示				喇叭				排砟导向
	空气滤清器		液压驱动		电压				汽笛				起道夹钳
	预热		补油泵		喷水开关				蜂鸣器				拨道
	离合器	ANSAUG FILTER	管道滤清器						扬声器				振动筛
	齿轮箱		制动					MIKRO					筛水平调整
	润滑油	Pn/bar	空气压力					!	注意				筛垂直调整
	油面	pn	主风管										导砟板
	回油	pn	主风缸										主轨调节 旋转调节 分砟调节
		SAND	撒砂器										闭锁 输送带解锁
			压力表										▲ ▼ 慢 快
			吸油滤清器										

附录Ⅴ QS-650型清筛机配电箱分布示意图

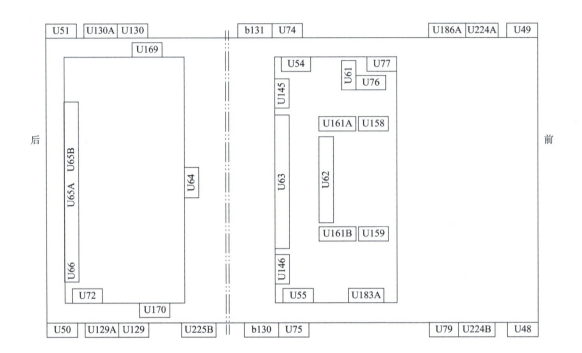

U48-前右侧开关箱;U49-前左侧开关箱;U50-后右外侧开关箱;U51-后左外侧开关箱;U54-左道砟回填输送带自动位开关;U55-右道砟回填输送带自动位开关;U61-前驾驶控制箱和仪表盘;U62-作业司机室熔断箱;U63-作业司机室操作配电箱;U64-紧急停车按钮箱;U65A-后司机室显示面板;U65B-后司机室熔断器板;U66-后驾驶控制箱和仪表盘;U72-后仪表箱,U74-左外控制箱;U75-右外控制箱;U76-通话装置箱;U77-前仪表箱;U79-前右侧配电箱;U129-外侧右开关箱;U129A-右布砟控制盒;U130-外侧左开关箱;U130A-左布砟控制盒;U145-作业司机室左开关箱;U146-作业司机室右开关箱;U158-回转污土输送带作业司机室左开关板;U159-回转污土输送带作业司机室右开关板;U161A-左加热装置配电箱;U161B-右加热装置配电箱;U169-后左上侧开关箱;U170-后右上侧开关箱;U183A-汽笛按钮箱;U186A-接线配电箱;U224A-插座箱;U224B-插座箱;U225B-电笛按钮箱

参 考 文 献

[1] 寇长青,宋慧京.全断面枕底清筛机[M].北京:中国铁道出版社,1998.
[2] 张永革.机电设备检修技术[M].北京:人民交通出版社,2012.
[3] 佘贵川.大型养路机械运用管理[M].北京:中国铁道出版社,2008.
[4] 钟声标,毛必显.全断面道砟清筛机[M].北京:中国铁道出版社,2008.
[5] 铁路职工岗位培训教材编审委员会.大型线路机械司机(清筛机)[M].北京:中国铁道出版社,2011.
[6] 中华人民共和国铁道部.大型养路机械使用管理规则[M].北京:中国铁道出版社,2007.